# MÉMOIRES
## SECRETS ET CRITIQUES
# DES COURS,
## DES GOUVERNEMENS,
## ET DES MŒURS
### DES PRINCIPAUX ÉTATS DE L'ITALIE.

T. I.

# AVIS.

*On trouve chez le même Libraire :*

MÉMOIRES du Duc d'Aiguillon, troisième édition, 1 vol. *in-8.*

MÉMOIRES sur les règnes de Louis XIV, la Régence, et Louis XV; par feu M. Duclos, troisième édition, 2 vol. *in-8.*

MÉMOIRES du Duc de Saint-Simon, troisième édition, 6 gros vol. *in-12.*

MÉMOIRES du Duc de Choiseul, Ministre de la Marine et de la Guerre, 2 vol. *in-8.*

MÉMOIRES du Comte de Maurepas, Ministre de la Marine, etc. etc. troisième édition, 4 vol. *in-8.* avec fig. *On vend séparément le 4ᵉ. aux personnes qui ont acquis les trois premiers volumes.*

MÉMOIRES sur la Minorité de Louis XV, par J. B. Massillon, évêque de Clermont, 1 vol. *in-8.*

VIE privée du Maréchal de Richelieu, contenant ses amours et intrigues, etc. Seconde édition, avec des corrections et des augmentations considérables; 3 vol. *in-12.*

MÉMOIRES du Maréchal Duc de Richelieu, pour servir à l'Histoire des Cours de Louis XIV, de la minorité et du Règne de Louis XV, etc. etc. Ouvrage composé dans la Bibliothèque et sur les papiers du Maréchal, et sur ceux de plusieurs Courtisans ses contemporains. Avec des Cartes, Plans et Portraits gravés en taille-douce. 9 vol. *in-8.*

CORRESPONDANCE originale des émigrés, trouvée à Verdun, dans le Porte-feuille de Monsieur, et de M. de Calonne, déposée aux Archives de la Convention Nationale, 1 vol. *in-8º.* avec fig. 5 livr. br.

NOUVEAU siècle de Louis XIV, ou Poésies-Anecdotes du règne et de la cour de ce prince, avec des notes historiques et des éclaircissemens; 4 vol. *in-8.* 19 li. br. 1793.

# MEMOIRES

## SECRETS ET CRITIQUES

## DES COURS,

### DES GOUVERNEMENS,

### ET DES MŒURS

#### DES PRINCIPAUX ÉTATS DE L'ITALIE.

Par Joseph Gorani, Citoyen François.

---

Des Tyrans, trop long-temps, nous fûmes les Victimes,
Trop long-temps on a mis un voile sur leurs Crimes;
Je vais le déchirer........

---

TOME PREMIER.

—

*A PARIS*,

Chez Buisson, Libraire, rue Hautefeuille, N°. 20.
A Lyon, chez Allier et Leclerc, Libraires.
A Marseille, chez Mossy, Libraire.

---

1793.

*... ... ... ... Convention Nationale concernant les Contre-
... ... ... 9 juillet 1793, l'an 2$^e$. de la République.*

La Convention nationale, après avoir entendu le rapport de son
Comité ... ... ... publique, décrète ce qui suit :

A... ... ... Auteurs d'écrits en tout genre, les Compositeurs de
M... ... ... ... et Dessinateurs qui feront graver des Ta-
bl... ... ... ..., jouiront durant leur vie entière du droit exclusif
de ... ... faire vendre, distribuer leurs Ouvrages dans le territoire
de la République, et d'en céder la propriété en tout ou en partie.

Art. 2. Les héritiers ou Cessionnaires jouiront du même droit
durant l'espace de dix ans après la mort des auteurs.

Art. 3. Les officiers de paix seront tenus de faire confisquer, à la
réquisition et au profit des Auteurs, Compositeurs, Peintres ou
Dessinateurs ou autres, leurs héritiers ou cessionnaires, tous les
Exemplaires des Éditions imprimées ou gravées sans la permission
formelle et par écrit des Auteurs.

Art. 4. Tout Contrefacteur sera tenu de payer au véritable propriétaire une somme équivalente au prix de trois mille exemplaires
de l'Édition originale.

Art. 5. Tout Débitant d'Édition contrefaite, s'il n'est pas reconnu
Contrefacteur, sera tenu de payer au véritable Propriétaire une
somme équivalente au prix de cinq cents exemplaires de l'Édition
originale.

Art. 6. Tout Citoyen qui mettra au jour un Ouvrage, soit de
Littérature ou de Gravure dans quelque genre que ce soit, sera
obligé d'en déposer deux exemplaires à la Bibliothèque nationale ou
au Cabinet des estampes de la République, dont il recevra un reçu
signé par le Bibliothécaire ; faute de quoi il ne pourra être admis en
justice pour la poursuite des Contrefacteurs.

Art. 7. Les héritiers de l'Auteur d'un Ouvrage de Littérature ou
de Gravure, ou de toute autre production de l'esprit ou du génie qui
appartiennent aux beaux-arts, en auront la propriété exclusive pendant dix années.

---

*Je place la présente Édition sous la sauve-garde des Loix et de la probité
des Citoyens. Je déclare que je poursuivrai devant les Tribunaux tout Contrefacteur, Distributeur ou Débitant d'Édition contrefaite. J'assure
même au Citoyen qui me fera connoître le Contrefacteur, Distributeur
ou Débitant, la moitié du dédommagement que la Loi accorde.* Paris,
1$^{er}$. septembre 1793, l'an 2$^e$. de la République Françoise.

# PRÉFACE.

Après avoir long-temps étudié les Gouvernemens des différens Peuples dans leur Histoire ancienne et moderne, et pendant les différentes Négociations dont j'ai été chargé, j'ai encore voyagé dans les divers États de l'Europe pour en connoître par moi-même les Peuples, les Princes, leurs Ministres, ceux qui avoient de l'influence dans les affaires, leur vie privée, leur vie publique, pour connoître en un mot les hommes et les choses, et j'ai tenu par-tout un journal exact de mes découvertes et de mes observations; partout aussi, je me suis assuré de Correspondans libres et éclairés pour continuer mes recherches.

Les amis des hommes qui ont le courage de combattre leurs ennemis, trouvent par-tout des philanthropes comme eux disposés à les seconder dans leurs projets de bienfaisance; je le sais par expérience: dans tous les pays que j'ai visités, j'ai trouvé de ces hommes qui, sous les yeux

## Préface.

des tyrans, préparoient dans le silence de leurs cabinets les moyens de les détruire. J'ai connu des Philosophes qui, pour leur propre satisfaction seulement, avoient composé des recueils d'observations sur les Mœurs, la Population, l'Agriculture, le Commerce, l'Industrie, les Loix, la Religion et le Gouvernement de leur Patrie; d'autres avoient recueilli des Anecdotes secrettes et fort intéressantes sur les personnages des deux sexes qui avoient été ou qui étoient encore les principaux ressorts des intrigues de leurs Cours.

Quelques-uns de ces observateurs m'ont fait le sacrifice de leurs manuscrits, sachant l'usage que j'en voulois faire, et ne craignant aucune indiscrétion de ma part; d'autres m'ont seulement permis d'extraire de leurs répertoires ce qui me convenoit; d'autres enfin ont facilité mes recherches, soit en me faisant connoître les personnes les mieux instruites, soit en me communiquant les secrets des Cabinets ministériels; et j'ai fait ainsi la moisson la plus abondante, la plus curieuse et la plus intéressante dans les circonstances actuelles.

# Préface.

J'ai fait deux voyages pour me procurer ces instructions, le premier en 1779 et 1780. Au retour de ce premier voyage, je me suis occupé à mettre en ordre les matériaux que j'avois amassés ; je les conservois dans mon porte-feuille, sans espérance qu'ils fussent publiés qu'après ma mort ; mais la révolution des François ayant armé contr'eux presque toutes les Puissances de l'Europe, j'ai senti combien il étoit nécessaire d'affoiblir au moins ces tyrans en révélant leur foiblesse et leurs crimes.

En examinant à cette époque mes journaux, j'ai vu qu'ils étoient un peu surannés, et que depuis dix ans une partie de ceux qui s'y trouvoient peints étant morts, il seroit plus intéressant de faire connoître ceux qui les ont remplacés et qui jouent maintenant les principaux rôles sur les différens théâtres dont je donne la description ; la curiosité m'a pris aussi de juger par moi-même des effets qu'avoit produit la révolution Françoise chez les différentes Nations et particuliérement en Italie. Plein de ces desirs, j'ai visité une seconde fois ce Pays en 1790, et j'y ai fait une excellente récolte; j'ai refondu ces nouveaux matériaux avec ceux que j'avois déjà; et c'est le résultat de ces Voyages, de ces Recherches et de ces Travaux que je présente aujourd'hui sous le titre *de Mémoires Secrets et Critiques des Cours, des Gouvernemens, et des Mœurs des principaux Etats de l'Italie.*

Mon épigraphe et ce qu'on vient de lire indiquant assez le but de cet Ouvrage, on doit s'attendre à n'y trouver que peu de choses sur les Beaux-Arts. Une multitude de savans et d'hommes pleins de connoissances, de talens et de goût, ayant fait connoître les richesses de l'Italie en Peinture, Sculpture, Architecture et Musique, ainsi que ses Orateurs, ses Historiens, ses Poëtes, ses Littérateurs, ses hommes et ses femmes célèbres, ses découvertes et ses perfections dans les Arts utiles, je me suis peu occupé de ces objets.

J'ai vu, j'ai admiré les superbes et tristes débris de cet Empire des anciens Maîtres du monde; mais j'ai aussi vu combien ces chef-d'œuvres des Arts ont facilité la pente trop naturelle des Italiens à la superstition qui les dégrade. J'ai vu combien ces images et ces possessions ont éloigné les bons esprits des études utiles et nécessaires ; combien ils ont dépravé leurs mœurs, énervé leur courage et fomenté les vices les plus honteux. J'ai vu que de cette curiosité, de cette admiration des autres Nations Européennes pour ces chef-d'œuvres, dont s'enorgueillit la Nation Italienne, il ne résultoit pour elle que le mépris universel. J'ai vu cet ancien Théâtre de la Grandeur et de la Liberté, souillé de la servitude la plus humiliante et de tous les vices qu'elle produit. Enfin, j y ai vu la misère générale continuellement insultée par le faste le plus insolent; et j'ai reconnu l'origine et la cause de cette servitude et de cette misère des divers Peuples de l'Italie, dans le despotisme sacerdotal, impérial, royal, aristocratique et ministériel de leurs chefs, et ce sont leurs sottises et leurs attentats que je dénonce au tribunal suprême de l'opinion publique. En découvrant à ces malheureux Peuples la source et la grandeur de leurs maux, je leur en présenterai le remède dans leurs ressources particulières ; ils pourront, en les consultant, se conduire selon les circonstances dans lesquelles ils se trouveront, selon leurs moyens et selon l'habileté des chefs qui entreprendront de les rétablir dans la jouissance de leurs droits naturels.

Puissent les Italiens se persuader autant que je le suis moi-même, que pour opérer cette heureuse révolution chez eux, il leur suffira de le vouloir avec cette énergie que doit leur donner la longue et douloureuse expérience de leurs maux, la conscience de leurs droits, de leurs forces et de la foiblesse de leurs tyrans, l'ardent amour de la liberté, et l'intime conviction de la justice et de la nécessité de leur insurrection !

Quant à la forme de cet Ouvrage, il est dans son ensemble une espèce de galerie très-vaste dans laquelle on verra les tableaux des principaux Gouvernemens de l'Italie, quelques portraits grotesques, d'autres hideux, d'autres exécrables, quelques-uns agréables et tous fidèles des personnages actuellement existans, et qui

# PRÉFACE.

sont les plus intéressans à connoître. Je n'ai employé dans ces tableaux que les faits les plus saillans, les plus exacts, les plus propres à fixer l'attention du lecteur et à l'intéresser en faveur des opprimés que je défends. Enfin, il suffit de consulter les tables des matières de chaque volume pour s'assurer de la grande variété des objets qu'ils contiennent.

Tel est cet Ouvrage; il est peut-être difficile d'en publier un plus utile pour l'humanité dans les circonstances actuelles; je prévois la fureur que doit exciter la fidélité de mes récits et de mes portraits dans ceux que je démasque, et que je livre au mépris, à l'indignation, à la haine, et peut-être à la vengeance de leurs victimes; mais en osant former leur infame coalition contre les Droits de l'Homme, contre sa Liberté, ils ont dû s'attendre à la plus grande sévérité de notre justice. Il est sans doute fort triste que l'Histoire du temps actuel doive ressembler à un Libelle : est-ce la faute de l'Historien, si étant obligé de dire la vérité, il n'en a point d'agréables à décrire ? Est-ce sa faute si les

Princes et leurs Ministres osent se souiller des plus grands crimes, et si la plupart des gens en place les imitent ? Puisque je peins d'après nature, mes portraits doivent être ressemblans et point flattés; j'écrirai donc sans partialité : toutes les fois que je verrai des vertus, j'en ferai l'éloge avec autant d'exactitude que j'en mettrai à décrire les vices et les crimes.

Qu'ils sachent enfin les tyrans qu'ils ont eux-mêmes appellé le jour de la justice contr'eux ; qu'ils sachent que celle des Peuples est la plus prompte et la plus terrible ; et s'ils veulent l'éviter qu'ils se hâtent de se la rendre et de la leur rendre eux-mêmes ; sinon périssent, périssent à jamais le Sacerdoce, la Noblesse et la Royauté, ces trois terribles fléaux qui depuis tant de siècles ravagent la terre.

Des tyrans, trop long-temps, nous fûmes les victimes,
Trop long-temps on a mis un voile sur leurs crimes;
Je vais le déchirer. . . . . . .

MÉMOIRES

# MÉMOIRES
## SECRETS ET CRITIQUES
### DES COURS,

DES GOUVERNEMENS, ET DES MŒURS

DES PRINCIPAUX ÉTATS DE L'ITALIE.

*Route de Rome à Naples.*

EN parcourant la route qui conduit de Rome à Naples, et jusqu'à Brindes, en voyageant dans les états du pape, dans les Deux-Siciles, tous les lieux deviennent extrêmement intéressans pour le philosophe versé dans l'histoire romaine et dont l'esprit s'est nourri des auteurs classiques. J'avois dans ma voiture une ample provision de livres; je prenois tantôt l'un, tantôt l'autre, et sur-tout ceux qui traitoient particuliérement du lieu par où je passois. Deux jours s'écoulèrent fort agréablement dans cette occupation; et, livré tout entier à mes lectures, je ne m'embarrassois guère si les gîtes que je rencontrois sur mon chemin étoient bons ou mauvais.

Je pensois souvent à Ciceron lorsqu'il alloit en Sicile dont il avoit été nommé gouverneur, ou qu'il en retournoit fort surpris de ce qu'on ne parloit ni de lui, ni de son gouvernement. Je me représentois ensuite ce grand homme partant pour son exil avec une consternation si peu philosophique, et recevant ensuite avec tant de joie la nouvelle de son rappel à Rome. Pourquoi, me disois-je, ce puissant génie, qui avoit sauvé son pays, ne savoit-il pas supporter avec dignité ses malheurs ? Le témoignage de sa conscience ne devoit-il pas le consoler de toutes ses pertes et lui tenir lieu de dignités et de patrie ?

La lecture des poëtes ne m'a jamais paru plus instructive, ni plus agréable que dans ce voyage. Le tableau des mœurs romaines tracé avec tant d'énergie par Juvenal, et avec tant de finesse par Horace, fixoit sur-tout mon attention ; mais je me plaisois principalement avec le favori de Mécènes ; je l'accompagnois dans le voyage qu'il fit avec son protecteur, avec Cocceius, le bon Virgile et autres, jusqu'à Brindes, pour y traiter la réconciliation entre Octave et Marc-Antoine.

Je tournois mes regards de tout côté, très-empressé d'examiner ces lieux jadis si célèbres, et aujourd'hui si dégradés qu'on n'y découvre pas la plus légère trace de ce qu'ils étoient il y a dix-huit siècles. On seroit tenté de croire que les auteurs nous en ont imposé, lorsqu'on voit à peine quelques foibles vestiges des cités et des édifices dont ils nous ont fait de brillantes descriptions.

Le prélat Caraffa di Stiliano, Napolitain, homme très-aimable et du petit nombre des prélats instruits, m'avoit beaucoup parlé du port de Brindes à la veille de mon départ de Rome. Il venoit de faire une tournée dans ce pays; j'appris de lui que ce port autrefois si fameux, d'où la flotte d'Octave partit pour aller combattre celle de Marc-Antoine près d'Actium, est maintenant dans un si chétif état, qu'on ne soupçonneroit jamais que c'étoit jadis un des ports de la république romaine le plus fréquenté.

Après avoir passé par Albano, ville remplie d'antiquités, que j'avois visitée deux fois pour en examiner les monumens avec attention, mais dont je ne parlerai pas pour ne point m'écarter du but de cet ouvrage tout patriotique, je pris la route de Velletri. Je séjournai deux jours dans cette ville pour satisfaire ma curiosité. Elle est située sur un côteau d'où l'on jouit d'une vue fort étendue, l'œil pouvant se porter tout à la fois sur Rome et sur les Marais-Pontins. Velletri, aujourd'hui cité épiscopale, étoit jadis une des principales villes des Volsques, et fut très-florissante sous la république de Rome. Quoique dégradée, elle offre encore de très-beaux palais. Plusieurs cardinaux et prélats, et autres seigneurs romains y passent le temps des vacances, qui dure depuis le milieu de septembre jusqu'au commencement de novembre; alors elle est brillante comme le sont Albano, Tivoli, Frescati, etc. Ces villes présentent dans cette saison un aspect de richesse et d'aisance ; mais dans les autres temps de l'année, il n'y règne que le silence de la misère. Le palais Ginetti est le plus beau de Velletri. On y voit de vastes jardins, des allées toujours vertes, des fontaines et des jets d'eau. La place principale de Velletri est décorée de la statue du pape Urbain VIII; ouvrage fort bien exécuté.

Après avoir quitté la ville de Velletri, j'ai poursuivi ma route jusqu'à la Cisterna. C'est un assez grand bourg qui appartient au prince romain de Sermonetta, si connu à Rome par la protection éclatante qu'il a toujours accordée aux beaux-arts. Ce seigneur a dans ce bourg un très-grand château dont la façade est vis-à-vis la place. Au côté gauche de ce château est un magasin immense de bled, auquel on donne comme à ceux de Rome le beau nom d'*abondance*, quoique ces magasins soient une des grandes causes de la décadence de l'agriculture dans tous ces états, par l'avilissement du prix des denrées de première nécessité.

Le bourg de la Cisterna est à la distance de vingt-trois milles de la ville de Rome. Quoique les Marais-Pontins soient éloignés de cinq à six milles de ce lieu, cependant on peut dire qu'ils prennent ici leur vrai commencement. En quittant la Cisterna et en marchant vers les Marais-Pontins, on ne rencontre que des pâturages remplis de plantes aquatiques qui se plaisent dans les terreins marécageux. Ces plantes sont meilleures pour les buffles que pour les bœufs, ainsi que pour les troupeaux de moutons. Le buffle est un animal d'un aspect farouche; mais on peut en approcher sans qu'il donne le moindre indice de férocité. On voit le commencement de ces marais à quatre milles de distance avant d'arriver à la Cisterna en partant de Rome.

## Les Marais-Pontins.

Le pays qui porte le nom de *Marais-Pontins*, consiste dans l'espace qui est entre Torre del Ponte et Terracina. Torre del Ponte est à quinze ou seize milles de la ville de Velletri, qu'on fait en deux postes qui sont ordinairement dans le pays de sept à huit milles. Les postes des marais sont plus courtes que celles des états du pape, et ne forment qu'une distance de six milles. Les Marais-Pontins ont vingt-quatre milles de longueur que l'on parcourt très-vîte sur une superbe chaussée, large, bien pavée et bien entretenue. Leur largeur est fort inégale depuis cinq jusqu'à quatorze milles ; elle est même quelquefois réduite à trois milles. On n'y voit pas d'autres maisons que celles où l'on change de chevaux. A côté de ces maisons sont des magasins de bois de chauffage, de charpente, des amas de pierre à chaux qu'on envoie à Naples.

On voit par-tout des canaux de différentes largeurs, pour recevoir les eaux qui débordent de tous les côtés. Ces canaux sont creusés ou au pied des montagnes, ou sur les montagnes même, et dans la direction du levant au couchant. Plusieurs de ces canaux portent des bateaux qui se rendent à la mer, dont l'éloignement n'est pas considérable.

Le grand canal se nomme *la ligne pie*, en italien *linea pia*; il a vingt-cinq milles de long du midi au nord. Il reçoit les eaux qui arrivent par les petits canaux, et s'étend depuis Torre del Ponte, et même une poste avant, jusqu'à Terracina. Ce beau canal, toujours navigable, peut laisser passer de front deux grandes barques. On le traverse sur plusieurs ponts solidement bâtis d'une espèce de marbre nommé *Travertin*.

C'est à Bologne qu'a été formé le projet du desséchement des Marais-Pontins. Eustache Zanotti, savant Bolonois, donna le plan des opérations il y a plusieurs années. N'ayant pas été sur les lieux, il travailla d'après des relations infidelles; mais s'étant procuré ensuite des renseignemens plus sûrs, il avertit le public avec candeur que son premier plan ne méritoit aucune confiance, et mourut peu de temps après. Pie VI choisit le sieur Rupini pour opérer ce desséchement qui lui tenoit fort à cœur. Rupini suivit les idées de Zanotti, sans se douter combien elles étoient fautives. Quelques années ensuite, lorsqu'on a fait les opérations relatives aux eaux du Bolonois, Pie VI en chargea le chevalier Attilio Arnorfini, qui étoit favorisé par le cardinal Buoncompagno, à qui la première direction des travaux avoit été confiée.

Pie VI n'est nullement géomètre et ne connoît rien en hydraulique. On lui avoit dit qu'il étoit possible, et même facile de dessécher les Marais-Pontins, et que cet ouvrage lui feroit le plus grand honneur parmi ses contemporains et dans la postérité. Il espéroit en outre pouvoir former de ce vaste terrein une belle principauté dont il donneroit l'investiture à la famille Braschi Onesti. Ainsi un motif d'intérêt réuni à celui de la gloire rendit Pie VI amoureux de ce projet, qui devint l'objet principal de ses soins. Il n'est pas guéri de cette fausse idée, et il est fermement persuadé qu'on réussira enfin dans ce travail avec de la patience. Chaque année il visite ces marais pour s'informer de l'état où sont les opérations; mais de tout cet espace on n'a pu encore réduire à une chétive culture, telle qu'on l'observe dans les états du pape, que l'étendue de deux ou trois milles.

Tout homme qui connoît le gouvernement de Rome moderne, ses réglemens, le mode d'approvisionnement de cette capitale du monde chrétien, et la police qui concerne les bleds, sait bien qu'il est impossible de créer une province dans les Marais Pontins. Et comment parviendroit-on à bâtir des villages, des hameaux, à former des métairies dans un pays qui manque par-tout d'habitans, même aux portes de Rome, lorsqu'on voit la campagne qui environne cette ville offrir un aspect inculte, tandis qu'on pourroit la défricher à peu de frais? Quand les opérations pour le desséchement des Marais-Pontins seroient couronnées par le plus brillant succès, que pourroit-on en obtenir pour le profit de l'agriculture et du commerce sous le régime infernal de la chambre apostolique, dont le despotisme est fait pour anéantir tout principe d'activité et d'industrie parmi les sujets d'un prêtre couronné, privés depuis long-temps de cette liberté sans laquelle les nations ne peuvent produire rien de bon, rien de sage, rien d'utile? Pour peupler les Marais-Pontins, il faudroit commencer par peupler la campagne de Rome, et celle-ci sera toujours sans population tant qu'elle languira sous le gouvernement papal.

La folie de Pie VI n'a pourtant pas été inutile. Il en est résulté pour les voyageurs une superbe route, digne d'être comparée aux chemins magnifiques construits par les anciens Romains. Cette route établit une communication aisée entre les deux principales villes capitales de l'Italie. Avant les tentatives de Pie, il falloit que les voyageurs fissent seize milles de plus pour éviter les marais, au risque de tomber dans les mains des brigands cachés dans les forêts voisines, ou d'être embourbés dans une boue tenace et profonde d'où une voiture ordinaire ne pouvoit être tirée qu'en y attelant douze ou quatorze buffles.

## *Suite de la route de Rome à Naples.*

Après m'être instruit fort en détail des opérations faites sur les Marais-Pontins, j'arrivai à deux heures après-midi à Terracina, où je voulus passer le reste du jour et la nuit afin d'y observer les antiquités. Je fis cette pause d'autant plus volontiers que l'auberge est la meilleure de toute la route. Elle est tenue par un François qui traite fort bien ses hôtes, et ne les écorche pas.

Terracina est un bourg dont la situation est très-riante, étant bâti sur le bord de la mer, où l'on jouit d'une vue admirable, et se trouvant environné de belles promenades. Je ne parlerai pas de ses antiquités ; je me bornerai à dire un mot sur un reste de bâtiment fait par ordre de Théodoric, roi d'Italie, chef de la race des Goths, qui n'a duré que soixante-deux ans. Je me plais à rappeller le souvenir d'un roi vraiment grand, bon et sage, qui a fait en Italie des institutions qu'on ne peut s'empêcher d'admirer, et qui emporta au tombeau les regrets de son peuple. Il détestoit tout abus d'autorité, et rétablit par-tout le régime municipal par lequel l'Italie a pu, sous son règne, guérir les plaies profondes qu'on lui avoit faites. Il visitoit ses provinces en vrai père du peuple, ne dévastant point les terres à son passage, comme font les princes de la maison de Savoie de nos jours, et portant par-tout le bonheur, la joie et la justice. Enfin, la sage administration de Théodoric rappelle aux Italiens celle de l'empereur Marc-Aurèle, avec qui le roi des Goths a des rapports frappans.

C'est en voyant le château de Terracina que le souvenir de ce bon monarque m'a occupé le plus fortement. Il fut bâti par son ordre pour empêcher que les ennemis ne débarquassent en Italie. On voit encore gravé sur une pierre le nom de l'architecte, qui s'appelloit Virius. Pie VI loge dans ce château lorsqu'il vient visiter les Marais-Pontins avec son cher neveu le prince-duc, à qui il a donné depuis long-temps l'investiture de cette principauté marécageuse, sous condition d'une petite redevance qu'il paie à la chambre apostolique.

A propos de ces marais, je me rappelle qu'étant à Rome, dans la loge de la princesse Borghèse, je ne sais à quel théâtre, j'entendis ce prince-duc Braschi Onesti dire, en parlant de ce domaine, que ce qu'il en retiroit ne suffisoit pas pour payer la redevance à laquelle il étoit tenu envers la chambre apostolique, propos qui assurément étoit fort indécent dans sa bouche. Les travaux des Marais-Pontins ont été faits entiérement aux frais de la chambre : le pape ni son neveu n'y ont jamais contribué d'une obole. C'est la chambre qui est chargée de l'entretien des canaux, des bâtimens, etc. tandis que le produit qu'on en tire, celui du bois qui est considérable, est tout pour le neveu de Pie.

Après qu'on s'est éloigné de Terracina de trois ou quatre milles, on entre dans les états du roi de Naples. Quoique le gouvernement napolitain soit un des plus vicieux de toutes les monarchies de l'Europe, cependant on remarque tout de suite l'énorme différence qu'il y a entre le régime établi sous une couronne héréditaire, et celui des états d'un prince électif, sur-tout lorsque ce prince est un prêtre. Je n'en fus point surpris alors, ayant déjà remarqué cette différence en Allemagne.

Quelque mal administré que soit le royaume de Naples, comme le lecteur aura occasion de le voir ci-après, néanmoins on y reconnoît les traces de la main de l'homme par le nombre des villes, villages, etc. et par la culture des terres qui est passable, quoique le sol soit inférieur à celui de la campagne de Rome. Cette partie du royaume n'est pas aussi fertile que le sont plusieurs autres de ses provinces, qui l'emportent sur le reste de l'Europe sans être aussi bien cultivées, par les raisons que je détaillerai après.

Étant parti de Terracina, le matin, je passai la nuit à Sainte-Agathe, dans une auberge d'une mal-propreté hideuse, défaut ordinaire des Napolitains, qui sont les plus sales des hommes. Je me mis en route avant le jour, c'étoit le dernier de décembre; il ne faisoit point de froid. Sainte-Agathe est un mauvais village consistant dans un très-petit nombre de maisons.

A peu de distance de la rivière *Gariglia-no*, que l'on passe sur une barque, on voit les restes d'un aqueduc superbe, avec plusieurs arcs entiers, ainsi que le canal dans lequel les eaux couloient. Cet ouvrage paroît exécuté avec cette perfection qui caractérise les édifices publics construits par les anciens Romains, perfection à laquelle les modernes n'ont pu atteindre.

Près de cette rivière est le château de Mont-Dragon où se trouvoit autrefois située la ville de Sinuesse, et non loin de cette ville on voit les fameux côteaux si renommés dans les auteurs classiques par le vin de Falerne qu'on y recueilloit. Il faut que les anciens eussent une meilleure manière de faire le vin que les modernes, car le vin qu'on y boit aujourd'hui n'est pas d'une qualité exquise, quoique l'exposition, la chaleur du soleil, et le sol soient les mêmes.

On arrive ensuite à Capoue, ville défendue par une nombreuse garnison d'infanterie et de cavalerie assez bien tenue. Cette ville n'est pas précisément à la même place que l'ancienne Capoue, si célèbre dans l'histoire et si fatale aux troupes d'Annibal, dont le courage s'amollit par le séjour qu'elles y firent.

L'ancienne ville de Capoue étoit à huit milles de la Capoue moderne. J'en ai vu les ruines près de Caserta où la cour se tient ordinairement, et où l'on voit la superbe maison de plaisance qui fut bâtie par le père du roi régnant.

Je m'attendois à trouver quelque chose d'attrayant dans les femmes qui habitent ce pays, puisque leurs charmes produisirent tant d'effet sur les soldats aguerris d'Annibal; mais celles qu'on voit aujourd'hui dans Capoue et aux environs sont fort laides, ayant l'air et les manières hommasses. On sait bien qu'il ne faut pas de grands attraits pour séduire des soldats, surtout au sortir des horreurs de la guerre et encore tout fumans de carnage; mais Annibal et ses officiers devoient être un peu plus délicats, particuliérement après avoir été long-temps accoutumés aux agrémens des femmes espagnoles. Il faut donc que l'espèce humaine se soit prodigieusement dégradée dans ce pays. Les femmes de Caserte, ville encore plus voisine de l'ancienne Capoue, n'ont pas plus de droits pour fixer

les

les regards de l'amateur du beau sexe. Les physionomies des habitans ont donc subi les mêmes changemens que les villes. Cependant le mélange des divers peuples devroit avoir embelli l'espèce par le civilisement des races, suivant l'observation des naturalistes modernes. C'est sans doute une exception à la règle commune, qui ne la détruit pas.

## L'éducation du roi de Naples.

Lorsqu'a la mort du roi Ferdinand, Charles III quitta le trône de Naples pour monter sur celui d'Espagne, il déclara incapable de régner l'aîné de ses fils, le second prince des Asturies, et laissa le troisième à Naples où il fut reconnu roi, quoique encore en bas-âge. L'aîné avoit été rendu imbécille par les mauvais traitemens de la reine qui le battoit toujours, comme les mauvaises mères de la lie du peuple. Elle étoit princesse de Saxe, dure, avare, impérieuse et méchante. Charles en partant pour l'Espagne jugea qu'il falloit nommer un gouverneur pour le roi de Naples encore enfant. La reine qui avoit la plus grande influence dans le gouvernement mit cette place, une des plus importantes, à l'encan. Le prince de Saint-Nicandre fut le plus fort enchérisseur et l'emporta.

Comment peut-on penser favorablement du gouvernement monarchique, lorsqu'on sait qu'il ne tient qu'à un gouverneur ignorant, ou astucieux, de rendre son élève incapable de veiller aux intérêts de son peuple, de l'assujettir aux préjugés les plus funestes, et lorsqu'on songe que le bonheur ou le malheur de plusieurs millions d'hommes dépend absolument de la bonne ou mauvaise éducation de celui qui doit les gouverner. Une constitution républicaine, ou celle qui rend le monarque incapable de nuire au bonheur public par ses vices et son ignorance, n'est-elle pas de beaucoup préférable ?

Saint-Nicandre avoit l'ame la plus impure qui jamais ait végété dans la boue de Naples. Ignorant, livré aux vices les plus honteux, n'ayant jamais rien lu de sa vie que l'office de la Vierge, pour laquelle il avoit une dévotion qui ne l'empêchoit pas de se plonger dans la débauche la plus crapuleuse, tel étoit l'homme à qui on donna l'importante commission de former un roi. On devine aisément quelles furent les suites d'un pareil choix: ne sachant rien, il ne pouvoit lui-même rien enseigner à son élève; mais ce n'étoit pas assez pour tenir le monarque dans une perpétuelle enfance: il l'entoura d'hommes de sa trempe, et éloigna de lui tout homme de mérite qui auroit pu lui inspirer le désir de s'instruire. Jouissant d'une autorité sans bornes, il vendoit les graces, les emplois, les titres, etc. L'agriculture et les arts languirent par une suite des privilèges exclusifs qu'il accordoit pour de l'argent.

Voulant rendre le roi incapable de veiller à la moindre partie de l'administration du royaume, il lui donna de bonne heure le goût de la chasse, sous prétexte de faire ainsi sa cour au père qui a toujours été passionné pour cet amusement. Comme si cette passion n'eût pas suffi pour l'éloigner des affaires, il associa encore à ce goût celui de la pêche, et ce sont encore ses divertissemens favoris.

Le roi de Naples est fort vif, et il l'étoit

encore davantage étant enfant. Il lui falloit encore d'autres plaisirs pour absorber tous ses momens. Son gouverneur lui chercha de nouvelles récréations, et voulut en même temps le corriger d'une trop grande douceur, et d'une bonté qui formoit le fond de son caractère : Saint - Nicandre savoit qu'un des plus grands plaisirs du prince des Asturies, aujourd'hui roi d'Espagne, étoit d'écorcher des lapins; il inspira à son élève le goût de les tuer. Le jeune roi alloit attendre ces pauvres bêtes à un passage étroit par lequel on les obligeoit de passer; et, armé d'une massue proportionnée à ses forces, il les assommoit avec de grands éclats de rire : pour varier ce divertissement il prenoit des lapins, des chiens ou des chats, et s'amusoit à les faire berner jusqu'à ce qu'ils en crevassent. Enfin, pour rendre le plaisir plus vif, il desira voir berner des hommes, ce que son gouverneur trouva très-raisonnable : des paysans, des soldats, des ouvriers, et jusqu'à des seigneurs de la cour servirent ainsi de jouet à cet enfant couronné; mais un ordre de Charles III interrompit ce noble divertissement; le roi n'eut plus que la permission de berner des animaux, à la réserve des chiens que le roi d'Espagne prit sous sa protection catholique et royale.

C'est ainsi que fut élevé Ferdinand IV, à qui on n'apprit pas même à lire et à écrire. Sa femme fut sa première maitresse d'école; mais elle ne se contenta pas de lui apprendre une chose si utile; elle lui en apprit beaucoup d'autres qui ne sont pas de la même importance.

Une telle éducation devoit produire un monstre, un Caligula. Les Napolitains s'y attendoient; mais la suite démentit tous ces présages. La bonté du naturel de ce jeune monarque triompha de l'influence d'une institution si vicieuse. Il en vint à détester les cruautés qu'il avoit commises dans son enfance, et prouva en plusieurs occasions qu'il ne manquoit, ni des qualités du cœur, ni de celles de l'esprit. On auroit eu en lui un prince excellent, s'il fût parvenu à se corriger de son penchant pour la chasse et pour la pêche, qui lui ôte bien des momens qu'il pourroit consacrer avec utilité aux affaires publiques. Mais la crainte de perdre une matinée favorable pour son amusement favori, est capable de lui faire abandonner l'affaire la plus importante; et la reine et les ministres savent bien se prévaloir de cette foiblesse.

Son gouverneur a secondé le goût qu'il a montré dans son enfance pour le militaire. Il se plaisoit à commander l'exercice, et faisoit manœuvrer ses courtisans en leur mettant des bâtons sur les épaules. Il s'emportoit et déchiroit les manchettes à ceux qui s'acquittoient mal de leur devoir; mais il s'est corrigé encore de cette humeur de sergent, et commande seulement l'exercice à son bataillon favori des Liparotes, avec la bienséance qui convient à un roi.

*La veuve protégée.*

Une veuve étoit en procès pour défendre un bien assez médiocre qui devoit la faire subsister elle et huit enfans. Le rapporteur du procès traînoit l'affaire en longueur, et pendant ce temps la veuve et sa famille languissoient dans le besoin. On lui conseilla de présenter une requête au roi, et pour cet effet elle se rendit à Caserte. Elle alla se placer dans une allée où on lui dit que le

roi, qu'elle n'avoit jamais vu, se promenoit quelquefois. Ayant vu un homme en habit militaire, elle lui demanda si le roi passeroit bientôt, et quel habit portoit sa majesté pour qu'elle pût le reconnoître. C'étoit au roi lui-même qu'elle s'adressoit. Le monarque charmé de n'être pas connu, lui dit : « je ne peux vous indiquer le moment où le roi passera, mais si vous avez quelque requête à lui présenter, je m'en chargerai ».
— Je vous aurai bien de l'obligation, répondit la veuve : je n'ai que trois dindes assez gras, voudrez-vous bien les recevoir pour gage de ma reconnoissance ? — « Ce n'est pas de refus, dit le roi ; venez ici demain avec vos trois dindes, et je vous apporterai votre requête appointée par sa majesté ». On pense bien que la veuve fut exacte au rendez-vous ; le roi n'y manqua pas ; il rendit la requête signée par lui, et reçut les trois dindes en disant : « ils sont vraiment bien gras ! » Il n'eut rien de plus pressé que d'aller trouver la reine, tenant ses trois dindes et riant comme un fou. « Eh bien, lui dit-il, ma chère maitresse, ( le lecteur se rappelle que la reine a été la première maitresse d'école de Ferdinand, et c'est dans ce sens

qu'il l'appelle toujours ainsi) vous voyez que je sais gagner mon pain ; voilà trois dindes qu'on vient de me donner pour mon travail ; je veux que nous les mangions demain ». Les trois dindes furent effectivement servis : mais voici la suite de cette petite historiette qui ne peut avoir d'intérêt que par rapport au personnage qui joue le principal rôle. La requête ne fit pas beaucoup d'impression sur le rapporteur, quoique signée par le roi ; la veuve revint se plaindre à la même personne des lenteurs de son affaire. Le roi se fit connoître, paya généreusement les trois dindes, et donna ordre que M. le rapporteur fût privé de ses appointemens jusqu'à ce que l'affaire fût jugée. On devine aisément que la procédure ne tarda pas d'être achevée ; mais le roi voulut que M. le conseiller vînt lui parler, et il lui lava la tête comme il faut.

## *Le soufflet royal.*

JE blâme ces historiens qui se plaisent à tracer des portraits moraux et politiques des princes, des ministres, des généraux, et de tous les personnages qui figurent sur la scène du monde. C'est par les faits qu'il faut les peindre, c'est par les discours qui leur échappent dans ces momens où leur ame se montre à nud, qu'il faut les faire connoître au lecteur qui saura bien, après cela, s'il est un homme instruit et accoutumé à penser, se former une image ressemblante de la personne dont il s'agit. C'est la méthode que j'ai toujours suivie et dont je ne m'écarterai jamais dans les tableaux que je présente aujourd'hui au public.

Ferdinand est d'un caractère ingénu ; il a les mœurs d'un particulier et rarement la dignité de son rang. En un mot, par ses manières, par le jargon napolitain dont il fait toujours usage, il ressemble parfaitement à ces lazzaroni qui forment la dernière classe du peuple napolitain. C'est ce qui lui donne parmi les rois ses confrères une physionomie toute originale. C'est ce qui lui a concilié l'amour du bas peuple, charmé de voir son roi se rapprocher ainsi du dernier de ses sujets. On voit souvent le monarque souper dans sa loge au théâtre de Saint-Charles, s'offrir aux regards des spectateurs en tenant un plat de macaroni qu'il mange en faisant tous les lazzi de polichinelle, ce qui forme une scène délicieuse pour les Napolitains, mais qui sûrement ne seroit pas du goût des Parisiens. Il est vif, emporté ; mais sa colère, comme celle des personnes de ce tempérament, s'évapore avec promptitude et sans laisser de place à la rancune. Cependant, il faut se garantir des premiers effets de son emportement.

La reine, un jour, ayant pris de l'humeur contre le duc d'Altavilla, qui étoit alors le favori de Ferdinand, accabla ce seigneur d'injures et alla jusqu'à lui dire, en termes fort grossiers, qu'il portoit le caducée auprès du roi, et que c'étoit par cet emploi honteux qu'il avoit obtenu les faveurs de sa majesté. Le duc se plaignit à Ferdinand des injures de la reine et demanda à se retirer dans ses terres. Le roi irrité du procédé de son épouse, lui en fit de vifs reproches; au lieu de l'appaiser, elle l'irrita par ses réponses, et ce colloque conjugal se termina par un fort soufflet que la reine reçut de son mari. Elle demeura plusieurs jours enfermée dans son appartement ; mais le roi ayant tenu bon, il fallut qu'elle s'humiliât jusqu'à implorer la faveur du duc pour rentrer en grace avec son époux. Ce fait s'est passé peu de jours avant le dernier voyage de l'empereur Joseph II à Naples. Joseph contribua à réconcilier les époux, après avoir beaucoup blâmé la conduite de sa sœur.

## *Quelques traits de foiblesse de Ferdinand IV.*

IL est facile de prendre de ce prince des idées toutes opposées. Un étranger qui fait un court séjour à Naples, dans un de ces intervalles heureux qui reviennent souvent, où Ferdinand porte avec dignité le poids de sa couronne, ne pourroit à son retour que parler avec le plus grand éloge de son administration; mais s'il se trouve dans les états de ce prince lorsqu'il est livré à son indolence et à sa passion pour la chasse et pour la pêche, il se le figurera comme un imbécille indigne de régner, et plaindra les peuples gouvernés par un tel roi. Il n'est pourtant ni un aigle ni un sot, mais tour-à-tour fort et foible, quoique plus souvent foible que fort, toujours bon de son naturel, aimant le vrai, et préférant le bien public à tout autre intérêt toutes les fois qu'il peut l'appercevoir, et que rien ne le distrait de cette étude.

La reine qui est toujours avec ce prince, excepté lorsqu'il chasse ou lorsqu'il pêche, sait choisir les momens pour en obtenir tout ce qu'elle veut, et de cette manière elle a la plus grande influence dans les affaires. Le général Acton qui vit avec elle dans la plus étroite intimité, est informé exactement de tout ce qui se passe au boudoir, dans la chambre à coucher du roi, etc. On choisit l'instant favorable de lui faire signer les édits et autres actes d'autorité royale. Si ce qu'on lui propose lui paroît pernicieux au bien de l'état, il jure, il frappe du pied, et s'emporte comme le dernier lazzaroni ; mais son courroux s'évapore, il signe ; et pour se consoler, il part pour la chasse ou pour la pêche.

La reine avoit fort à cœur de mettre l'armée napolitaine à peu près sur le pied où sont les troupes autrichiennes. Ainsi elle desiroit ardemment la suppression de tous les régimens et corps privilégiés, comme les gardes, le bataillon des cadets, et celui des

Liparotes. On sait que ces deux derniers étoient les régimens favoris du roi, qu'il aimoit à exercer en personne ; c'étoit comme ses joujous : cependant la reine eut assez de crédit pour y réussir. A la première ouverture qu'on fit de ce projet au roi, il chargea d'injures la reine et le général Acton ; mais on ne se rebuta pas : un jour qu'il étoit fort fatigué et très-content de sa chasse où il avoit fait un massacre affreux de sangliers, on lui fit signer la suppression qu'on desiroit, sans qu'il fît la moindre difficulté, et la réforme fut tout de suite mise en exécution, tout ayant été préparé pour cela. Le corps des gardes napolitaines et celui des gardes suisses ne tardèrent pas beaucoup à être réformés.

Ce qui engagea sur-tout la reine à faire licencier ces régimens, c'est que le roi avoit pris en si grande affection les Liparotes et les cadets, ainsi que les deux autres régimens dont on vient de parler, qu'il se faisoit accompagner dans toutes ses parties de chasse par les officiers ; il les admettoit quelquefois dans sa confiance intime, leur faisoit part de tout ce qui se passoit entre lui, la reine et les autres femmes de la cour, et des chagrins que son épouse lui donnoit. Souvent même ces officiers osoient hasarder des conseils dont le roi s'étoit quelquefois bien trouvé.

Le prétexte dont la reine se servit pour faire dissoudre ces corps, fut l'avantage qu'elle fit voir au roi d'imiter le système militaire de l'empereur qui ne souffroit point de régimens privilégiés, et chez qui l'infanterie et la cavalerie étoient sur le même pied. Elle représenta à Ferdinand de quelle importance il étoit que tous les régimens partageassent également l'honneur de garder les personnes royales, ce qui leur inspiroit à tous la même affection pour leurs maîtres. On verra dans la suite qu'il y eut encore d'autres raisons qui influèrent sur cette réforme, un des événemens remarquables du règne de Ferdinand IV.

*Quelques faits qui caractérisent le roi et la reine.*

Non-seulement Ferdinand manqué en plusieurs occasions de fermeté, mais il ne sait pas même garder les secrets : il trahit souvent la confiance de ses meilleurs amis, et les livre ainsi à la vengeance de la reine, qui a les passions aussi fortes, les mêmes vices, les mêmes inclinations que sa sœur Antoinette de France, et que ses autres sœurs qui se ressemblent plus ou moins.

Le roi a souvent des goûts passagers pour des femmes de la cour, ou d'une autre condition. Dans de certains momens, la reine a l'art de lui arracher le secret de ses intrigues amoureuses, et se venge de ses rivales, non pas par esprit de jalousie, mais uniquement de peur qu'elles ne lui ravissent l'autorité dont elle jouit par son ascendant sur le roi. C'est ce qui arriva à la duchesse de Lusciano dont le roi avoit été l'amant durant quelques mois, sans que le mystère de son amour fût découvert: mais la reine ayant tiré artificieusement de son époux l'aveu de sa passion, elle fit exiler la duchesse dans ses terres. Cette femme indignée s'habilla en homme, et s'étant postée sur le passage du roi, elle l'accabla des plus vifs reproches. Le roi reconnut ses torts ; mais la duchesse n'en fut pas moins obligée de se retirer dans ses terres où elle demeura sept ans, au bout desquels elle fut rappellée. Le fait qui suit servira à prouver que la reine n'agit point dans ces occasions par un motif de jalousie.

La duchesse de Cassano Serra avoit inspiré de l'amour au roi, qui sollicita vainement les faveurs de cette dame trop attachée à ses devoirs pour se rendre aux desirs du monarque. Ferdinand fit part à sa femme des refus de la duchesse. La reine qui craignit que cette résistance ne cachât quelque projet ambitieux, et le desir secret d'allumer dans le cœur du roi une passion violente, trouva le moyen de la faire exiler. Peut-être aussi étoit-elle irritée en voyant une femme qui osoit repousser les vœux d'un souverain, tandis qu'elle-même, semblable à Messaline, s'est toujours livrée sans pudeur et sans choix aux hommes les plus méprisables et de la classe la plus abjecte. Une femme sans mœurs ne peut pardonner à une autre le tort d'être irréprochable dans sa conduite. La crainte d'être persécutées par la reine, et la connoissance qu'elles avoient du caractère du roi qui ne peut garder un secret avec sa femme, a

empêché

empêché plusieurs fois des actrices, des danseuses, etc. d'accepter des rendez-vous avec sa majesté, quelques offres généreuses qu'il leur fît faire par les personnes chargées de ces sortes de négociations. Ces refus, souvent très-humilians pour l'amour-propre du roi, lui ont cependant paru justes ; et on l'a entendu s'écrier : je n'ai que ce que je mérite ; je ne sais point me taire.

Cette foiblesse qu'a le roi de tout dire à la reine nuit beaucoup aux affaires, et c'est ce qui attire le plus à la reine l'aversion des Napolitains. Tout le monde voit bien qu'Acton est un ministre sans connoissances, qui néglige les véritables intérêts du royaume pour former une marine qui ne convient point à ce pays, mais personne n'ose donner des avis au roi, de peur que la reine ne vienne à savoir le nom du donneur de conseils ; et ce n'est qu'en prenant des précautions infinies pour n'être pas connu, qu'on se hasarde à faire parvenir à Ferdinand des vérités importantes pour la chose publique.

## Le peuple Napolitain.

Durant le premier séjour que je fis à Naples, on comptoit onze mille forçats et autres prisonniers dans les différentes prisons du royaume de Naples et dans celles de la Sicile. Des informations exactes m'ont donné la certitude que ce nombre n'étoit point exagéré. Cela m'a paru bien excessif sur une population de six millions d'hommes. En France où l'on compte vingt-cinq millions d'habitans, il n'y avoit pas plus de quinze mille prisonniers sous l'ancien régime. Il n'y en a que cinq mille en Autriche qui est peuplée de dix-neuf millions d'habitans, et la monarchie prussienne avec une population de six millions n'a pas deux mille prisonniers.

Ce nombre considérable de personnes détenues est d'autant plus étonnant que l'administration de la justice criminelle dans les Deux-Siciles est extrêmement indulgente. Son indulgence va même jusqu'à l'injustice, car elle néglige de punir un grand nombre de crimes prouvés avec évidence. Si l'on punissoit dans ces royaumes tous les meurtriers, les voleurs avec effraction, et les faussaires, seulement par les galères, il y auroit assurément plus de cent mille forçats. Pour se rendre raison de cela, il faut songer que ce peuple manque absolument d'éducation, et qu'il est fort rare de rencontrer un homme dans la classe inférieure qui connoisse seulement les lettres de l'alphabet. Qu'on ajoute à ce défaut total d'instruction élémentaire le manque de police, la négligence de l'administration et de la justice, et alors on sera forcé de reconnoître qu'il faut que cette nation soit naturellement bonne, pour qu'il ne se commette pas chez elle cent fois plus de crimes et de désordres de toute espèce.

La nation napolitaine est naturellement fort vive, elle a les passions fortes; et si avec toutes les causes que nous avons assignées pour rendre raison des crimes qui se commettent dans ce royaume, on joint l'extrême abrutissement et l'aveugle superstition où les prêtres et les moines la tiennent plongée, il faudra convenir que le nombre des prisonniers dont on a fait le calcul devroit être bien plus considérable si la nation n'étoit pas naturellement bonne.

Le Napolitain aime beaucoup à parler et à rire. Il dit naïvement ce qu'il pense, et se livre comme un enfant à l'emportement de ses passions. On peut assurer que la masse de la nation a des vertus et de l'humanité; mais la classe dépravée l'est à un point, qu'on trouveroit difficilement un peuple à lui comparer pour la dégénération des mœurs. Le Napolitain méchant, réfléchit avec sang-froid sur les crimes qu'il commet, et y associe mille atrocités révoltantes.

Les Napolitains sont excessifs en tout, dans le bien comme dans le mal, dans la joie et dans la tristesse, dans la piété ou l'irréligion, dans le courage et la lâcheté; il passe rapidement d'une affection à l'autre. Un bouffon monté sur des tréteaux le fait crever de rire, et un moment après un prédicateur, le crucifix à la main, le fait fondre en larmes; il pousse des sanglots et demande pardon de ses péchés d'une manière qui attendrit tous les spectateurs: mais le triomphe du prédicateur ne dure pas long-temps; et si polichinelle paroît un moment après, les pleurs du repentir font bientôt place aux ris les plus immodérés.

On n'est pas autant obsédé à Naples par

les mendians, qu'on l'est à Rome et dans les autres villes de l'état ecclésiastique. Une des principales raisons, c'est que les vivres sont à meilleur marché à Naples. Il y a dans cette capitale environ trente mille personnes qui n'ont ni feu ni lieu, et qui couchent sur les places ou dans les rues. En temps de pluie, les indigens de cette classe se retirent dans les catacombes, qui sont beaucoup plus vastes et plus commodes que celles de Rome. En faisant quelques commissions, ils ont bientôt gagné cinq, six ou dix grains: le grain vaut un peu moins que le sou de France; et avec ce modique salaire ils vivent fort bien toute la journée. Ils sont sans prévoyance, sans inquiétude pour les maladies qui peuvent leur arriver, assurés d'être reçus dans un hôpital ou dans quelque maison de charité. Un homme du peuple va chez un marchand de macaroni; il se fait donner un plat de bois rempli de cette pâte toute bouillante, sur laquelle on a jetté du fromage rapé; il prend ces macaroni avec ses mains, et il les entortille par un tour d'adresse que les étrangers savent rarement imiter. Après avoir pris ainsi son repas en public en éclatant de rire, il va chez un limonadier, et avale pour un grain un très-grand gobelet d'eau sucrée, et qui contient beaucoup plus de suc de citron que la prétendue limonade qu'on vend dans les rues de Paris. Les vendeurs de macaroni ont des chaudières immenses remplies de ce comestible. Tout l'assaisonnement consiste dans une demi-livre de graisse de cochon fondue dans cette masse énorme avec un peu de sel. Voilà la nourriture de l'homme du bas peuple de Naples, qui rarement fait une meilleure chère, et à qui cet aliment suffit, attendu que les Napolitains sont naturellement sobres. C'est ce qui les distingue du peuple romain, qui aime assez la bonne chère quand il peut se la procurer, et qui s'enivre aussi volontiers pour bannir la tristesse à laquelle il est sujet. Le Napolitain, au contraire, ne connoît pas du tout l'ivrognerie, et ne se livre jamais au chagrin.

Le jargon napolitain est rempli d'énergie, et la nation le parle en lui associant une pantomime encore plus signifiante; car il n'y a aucune nation qui gesticule autant que les Napolitains. On peut dire que c'est un peuple de bouffons et de baladins. Une gesticulation très-vive précède toujours les paroles qu'ils prononcent en ouvrant une grande bouche ; car une énorme bouche est un des traits caractéristiques de la physionomie napolitaine, et rien de plus rare que de voir à Naples une femme ayant une jolie petite bouche. Tout le monde parle très-haut ; et un étranger a beaucoup de peine à s'accoutumer à ces bruyantes vociférations.

J'ai connu plusieurs Toscans; ils parlent leur langue avec pureté et élégance, tirant leurs comparaisons des sciences et employant des termes philosophiques. Les Romains s'expriment avec force, et leurs comparaisons sont prises dans les monumens qui restent de leur grandeur passée et dans les beaux-arts ; mais les Napolitains vont toujours chercher les images dont ils veulent revêtir leurs pensées parmi les objets les plus lascifs, et leurs gestes sont analogues au sujet. On voit souvent des personnages graves, et d'un caractère vénérable, se permettre ces sortes de gestes sans y songer peut-être, et sans y attacher aucune idée obscène, tant est grande la force de l'habitude.

Les Napolitaines ont généralement le

cœur bon ; elles sont généreuses, et se plaisent à montrer leur libéralité lorsqu'elles en ont les moyens, sur-tout envers leurs amans. Elles ne se piquent pas de fidélité, mais elles exigent ces qualités dans ceux qui s'attachent à elles. J'ai connu des femmes qui payoient des espions pour inspecter la conduite de leurs amans, à qui elles faisoient des infidélités continuelles. Les maris n'étant point aussi commodes à Naples qu'ils le sont dans les autres parties de l'Italie, les galanteries avec les femmes mariées sont accompagnées de quelque danger et de plusieurs inconvéniens. Un étranger qui plaît à une femme et qui satisfait l'ardeur de ses desirs, est bientôt l'homme à la mode; c'est à qui l'aura ; mais s'il fait faux-bond à la première occasion, son aventure devient bientôt publique, et il devient bientôt un objet de mépris pour toutes les dames de Naples. Il n'a alors d'autre ressource que de quitter le pays, ou de passer son temps avec les filles publiques. Ces sortes de femmes sont généralement belles à Naples ; elles sont mal logées ; il y en a grand nombre d'étrangères : les plus jolies sont les siciliennes. Ces courtisannes sont pour la plupart bien plus faites pour séduire que les bourgeoises et les dames de condition : celles-ci sont presque toutes laides et d'une grande mal-propreté, mais très-ardentes pour le plaisir. Les dames de qualité et les bourgeoises jolies sont presque toutes étrangères. Elles sont encore plus mal élevées que les hommes ; et l'on en rencontre fort peu qui puissent soutenir une conversation spirituelle ou instructive.

### *Le marquis Caraccioli.*

On l'a vu long-temps à Paris, ce qui dispense de donner de grands détails sur ce qui le regarde. Il a assez brillé parmi nous, chéri des grands, et recherché par les gens de lettres. Sa mort a causé beaucoup de regrets, et sa mémoire est encore fort respectée.

Durant mon premier voyage à Naples, Caraccioli étoit vice-roi en Sicile. Lorsqu'en dernier lieu j'ai passé à Naples, il avoit cessé de vivre. On m'a dit qu'il étoit fort tombé dans les dernières années de sa vie : il étoit alors ministre et secrétaire d'état pour les affaires étrangères. On verra néanmoins que dans le déclin de ses jours il savoit encore dire de bons mots et faire de bonnes choses. J'aurai occasion de rapporter quelques traits à ce sujet.

Il a exercé les fonctions de vice-roi de Sicile avec beaucoup d'honneur. Le peuple n'a aucun pouvoir dans cette île ; les municipalités n'y sont rien, et le pouvoir royal n'y a pas beaucoup d'influence. Les barons, les seigneurs feudataires y jouissent d'une grande autorité. Ils bravent également et la puissance royale et les magistrats du peuple qui sera toujours nul lorsqu'il ne saura pas faire respecter sa souveraineté. Le clergé est encore plus puissant que la noblesse qui lui est soumise, étant courbée sous le joug de la superstition.

C'étoit une fonction bien pénible pour un philosophe, pour un homme d'esprit comme Caraccioli, que celle de gouverner la Sicile, lui qui savoit mieux qu'un autre ce qu'il falloit penser du clergé et sur-tout des moines. Il falloit qu'il vît et qu'il souffrît une infinité de désordres et d'abus dont son cœur gémissoit, mais qu'il n'avoit pas le pouvoir de supprimer, sur-tout dans un aussi court espace que celui de l'administration d'un vice-roi qui ne dure que trois ans. Mais l'homme de génie sait se distinguer par-tout où il est placé. Caraccioli parvint à adoucir le sort du peuple soit dans les villes, soit dans les campagnes. Ne pouvant abolir les privilèges onéreux des seigneurs, il empêcha qu'ils n'en abusassent pour commettre mille vexations, ayant annoncé avec fermeté qu'il puniroit sévérement ceux qui s'écarteroient du terme précis de la loi. Il écoutoit avec intérêt les plaintes qui lui étoient portées contre les barons par les habitans de la campagne, et leur faisoit rendre une prompte justice.

Plusieurs barons avoient usurpé des droits qui n'étoient point spécifiés dans leurs chartes et dans les actes d'investiture de leurs fiefs. Caraccioli fit afficher des ordonnances qui instruisoient le peuple des vrais droits dont les seigneurs étoient en possession et de ceux qu'ils s'étoient injustement arrogés. Cela contribua beaucoup à soulager le peuple, et il jouit encore des avantages qu'il a retirés des loix que Caraccioli établit à ce sujet. Il s'occupa aussi beaucoup de la justice et de la police qui étoient fort mal administrées, et toutes les réformes qu'il fit le rendirent cher aux Siciliens, qui le regardoient comme leur sauveur. Les nobles ont des douanes, des droits d'entrée, des péages sans nombre en Sicile. Plusieurs de ces droits sont des concessions faites par les souverains de Naples, mais d'autres ont été usurpés sur la couronne sous le règne des princes foibles. Caraccioli revendiqua tous ces droits et les réunit à la couronne, en répondant par de bons mots et des tournures polies aux représentations qu'on lui faisoit là-dessus.

Les moines et les prêtres n'osèrent broncher sous le gouvernement de Caraccioli. Il faisoit saisir les malfaiteurs dans les églises; et l'archevêque de Palerme ayant voulu soutenir un jour, mal-à-propos, une immunité ecclésiastique au sujet d'un assassin que le vice-roi avoit fait arrêter, il lui répondit: « nous ne sommes plus aux temps passés, et vous devriez avoir honte, monsieur l'archevêque, de protéger encore des scélérats ». Un évêque lui faisant des représentations au sujet d'un meurtrier saisi dans un couvent, Caraccioli lui dit : « si vous vous avisez, monsieur l'évêque, de soutenir une autre fois une cause si indigne de la sainteté de votre ministère, je vous ferai déposer de votre évêché comme ennemi de l'état ».

Caraccioli fit encore plus. Par son ordre, on enleva en plein jour plusieurs madones auxquelles on attribuoit des miracles. Les prêtres et les moines jettèrent les hauts cris, en disant qu'il détruisoit la religion, langage ordinaire de ces gens-là. « C'est vous, leur dit-il, qui, par vos fraudes et par de ridicules superstitions, faites le plus grand tort à la religion, et rendez stupide un peuple qui, sans vous, seroit un des plus spirituels de l'Europe. Je ne permettrai jamais qu'on expose à l'adoration des peuples, des images dont les miracles ne seront pas confirmés par des preuves authentiques ». Un vice-roi qui n'auroit pas su gagner, comme Caraccioli, la confiance du peuple, auroit couru risque d'être immolé par une multitude fanatique, mais il étoit trop chéri des Siciliens pour être exposé à un pareil danger.

En prenant possession de son gouvernement, il avoit montré de quelle manière il se comporteroit à l'égard des gens d'église. Les bénédictins de je ne sais quel couvent lui envoyèrent, selon l'usage, une députation pour lui demander sa protection. Ces députés lui recommandèrent sur-tout la chapelle de Sainte-Rose, pour laquelle, dirent-ils, ils savoient que son excellence avoit une dévotion particulière. « Il se peut, leur répondit-il, que je sois fort dévot à Sainte-Rose, mais n'en ayant jamais rien dit à personne, je m'étonne comment vous avez pu en être instruits », et il se mit à éclater de rire.

*La vicairie.*

Une des choses les plus intéressantes pour un étranger dans la ville de Naples, c'est le palais où l'on rend la justice, nommé *la vicairie*. Un peintre des mœurs et des gouvernemens ne doit point négliger un objet de cette importance. Tout ce qui s'y passe ne ressemble point à ce que j'avois vu dans les autres états, et présente un aspect tout particulier.

La cour et les escaliers sont remplis de sbires, de populace, de notaires qui vont et qui viennent, et de *paglietti* ; c'est le nom qu'on donne indistinctement, à Naples, à tous les gens de loi. Vous voyez des visages affreux qui portent sur leur front et dans leurs yeux l'empreinte de tous les crimes et l'expression de la férocité. Ces gens-là s'intriguent auprès des juges et des avocats ; ils leur recommandent leurs frères, leurs parens, leurs amis détenus dans les fers, et toujours très-innocens si l'on s'en rapporte à leur témoignage.

L'escalier par lequel on monte est large et commode, mais d'une mal-propreté révoltante, étant tout rempli d'immondices dont le sens de la vue et celui de l'odorat sont également choqués. Je ne fus point surpris de cette saleté, ayant déjà fait cette remarque dans les rues de Naples où chacun satisfait ses besoins naturels avec un cinisme dont Diogène même eût rougi. Cette mal-propreté se trouve dans les auberges, les maisons particulières, et jusques dans le palais du roi où l'on fait des immondices sans trop se soucier des gardes qui ne s'opposent point à ces indécences, parce que c'est un usage invétéré.

Les antichambres immenses, les corridors de la vicairie sont remplis de colporteurs

qui vendent toutes sortes de marchandises ; des tabatières de lave, etc. Il faut, dès qu'on est entré, prendre bien garde à ses poches ; c'est un des grands rendez-vous des filoux de Naples. J'ai assisté plusieurs fois aux plaidoieries, car tout le monde peut écouter les procédures qui s'y font ; seulement quand les juges doivent délibérer, le président sonne une clochette et les spectateurs sont obligés de sortir. Les avocats parlent devant les juges avec encore plus de licence qu'on ne le fait à Venise. Un avocat plaidant pour un criminel qui avoit assassiné un matelot pour vivre plus à son aise avec sa femme, soutenoit que « ce n'étoit pas vraisemblable, parce que son client avoit tout le temps qu'il pouvoit desirer pour mettre en œuvre son timon avec la femme du matelot, tandis que son mari manioit le timon de sa barque ». L'avocat accompagnoit cette belle harangue de gestes bouffons et lascifs qui faisoient éclater de rire tout son auditoire. Cet exemple tiendra lieu de plusieurs autres. En général, les avocats crient comme des aigles et poussent quelquefois des hurlemens affreux en se disant les injures les plus grossières, et les plaideurs qui sont présens quand on
plaide

plaide leur cause, ne s'épargnent pas davantage. Enfin, la vicairie ne ressemble pas mal à un de ces *Bolgie* ou gouffres infernaux dans lesquels l'imagination sublime et bizarre du Dante a tracé des tableaux si singuliers.

Au lieu de vingt mille *paglietti* ou jurisconsultes qu'on disoit se trouver à Naples, il n'y en a guère plus de deux mille neuf cents. Ces jurisconsultes ne sont point divisés en plusieurs classes. Chacun est indifféremment avocat, procureur, solliciteur, etc. Il n'y a de distinction que pour la profession des notaires, qui paient cinquante ducats d'argent pour être reçus. On trouve parmi ces *paglietti* des gens aimables et lettrés qui, sous un extérieur grossier que l'on contracte à Naples, cachent un esprit fin et poli, et un cœur excellent.

*La pêche royale.*

On croit écouter un conte fait à plaisir lorsqu'on entend dire que, non-seulement le roi de Naples pêche, mais encore qu'il vend lui-même le poisson qu'il a pris. Rien de plus vrai. J'ai assisté à ce spectacle amusant et unique dans son genre, et je vais en offrir le tableau.

Ordinairement le roi pêche dans cette partie de la mer qui est voisine du mont Pausilippe, à trois ou quatre milles de Naples. Après avoir fait une ample capture de poissons, il retourne à terre, et quand il est débarqué il jouit du plaisir le plus vif qui soit pour lui dans cet amusement. On étale sur le rivage tout le produit de la pêche, et alors les acheteurs se présentent et font leur marché avec le monarque lui même. Ferdinand ne donne rien à crédit; il veut même toucher l'argent avant de livrer sa marchandise, et témoigne une méfiance très-soupçonneuse. Alors tout le monde peut s'approcher du roi, et les lazzaroni ont sur-tout ce privilège, car ce prince leur montre plus d'amitié qu'à tous les autres spectateurs. Ces lazzaroni ont pourtant des égards pour les étrangers qui veulent voir le monarque de près. Lorsque la vente commence, la scène devient extrêmement comique. Le roi vend aussi cher qu'il est possible; il prône sa marchandise, en prenant le poisson dans ses mains royales, et disant tout ce qu'il croit capable d'en donner envie aux acheteurs. Les Napolitains, qui sont ordinairement fort libres, traitent le roi dans ces occasions avec la plus grande liberté, et lui disent des injures comme si c'étoit un marchand ordinaire de marée qui voulût surfaire. Le prince s'amuse beaucoup de leurs invectives qui le font quelquefois rire à gorge déployée; il va trouver la reine ensuite, et lui raconte tout ce qui s'est passé à la pêche et à la vente du poisson, ce qui lui fournit un ample sujet de facéties; mais pendant tout le temps que le roi s'occupe à la chasse ou à la pêche, la reine et les ministres, ainsi que nous l'avons dit, gouvernent à leur fantaisie, et les affaires n'en vont pas mieux pour cela.

*Éclaircissemens sur les paglietti.*

LE nombre de ces jurisconsultes napolitains a été fort exagéré, comme on l'a déjà dit; il ne va pas à trois mille. Cependant il y a à Naples une foule de gens qui portent toujours un habit noir et les autres attributs des *paglietti*, quoiqu'ils ne méritent pas ce titre qui n'est dû qu'à ceux qui ont reçu le bonnet de docteur en loi. On donne abusivement le nom de *paglietti* aux officiers subalternes des chambres de la vicairie, aux archivistes, aux secrétaires qui travaillent dans les études des principaux jurisconsultes, aux solliciteurs de procès et autres personnes de cette espèce. Plusieurs de ces derniers obtiennent, avec le temps, l'honneur du paglietisme sans avoir besoin de subir des examens, uniquement par la protection de leurs patrons qui récompensent de cette manière les services assidus qu'ils en ont reçus pendant plusieurs années.

Il y a plusieurs sortes d'émolumens attachés au vrai paglietisme, et ces profits augmentent à raison du plus ou du moins d'ancienneté dans le grade. Tous ceux qui se font recevoir docteurs, sont obligés de payer une contribution qui se distribue à tous les paglietti dans la proportion qu'on vient d'indiquer. On m'a dit qu'un vieux paglietti pouvoit, sans se donner la moindre peine, gagner par an deux ou trois mille ducats d'argent. Il y a aussi d'autres épices attachées au grade de jurisconsulte, qu'il touche en raison de la date de sa réception.

Il y a un grand nombre de nobles et de gens de la première distinction qui se font agréger au corps des jurisconsultes, parce qu'il y a beaucoup de testamens qui privent les héritiers de leur droit à la succession, s'ils ne sont pas reçus au nombre des paglietti. D'après de tellés dispositions, qui se rencontrent souvent dans les actes testamentaires, les nobles sont obligés d'étudier les loix pour n'avoir pas le chagrin de voir leur héritage passer à une autre branche de la famille, ou augmenter le revenu de quelque hôpital. Sans doute l'intention des testateurs en cela est de forcer leurs héritiers à étudier la procédure pour n'être pas les dupes des paglietti qui, à Naples, comme par-tout ailleurs, savent bien se prévaloir de l'ignorance de leurs cliens. On ne doit donc pas être surpris qu'il y ait à Naples beaucoup de grands seigneurs qui sont jurisconsultes et agrégés au corps, quoiqu'ils n'en exercent pas les fonctions. L'habit de cérémonie des docteurs en loi ressemble beaucoup à celui de nos ci-devant abbés en France ; ils portent des rabats, et sont revêtus d'une cape légère et galante. Il faut espérer que la révolution qui nous a régénérés chassera de Naples, comme de Paris, ces êtres amphibies, demi-ecclésiastiques et demi-séculiers.

Les paglietti sont fort considérés à Naples, soit à la cour, soit à la ville. Il n'y a aucune famille noble ou riche qui n'ait son paglietti, qu'elle consulte dans toutes les occasions. On n'ose faire la moindre acquisition, la moindre vente, la moindre affaire civile, sans avoir pris l'avis d'un jurisconsulte. S'il est question de mettre un enfant au collège, de le faire entrer dans un couvent ; enfin s'il s'agit de prendre ou de renvoyer un domestique, il faut préalablement que M. le docteur ait déclaré sa façon de penser là-dessus. On voit par-là quelle influence cette espèce de gens doit avoir dans toutes les familles un peu aisées de la ville.

*Les loix.*

Il n'y a aucun pays en Europe où il existe une plus grande confusion dans les loix que dans le royaume des Deux-Siciles.

La contradiction qui règne entre plusieurs de ces loix, la diversité des codes anciens et modernes qui forment tous également une autorité, fournissent à la chicane des armes bien puissantes. Les loix des anciens Normands qui ont conquis le royaume sont encore en vigueur, ainsi que celles des Lombards. On cite souvent celles des Fréderics, et celles-ci sont sans doute les meilleures; celles des rois d'Arragon, qui n'ont pas perdu leur empire, ne sont pas les plus mauvaises. Lorsque les rois d'Espagne furent les maîtres de Naples, ils firent beaucoup de loix dont la plupart ne valent rien, mais qu'on n'a point songé à abroger. Il faut ajouter à ce fatras de loix qui forment un véritable chaos, les édits de la cour de Vienne lorsqu'elle dominoit, lesquels n'ont pas été annullés; ceux du roi Charles III, et plusieurs autres émanés du roi régnant.

Toutes ces loix, en opposition entr'elles, éternisent les procès, et arrachent plusieurs criminels à la peine qu'ils ont méritée; car les tribunaux jugent volontiers d'après les loix les plus douces. Il est rare qu'un criminel soit condamné à mort, et la peine des galères qu'on prononce souvent est beaucoup plus douce dans le royaume de Naples que par-tout ailleurs. Après les galériens des états du pape, il n'y en a point qui soient traités avec plus de douceur que les galériens napolitains. Cependant on ne peut pas dire absolument que le systême judiciaire criminel soit doux en tout sens, puisque les longueurs infinies des procédures sont cause que les prisonniers pourrissent dans les cachots les plus infects. Parmi ces prisonniers, il se rencontre des innocens qui souffrent les horreurs d'une détention pire que les galères et la mort, et qui périssent souvent avant que leur innocence ait été reconnue. Ce qui contribue encore à alonger les procès criminels, c'est que les affaires de cette espèce se portent presque toutes à la métropole, et qu'on en juge très-peu dans les capitales des provinces. La multiplicité des procès de ce genre fait qu'on ne peut les expédier qu'après un très-long temps.

Pendant que j'étois à Naples, il est arrivé un fait qui servira au lecteur pour connoître l'esprit de la jurisprudence criminelle et les formes judiciaires de cet état.

Un criminel, dont le procès étoit terminé depuis deux ans, attendoit le supplice qui devoit punir ses forfaits, en lui arrachant une vie souillée par toutes sortes d'excès. Il s'éleva une dispute entre lui et un autre prisonnier qu'il tua d'un coup de couteau. Comme il s'agissoit de donner un exemple aux prisonniers, ce nouveau crime fut promptement soumis au jugement du tribunal. Le meurtrier avoit déjà commis cinq assassinats bien prouvés, et pour lesquels il avoit été condamné à la roue et à être tenaillé. Qu'arriva-t-il? on oublia son ancien procès dont on ne fit pas la plus légère mention; et comme ce dernier meurtre parut excusable, attendu qu'il avoit été commis dans une rixe et par l'effet d'un premier mouvement, on jugea qu'on ne pouvoit le condamner à une peine plus forte qu'à celle des galères pendant dix ans. Il y a une loi positive qui porte qu'un criminel qui vient d'être condamné ne peut plus être recherché pour aucun crime antérieur à celui pour lequel il a reçu sa sentence; c'est ainsi qu'un scélérat qui avoit mérité une mort cruelle, l'évita par un nouveau crime. On fait continuellement des instances auprès du roi pour qu'il fasse compiler un code nouveau où ces abus soient réformés ; mais le roi est foible ; il se laisse gouverner par une femme vicieuse, par un ministre ignare, le chevalier d'Acton, qui n'ont pas assez de lumières et de patriotisme pour appuyer des demandes si légitimes.

## La puissance des moines.

Les gens d'église jouissent du plus grand crédit et d'un pouvoir immense dans ce royaume. La justice les redoute, et n'ose punir les crimes dont ils se rendent coupables.

Pendant que j'étois à Naples, un moine du couvent de Saint-Augustin tua dans l'église une femme. Le scélérat vit encore tranquillement dans le même monastère, sans qu'on ait fait aucune poursuite relative à ce meurtre abominable. Il étoit doublement à l'abri des tribunaux, d'abord comme moine, ensuite comme appartenant à une famille noble, appellée la famille *Gennaro*. Voici quelle fut la cause de cet horrible assassinat.

Ce moine entretenoit une fille très-jolie. Les voisins s'en étant apperçus, en parloient entr'eux. Une des amies de la demoiselle lui recommanda d'avoir de la prudence en recevant les visites de ce religieux, parce que cela faisoit jaser sur son compte. La maitresse du moine fit confidence à son amant de cet avis charitable, et lui dit en même temps le nom de la donneuse d'avis. Cet homme atroce prit la résolution de se venger. Cette pauvre femme étant allée au salut dans l'église du couvent, le moine l'aborda, et s'entretint avec elle jusqu'à ce que le monde fût sorti ; alors il tira tout-à-coup un poignard caché sous sa robe et le plongea dans le sein de cette infortunée.

Le scélérat alla tout de suite se prosterner aux pieds de son supérieur qui l'aimoit et qui le prit sous sa protection. On l'envoya dans un autre couvent à peu de distance, où il se tint caché jusqu'à ce que le bruit causé par cet assassinat fût dissipé. Quatre mois seulement s'étant écoulés, il revint à Naples, et continua de desservir la même église qu'il avoit profanée par cet énorme attentat.

Pourquoi Ferdinand n'a-t-il pas purgé la

terre et son royaume d'un tel monstre ? Il n'a pu ignorer son crime qui a fait le sujet des conversations de tout Naples. Pourquoi n'a-t il pas puni le supérieur qui a osé soustraire à la vengeance des loix un homme coupable d'une telle horreur ? c'est par une suite de cette foiblesse qui gâte toutes ses bonnes qualités, et qui les rend inutiles. Il n'auroit pas dû même se borner à faire périr sur un échafaud le coupable, et à bannir de son royaume tous les religieux de cet ordre ; son devoir étoit encore de punir sévérement les magistrats qui, par leurs places, étoient obligés à poursuivre le criminel, et à le livrer aux mains de la justice, et dont la négligence ou la superstitieuse condescendance méritoit sans doute une punition exemplaire.

## *Le brigand extraordinaire.*

DANS mon premier voyage à Naples, on parloit beaucoup du chef d'une bande de voleurs, dont le nom étoit *Angiolino del Duca*. C'étoit un homme d'un courage à toute épreuve, et qui ne manquoit pas d'esprit. Il voloit aux riches, et faisoit beaucoup de bien aux pauvres Jamais il n'attaquoit des voyageurs, sur-tout si c'étoit des étrangers, et même il leur donnoit une escorte pour qu'ils ne fussent pas assaillis par quelque bande des voleurs qui dépendoient de lui. Il se contentoit de mettre à contribution les barons et les grands seigneurs, auxquels il avoit formellement déclaré la guerre.

Angiolino del Duca parcouroit les villes et les provinces, et dès qu'il arrivoit en quelque endroit, il faisoit préparer un tribunal de justice. Il entendoit les parties, prononçoit les sentences, et faisoit toutes les fonctions des magistrats. On dit qu'il rendoit beaucoup mieux la justice que les juges ordinaires, et sans recevoir comme eux des épices ; il est vrai qu'il avoit une prévention fatale contre tous les riches, et ainsi il se peut bien que quelquefois il les aura condamnés injustement, étant aussi peut-être poussé à cette injustice envers eux par le desir de se rendre la multitude favorable.

Dans une de ses courses, étant accompagné de sa troupe, il rencontra un évêque qui alloit à Naples. Il demanda à monseigneur combien il avoit d'argent sur lui ? l'évêque avoua qu'il avoit mille onces. « Il ne vous faut que la moitié de cet argent, dit Angiolino, pour votre séjour à Naples, et pour retourner dans votre diocèse. Donnez-moi donc cinq cents onces, et que le bon Dieu vous accompagne ».

Ce brigand redouté écrivoit des billets fort polis aux barons et aux fermiers pour leur demander de l'argent ; souvent il composoit avec eux, en sorte qu'après avoir requis une certaine somme, il se contentoit de la moitié ou du tiers. Il leur promettoit ensuite de demeurer un certain temps sans les importuner, et il leur tenoit parole. On l'appelloit communément le roi de la campagne, et il étoit par-tout obéi, respecté et fort chéri du peuple.

Angiolino del Duca étoit l'Hercule et le Thésée de son temps, ou le Don Quichotte qui réparoit les torts et redressoit les injures, secourant les opprimés, soulageant les pauvres, mais toujours placé entre la potence et la roue.

Un riche abbé bénédictin ayant dans sa valise deux mille cinq cents onces en or, tomba pour son malheur entre les mains d'Angiolino. Le voleur, toujours honnête, lui prit seulement la moitié de cette somme, dont une partie, lui dit-il, devoit servir à doter une pauvre fille, l'autre à secourir quelques familles de pauvres paysans, et le reste pour les besoins de sa troupe.

Du moment qu'il fut arrêté et chargé de fers jusqu'à l'heure de son supplice, il se comporta avec beaucoup de dignité et de résolution. Tout le monde s'intéressoit à son sort. On procéda sommairement avec lui : si l'on eût suivi les formalités ordinaires dans son procès, Angiolino n'eût pas péri par la main du bourreau. Les Napolitains parlent encore avec enthousiasme de ce voleur célèbre. Ils le regardent comme un martyr qui a péri victime de son amour pour le peuple.

Cet homme hardi, n'ayant sous ses ordres que cent vingt hommes, osa entamer une négociation avec le roi. Il lui offrit de maintenir avec sa troupe la plus grande sûreté dans l'intérieur du royaume, pourvu que sa majesté lui accordât quelque distinction honorifique. Il ne demandoit qu'une paie ordinaire pour lui et pour ses gens. Ce brigand étoit, en effet, fort désintéressé; il partageoit avec une égalité scrupuleuse son butin avec ses camarades, se contentant des honneurs attachés au commandement. Il tenoit la caisse de la troupe avec la plus grande fidélité, et vouloit que chacun de ses gens vît par lui-même les comptes, et connût l'état des finances.

Angiolino del Duca n'a jamais commis un seul assassinat, pas même un vol positif avec effraction. Il se contentoit de demander de vive voix ou par écrit avec des manières fort obligeantes. Sa conduite lui avoit tellement gagné les cœurs, que lorsqu'il paroissoit dans quelque lieu, tout le monde alloit au-devant de lui pour l'honorer. Ses gens le respectoient, et exécutoient ses ordres avec ponctualité. Cet homme, placé d'une manière plus avantageuse, eût pu rendre des services essentiels aux Napolitains, et sur-tout dans une révolution semblable à celle qui s'est opérée en France, qui seroit très-nécessaire pour réformer les abus du gouvernement, dont l'oppression fait gémir les peuples des Deux-Siciles.

Voici

Voici quelle fut la cause qui porta cet homme à se mettre à la tête d'une troupe de bandits. Angiolino étoit un pauvre paysan qui se servoit pour son travail d'une mule appartenant à son seigneur. Cette bête étant venue à mourir, le seigneur en exigea le paiement. Angiolino étoit hors d'état de donner cette somme ; il fut poursuivi, et on l'obligea de vendre le peu d'effets qu'il possédoit. Réduit au désespoir, il s'associa à quelques brigands, et devint le fléau de la noblesse, dont il chercha toujours depuis à se venger.

Un des plus grands torts qu'Angiolino reprochoit aux barons, c'étoit l'ignorance profonde dans laquelle ils tenoient leurs vassaux. Dès qu'il devint *le roi de la campagne,* ainsi qu'il a été dit, il eut honte de se voir si peu instruit ; il apprit à lire et à écrire, et se fit même admirer pour l'énergie et la précision de son style. Un *paglietti,* homme curieux, et qui parloit avec plaisir de ce fameux brigand, avoit fait un recueil de ses lettres. J'en ai lu quelques-unes qui m'ont paru écrites avec cette dignité et cette force de style qui convient à

*Tome I.* E

un chef accoutumé à donner des ordres et à les voir exécuter.

*Fausse prévention sur le marquis Tanucci.*

Ce ministre s'est acquis une réputation de sagesse consommée et d'une science profonde dans l'art de gouverner, dont il s'en faut beaucoup qu'il soit digne. Charles III l'avoit pris en affection lorsqu'il étoit en Toscane. Un soldat de l'armée espagnole ayant commis un crime, s'étoit sauvé dans une église ; il y fut arrêté par ordre du roi. Le clergé toscan réclama ses privilèges et ses immunités, et cette affaire fit beaucoup de bruit. Tanucci, alors professeur dans l'université de Pise, soutint la cause de l'autorité royale, et démontra l'abus des immunités ecclésiastiques, spécialement en matière criminelle. Lorsque Charles fut en possession du royaume de Naples, il se souvint du professeur Tanucci.

Comme ce ministre est mort depuis douze ou quinze ans, je ne parlerai point de son administration.

Lorsque Charles partit pour aller prendre

les rênes de la monarchie espagnole, il laissa Tanucci à Naples, toujours dans sa qualité de premier ministre, et le chargea en même temps du soin d'inspecter l'éducation du roi. Tanucci, qui craignoit de perdre sa place, se garda bien de contrarier dans la moindre chose le prince de Saint-Nicandre. Il ne fut pas même fâché de voir que l'éducation du jeune souverain étoit faite pour le tenir dans une enfance perpétuelle qui laisseroit les ministres dans la jouissance paisible de l'exercice des fonctions royales. Ce trait seul suffit pour donner de ce ministre l'idée qu'on doit en avoir.

On croit généralement que Tanucci avoit formé le projet de détruire le gouvernement féodal dans les Deux-Siciles. On pense même qu'il l'a détruit, et qu'il a réduit la noblesse au point de ne pouvoir plus opprimer le peuple. On lui attribue un code de loix très-sages sur cet objet; mais on se trompe grossiérement. Ce ministre n'a pas précisément attaqué la féodalité; il a humilié quelques grands dont il avoit sujet de se plaindre. C'est par un esprit de vengeance qu'il a agi, et non pas par amour du bien public : mais la noblesse napolitaine n'en a pas moins continué ses vexations ordinaires.

---

*Projet funeste avorté.*

Une société de gens, dont on ne louera jamais la probité et le désintéressement, avoit formé un projet qui fut sur le point de réussir, et qui eût achevé de ruiner les Deux-Siciles.

Un duc Sorbelloni, de Milan, homme qui réunissoit l'avidité du gain à une extrême prodigalité, d'ailleurs n'ayant que des idées extravagantes ; le marquis Civia, de Rome, banqueroutier frauduleux ; le sieur Joseph Brentano, homme de basse extraction, et faisant trafic des charmes de sa femme ; et le conseiller Calzabiggi, homme fort instruit, auteur même, et rempli d'esprit, mais ambitieux, intrigant et cabaleur, avoient formé le projet de prendre à ferme les finances du royaume de Naples. Le duc Sorbelloni étoit le chef de l'entreprise, quoique l'invention du projet appartînt à Calzabiggi ; et les sommes que le duc a dépensées pour réussir à former cette compagnie ont beaucoup dérangé sa fortune.

Si ce plan avoit été mis en exécution, les entrepreneurs eussent gagné des trésors; mais l'état eût été ruiné. Des fermiers généraux dans un royaume où il n'y a ni police, ni loix, où la magistrature est corrompue, où les ministres et la reine vendent tout à beaux deniers comptans, eussent opprimé la nation tout à leur aise, auroient commis impunément les plus cruelles vexations, jusqu'à ce que la nation, lasse d'un joug si pesant, se fût soulevée; ce qui n'eût pas manqué d'arriver.

Ces messieurs présentèrent leur projet avec beaucoup d'adresse. Ils ne demandèrent pas d'abord les fermes générales de la monarchie, mais seulement l'entreprise du *lotto*, qui dépendoit uniquement de la volonté du roi, tandis que les autres branches de finance étoient entre les mains de plusieurs barons avec lesquels il falloit auparavant s'entendre. Ils avoient déjà gagné les principaux intéressés, afin qu'ils ne fissent aucune opposition lorsqu'on en feroit la demande à la cour; et après s'être assurés des bénéficiers du *lotto*, ils firent des offres illusoires au roi, lui présentant un très-grand avantage. La reine avoit reçu deux cent mille ducats d'argent, et le général Acton cinquante mille pour favoriser le projet. On avoit même gagné le roi en lui faisant une forte avance.

Déjà tout étoit arrangé pour les coopérateurs, lorsque don Trajano Odazi prit la noble résolution d'éclairer ses concitoyens sur le danger qui les menaçoit, et de leur découvrir ce mystère d'iniquité. Il fit un mémoire raisonné sur cet objet, dans lequel, après avoir démontré les effets funestes du *lotto*, relativement aux mœurs et à la fortune des citoyens, il prouva que le *lotto*, mis sous la direction d'une compagnie quelconque, même de regnicoles, entraîneroit les suites les plus funestes pour le royaume. Il démasqua les projets cachés des entrepreneurs, qui avoient pour but de s'approprier la direction de toutes les finances de l'état, ce qui menaçoit le gouvernement d'une subversion totale.

Cet ouvrage fit le plus grand bruit à Naples. On pense bien qu'il déplut à la reine et à son favori. L'auteur fut sur le point d'être enfermé pour le reste de ses jours. Il n'avoit pourtant rien publié sans le consentement du roi, qui avoit lu plusieurs fois ce mémoire sur lequel il s'étoit entretenu avec Odazi. Le monarque avoit fait plusieurs observations remplies de sagacité, et l'auteur lui donna les éclaircissemens les plus satisfaisans. Ferdinand, bien instruit, refusa toujours de signer l'acte de ce projet désastreux : il eut même là-dessus de très-grosses paroles avec la reine, et montra une résolution si énergique, qu'on n'osa plus lui reparler de cette entreprise.

*L'économie intérieure, et des contrats à la voix.*

Le conseil des finances est en même temps celui de l'économie intérieure du royaume. Ce conseil est très-mal composé. Il y a quelques criminalistes, quelques avocats, c'est-à-dire, des personnes à qui l'économie politique est tout-à-fait étrangère. Les autres conseillers n'en savent pas davantage, excepté deux qui en ont quelques notions, mais très-foibles. Le général Acton, qui est le grand mobile de toutes les affaires, ignore entièrement cette science ;

et ce qu'il y a de pis, c'est qu'il n'aime pas le pays où il a fait cependant une brillante fortune.

Il n'y a pas de gouvernement qui soit plus opposé aux bons principes de l'économie politique que celui de Naples. On emploie encore dans toutes les provinces les *contratti alla voce*, les *contrats à la voix*, pour la vente de toutes les denrées dans les campagnes, et il importe d'en donner une idée.

Aux époques des récoltes on fixe le prix de toutes les productions de la terre. Il semble qu'on devroit prendre la moyenne proportionnelle parmi les divers prix établis librement au gré des vendeurs et des acheteurs, ou bien le prix proportionnel des différens prix fixés dans plusieurs communautés et marchés. Cette loi obligatoire seroit déjà une oppression. En effet, la loi s'exprime ainsi, mais les barons ont trouvé le secret de l'altérer et de la rendre encore plus insidieuse.

Les barons et les riches propriétaires s'assemblent dans chaque district ; ils s'informent de tous les prix qu'on a faits pour chaque denrée, et ils prennent le plus bas pour le prix légal.

A cette même époque, les seigneurs ont coutume de régler leurs comptes avec leurs fermiers et métayers. Il est dû, par exemple, cent livres à un paysan pour son travail. On lui dit : « cent livres représentent dix sacs de bled à raison de dix livres le sac ; mais tu me dois déjà en redevances trois cents livres, tu me donneras donc vingt sacs de bled pour les deux cents livres restant ». Mais les paysans ont aussi besoin de vendre pour payer les autres redevances et l'impôt au souverain. Ils ne peuvent vendre qu'au seigneur qui est en droit d'acheter leurs denrées au prix fixé par les *contrats à la voix*. Ainsi, le seigneur acquiert pour dix livres ce qui en vaut trente et quarante.

Aussi-tôt que ces denrées ont été vendues au seigneur, elles acquièrent une toute autre valeur, car les contrats à la voix ont cessé après l'époque des arrangemens entre les maîtres et les paysans. Deux mois après que le paysan a vendu son bled il en a besoin pour la subsistance de sa famille ; alors il est obligé d'en acheter à son seigneur qui le lui vend au prix courant des marchés, mais ce prix est double et triple de celui qui a été payé au pauvre paysan.

Le même professeur d'économie politique, dont nous avons fait mention, a fait un mémoire très-bien raisonné, qu'il a présenté au roi, pour l'engager à réformer un abus si onéreux pour les cultivateurs, cette classe du peuple si précieuse pour le bien de l'état. Ferdinand a loué les bonnes intentions et le patriotisme de l'auteur; il a fort goûté ses raisonnemens et lui a donné les plus grandes espérances; mais comme ce prince est entouré de grands qui sont intéressés au maintien de cet abus, on craint bien qu'il ne se passe encore bien du temps avant que cette réforme ait lieu, si jamais elle doit se réaliser.

## *Le patriotisme.*

Il y en a infiniment plus à Naples qu'à Rome; je dirai plus; il n'y a pas la moindre étincelle de patriotisme à Rome, tandis que Naples est rempli de gens capables de tout entreprendre pour la patrie; mais ce n'est pas parmi les grands et les barons qu'il faut les chercher. J'en ai connu cependant un qui, non-seulement est embrasé de zèle pour le bien public, mais encore qui est très-éclairé sur les moyens de rendre le royaume heureux et florissant en extirpant les abus qui nuisent à sa prospérité.

Pendant mon séjour à Naples, j'ai lié connoissance avec les hommes les plus estimables par leurs lumières et leurs vertus civiques. Plusieurs d'entr'eux ont présenté au monarque des mémoires écrits avec beaucoup de force, et remplis de connoissances profondes sur les réformes à faire dans les loix, les formes judiciaires, etc. On connoît les ouvrages du chevalier Filangieri, qui étoit aussi respectable par son savoir que par ses mœurs et ses vertus. On a parlé de don Trajano Odazi qui a fait avorter un projet funeste. Il a composé entr'autres un mémoire dans lequel il prouve que le commerce, et surtout celui des grains, a besoin de la liberté la plus indéfinie.

Don Dominique de Gannaro de Cantaluppo, qui est devenu depuis duc de Belforte par la mort de son frère à qui il n'a survécu que peu de temps, a écrit sur l'abus de *l'Annone* ; car il y en a une à Naples, mais pourtant pas aussi ruineuse que celle de Rome.

Don Melchior Delfico, assesseur militaire de la province de Teramo, a fait imprimer plusieurs ouvrages écrits avec beaucoup de clarté et d'élégance, et d'ailleurs recommandables par une logique exacte, dans lesquels il est parvenu aux mêmes résultats que les économistes de France qu'il n'avoit pourtant pas lus; c'est moi qui lui ai conseillé d'en faire lecture. C'est un des hommes du plus grand mérite qu'il y ait en Italie. J'ai un mémoire de lui, dans lequel il s'élève fort contre les réglemens du tribunal *de la Graisse* qui inspecte le commerce de toutes les espèces de denrées. J'ai connu aussi deux dignes ecclésiastiques, les deux frères *Cestari*, qui continuent les annales du royaume de Naples, commencées par le célèbre Grimaldi. Les Cestari combattent beaucoup dans cet ouvrage les prétentions ridicules de la cour de Rome. Une dame napolitaine, qui s'est d'abord distinguée par des poésies agréables et ingénieuses, et qui s'est ensuite livrée à des études arides, mais importantes pour le bien public, c'est Dona Eléonore

Fonceca Pimentel. Elle a composé un livre sur un projet de banque nationale où il y a des vues très-profondes qui pourroient intéresser les hommes les plus instruits dans ces matières.

En général, les Romains sont très-ignorans sur les objets de l'économie politique. Les savans de Rome ne suivent guère que leur goût particulier sans songer à l'utilité publique; mais à Naples, quoique la noblesse et le peuple soient plongés dans une ignorance crasse, on trouve, sur-tout parmi les *paglietti*, de véritables philosophes qui, dans leurs études et leurs méditations, se proposent l'avantage et le bonheur de leur patrie, et qui, sur cet objet important, ont publié des écrits dans lesquels on peut puiser les connoissances les plus utiles pour l'administration.

*Les moines et les prêtres.*

On m'avoit déjà dit à Rome que leur nombre étoit beaucoup plus considérable à Naples que dans la capitale du monde chrétien, où pourtant la nature du gouvernement devoit en admettre une plus grande multitude. J'ai voulu consulter là-dessus les gens vraiment instruits, avant que de fixer le dénombrement de cette canaille sacerdotale.

Il y a dans le royaume de Naples, sans comprendre la Sicile, soixante mille prêtres et moines, trois mille frères laïcs, vingt-deux mille religieuses, et deux mille six cents converses, sur une population de quatre millions huit cent mille ames.

On calcule ordinairement qu'une nation ne peut employer pour sa défense, en soldats de terre et de mer et en matelots, qu'un homme sur cent de sa population. On compte donc dix mille hommes qu'on peut destiner à l'état militaire sur un million d'habitans; le surplus est pris sur la culture, sur le commerce, et sur toutes les branches de l'industrie. Cependant, tous ces soldats ne sont pas condamnés à un célibat absolu, et il y en a un grand nombre qui sont mariés et qui donnent des citoyens à l'état.

Sur une population comme celle de Naples, on pourroit donc avoir quarante-huit mille soldats de terre et de mer. Le roi de Naples entretient une armée et une marine de quarante mille hommes. Comme il y en a six mille employés en Sicile, nous n'en compterons que trente-quatre mille. Ainsi, l'on peut dire que ce gouvernement est sage d'avoir un nombre de soldats qui ne revient pas à un sur cent de sa population, d'autant plus que sur ces troupes il en faut compter trois ou quatre mille qui ne sont pas regnicoles, ce qui réduit à trente mille le nombre des troupes nationales. Faisons à présent le calcul des gens enlevés à la culture des terres, aux arts et au commerce.

| | |
|---|---:|
| Troupes de terre et de mer, | 30,000 |
| Prêtres et moines, | 61,000 |
| Frères laïcs, | 3,000 |
| Religieuses, | 22,000 |
| Sœurs converses, | 2,600 |
| TOTAL. | 118,600 |

Il est donc clair que dans le royaume de Naples il y a plus de vingt-quatre mille individus sur chaque million qui sont perdus pour les arts utiles et nécessaires, dont environ dix-sept mille sur chaque million d'individus stérilisés et nuls pour la population, car on ne doit compter pour rien quelques milliers de bâtards dont les dix-neuf vingtièmes périssent avant d'avoir atteint l'âge adulte.

Nous ne parlerons point d'une très-grande quantité de célibataires qui sont dans ce royaume, où tous les cadets de famille noble sont réduits par leur peu de fortune à la nécessité de se priver des douceurs d'un hymen légitime, qui est le seul état où le citoyen puisse contribuer essentiellement à la population de son pays.

Cependant ce royaume est peuplé ; mais à quoi doit-il sa population considérable qui, sous une bonne administration, pourroit quadrupler ? il ne la doit qu'à la fécondité des femmes qui, sous un ciel serein, dans un climat de la plus douce température, font beaucoup d'enfans. Avec des loix si mauvaises, une religion si absurde, et un gouvernement si oppressif, tout autre pays, avec la même étendue de sol, offriroit à peine une population de cent mille habitans.

Voici les causes qui contribuent sur-tout à peupler les couvens d'individus inutiles et dépravés. Dans tous les ordres on reçoit autant de sujets qu'il s'en présente, même

dès

dès l'âge de sept ans, et cela par des arrangemens inconnus dans le reste de l'Italie. Mais quoique ces novices soient reçus dans un âge si tendre, ils ne peuvent faire leurs vœux qu'à seize ans; on sait combien peu la raison de l'homme est formée à cette époque pour qu'il puisse sans la plus grande témérité disposer de son sort, et s'engager par des liens indissolubles à suivre un institut qui contrarie si fort les loix de la nature. On a fait sentir aisément l'absurdité de cette coutume au roi, et il a desiré y faire une réforme; mais la reine et les ministres ont toujours contrarié ses bonnes intentions à cet égard. Cet abus continue donc d'avoir lieu ainsi que dans les siècles précédens.

Un père de famille qui a par exemple cinq enfans mâles en garde un auprès de lui; il donne les autres à divers couvens ou même à un seul s'il le préfère aux autres. On reçoit ces enfans en bas-âge; on leur donne l'habit de l'ordre et on les instruit avec les autres novices; il n'est point de caresses et de bons traitemens qu'on n'emploie pour leur inspirer l'amour de l'ordre qui les a reçus, et leur donner le goût le

*Tome I.* F

plus vif pour l'état religieux. Ces enfans ne tardent pas à se lier d'une amitié intime avec d'autres novices de leur âge qui leur rendent cet asyle agréable, et ils finissent par se promettre réciproquement de ne plus se séparer. On en use de même dans les couvens de filles qui sont administrés d'après les réglemens établis pour les monastères d'hommes.

Il arrive, mais on pense bien que le cas doit être fort rare, qu'un jeune novice parvenu à l'époque où il doit prononcer ses vœux, change de résolution et veut rentrer dans le monde. Alors il est renvoyé comme un mauvais sujet à ses parens qui sont obligés de payer l'habillement et la nourriture qu'on lui a donnée jusqu'au moment qu'il est sorti du monastère. On sent combien il est difficile de rembourser cette somme, lorsque c'est une pauvre famille qui en est chargée. Les parens irrités de voir un enfant dont ils se croyoient déchargés pour toujours leur retomber sur les bras en leur occasionnant tout-à-coup une si forte dépense, l'accablent de mauvais traitemens. Un tel accueil dans la maison paternelle oblige souvent le jeune homme à rentrer malgré lui dans la sainte prison dont il avoit brisé les chaînes.

Le roi connoît ces abus, comme nous l'avons dit plusieurs fois, et il n'a pas la force de les corriger. Funeste effet du gouvernement despotique, dans lequel le sort de tout un peuple dépend d'un seul homme qui par foiblesse, par incapacité, ou par les suites d'une mauvaise éducation laisse subsister les plus grands désordres, et abandonne ses sujets aux tyrans subalternes qui les oppriment de mille manières.

Tout le clergé napolitain séculier ou régulier est la classe d'hommes la plus ignorante qui existe au monde. Il faut avoir été dans le royaume de Naples, il faut avoir visité les couvens de ce pays pour se former une idée du degré d'abrutissement auquel les prêtres et les moines sont réduits, et de la débauche crapuleuse dans laquelle ils sont plongés. Leurs mœurs sont encore plus dépravées que celles des moines de tous les autres pays catholiques, c'est tout dire. Le meurtre, le viol, le poison leur sont familiers. Pendant mon séjour à Naples, un jeune jacobin viola une fille et la tua ensuite; cinq récolets assassinèrent leur supérieur qui vouloit les obliger à suivre avec régularité les préceptes de leur fondateur Saint-François. Deux chanoines de la métropole se rendirent coupables d'un vol avec effraction accompagné d'excès affreux. Ce qu'il y a de plus révoltant encore, c'est que le gouvernement ne fit aucune démarche pour punir ces scélérats.

Les mœurs des religieuses ne sont pas plus conformes à ce que leur prescrit leur institut. Leurs couvens sont continuellement le théâtre des orgies les plus effrénées. Cela doit suffire au lecteur qui ne sera pas fâché qu'on tire sur ces objets le rideau le plus épais.

Le clergé régulier est si riche dans les Deux-Siciles, qu'il possède presque un tiers de tous les biens du royaume. Il y a des couvens qui ont des revenus immenses. Certains monastères de religieuses ont de produit net cent mille ducats d'argent. Il y a pourtant des évêques qui relativement à leur rang sont très-pauvres.

*Exceptions à la règle générale.*

En parlant de l'ignorance dans laquelle croupit le clergé napolitain, je n'ai pas prétendu qu'il n'y eût des exceptions à la règle générale; quelques individus, comme on sait, ne font rien sur une immense multitude. Parmi une foule d'évêques, aussi ignares que ceux d'Espagne et de Portugal, on en trouve deux qui peuvent passer pour savans; l'un est le prélat Lopès, évêque de Nole; et l'autre est Capèce Latro, archevêque de Tarente. Ce dernier a beaucoup de connoissances dans l'histoire grecque et dans celle de son pays. Il est assez instruit dans l'histoire naturelle, et il entretient une correspondance avec l'impératrice de Russie, à laquelle il a envoyé une collection des productions du golfe sur lequel son diocèse est situé.

Parmi les réguliers, à peine rencontre-t-on quelque moine bénédictin qui ait une légère teinture d'antiquités et d'histoire. Dans l'ordre des récolets, je n'ai connu que le père Onorati, qui sait les mathématiques. Les autres moines sont le comble de la stupidité et de l'ignorance.

Les confesseurs de la cour n'en savent pas plus que les autres. Le prélat San Severino, confesseur du roi, me demandoit un jour si j'avois eu occasion de parler au père général de la sorbonne, qui devoit être un savant homme. Il prenoit une faculté de théologie pour un ordre religieux. Un autre prélat me demanda quels étoient les moines qui étoient le plus en crédit parmi les luthériens, après les augustiniens, qu'ils ont sans doute, disoit-il, conservés, puisque Luther étoit de cet ordre. L'abbé Glatler, confesseur de la reine et archevêque *in partibus*, voulut aussi savoir de moi si le surplis des prêtres luthériens du clergé de Genève ressembloit à celui de nos prêtres; je lui répondis qu'ils ne portoient point de surplis, mais une robe comme celle des juges de la vicairie de Naples. Il se moqua de moi. « Faites-vous donc, me dit-il, quelque différence entre les luthériens et les calvinistes? Ne sont-ils pas également damnés » ? Ces prélats de cour ne manquent pas d'expulser tout ecclésiastique ou moine instruit qui pourroit se mettre en crédit auprès du souverain et de son épouse. Il n'y a que le chanoine Rossi, instituteur des infantes, homme de mérite et fort instruit, qui a su se maintenir dans sa place; mais c'est en observant la plus grande réserve sur toutes les affaires d'état, et en se communiquant fort peu.

Le cardinal Joseph Capece Zurlo, archevêque de Naples, étoit théatin; c'est un homme tout dévoué au souverain pontife. Il a cabalé tant qu'il a pu pour engager le roi à se soumettre aux volontés de la cour de Rome, dans les discussions qui se sont élevées en dernier lieu. Il est fort intolérant, et en raison directe de son ignorance. Peu s'en est fallu qu'il n'ait réussi à perdre les deux frères Cestari.

La cour de Naples prend le plus grand nombre des évêques dans l'ordre des théatins. Ces moines sont tout aussi ignorans et aussi vicieux que les autres; mais ils mettent plus de réserve dans leur conduite, et causent moins de scandale. Il faut faire ses preuves de noblesse pour être reçu dans cet ordre, et c'est pour cette raison que la cour va chercher parmi eux les sujets qu'elle veut élever à l'épiscopat.

*La ville de Naples.*

J'ai été surpris à Naples de voir un petit nombre de paroisses relativement à sa population. C'est le contraire de ce qui existe dans toutes les villes catholiques, où l'on compte ordinairement douze à quinze paroisses sur une population de sept à huit mille ames. On estime qu'il y a quatre cent mille habitans à Naples, et le nombre des paroisses ne va pas à plus de trente-sept. La plus pauvre de ces paroisses a douze mille ames, et il y en a qui renferment trente mille habitans. Quand les Napolitains se vantent que leur capitale est peuplée d'un million d'individus, ils s'abusent grossièrement, et ne songent pas d'ailleurs combien une ville où l'espèce humaine est entassée en si grande multitude, nuit à la prospérité des autres parties du royaume.

Naples n'est pas plus étendu que Milan. Il a plus de longueur et moins d'arrondissement; et l'on ne compte à Milan que cent vingt-cinq mille personnes. Dans cette dernière ville, il y a un grand nombre de maisons qui ne sont occupées que par une seule famille, tandis qu'à Naples plusieurs ménages sont entassés dans la même maison. Dans la capitale du Milanais, les quartiers éloignés du centre paroissent déserts ; mais à Naples on trouve par-tout les signes d'une grande population, dans la multitude de gens à pied et en voiture qui obstruent le passage dans les rues les plus écartées du point central.

On est mal logé dans la plupart des auberges de Naples. Le prix n'est pas exorbitant, mais il n'y a pas de propreté ; les domestiques sont grossiers et insolens. Les tables sont abondamment servies, mais sans délicatesse. Le beurre est rare à Naples, et on assaisonne ordinairement avec la graisse de cochon, qui donne souvent des maux d'estomac. Il vaut mieux qu'un étranger se fasse servir dans sa chambre et qu'il paie le double, pour que les alimens dont il se nourrit soient apprêtés d'une manière plus salubre. Les particuliers sont aussi mal logés qu'on l'est dans la plupart des auberges, excepté dans la belle auberge de Chiaia. Dans les maisons des gens riches à Rome, vous voyez des tableaux, des statues ; mais dans celles de Naples, on ne voit que de vieux meubles fort mal-propres. Peu de grands seigneurs sont logés avec propreté, et aucun d'eux ne l'est avec élégance. La valetaille de Naples est d'une saleté révoltante, et de la brutalité la plus grossière. Cette classe est pire à Naples que par-tout ailleurs.

Il y a peu de belles places à Naples, et peu de belles rues. Elles sont bien pavées en belles pierres de lave assez larges. Si la police faisoit plus d'attention à l'entretien de ce pavé, il seroit bien meilleur. Souvent ces pierres sont hors de leur place, ce qui forme des trous, où les piétons s'enfoncent dans la boue, et la boue de Naples est tout aussi épaisse et tenace que celle de Paris.

La ville de Naples est longue. Son plan n'est pas égal ; car il y a des quartiers élevés, dont l'accès est assez pénible ; mais on est bien dédommagé quand on y est arrivé, en jouissant d'une vue qui enchante. On promène alors ses regards sur toute la ville, sur les environs, sur les côtes, sur le Vésuve, Portici, la mer et les îles voisines du port. Le port seul et le quartier Chiaia forment un spectacle magnifique. Une des rues les plus agréables est celle du château

Saint-Elme ou de la chartreuse. Un Toscan, qui étoit avec moi, me dit : « si le diable, au lieu de transporter Jesus-Christ sur une montagne de la Judée, l'eût mené ici, je ne sais pas s'il n'eût point réussi à séduire l'homme-Dieu ». Aussi les Napolitains vous disent qu'après avoir vu Naples, on n'a qu'à mourir, ne pouvant plus espérer de voir rien de si beau. Ils disent encore, en faisant un badinage assez impie pour un peuple si dévot, que lorsque Dieu est fatigué des soins de ce bas monde, et ennuyé des plaisirs du paradis, il ouvre une fenêtre du ciel, et regarde la ville de Naples ; ce qui est pour lui la plus agréable récréation.

## *L'envoyé du pape.*

Le pape a eu pendant quelques années, pour son ministre auprès du roi des Deux-Siciles, le prélat Caleppi, homme aussi immoral qu'intolérant, et cachant tous ses vices sous le masque de l'hypocrisie. Très-avide d'argent, il trouvoit les moyens d'en extorquer par de faux actes et des titres contrefaits. Il dénonça un jour au roi l'archevêque de Tarente et l'évêque de Nole, parce que ces prélats avoient la réputation d'être instruits; ils avoient d'ailleurs à ses yeux le tort infiniment plus grand de s'opposer aux prétentions de la cour de Rome, et de soutenir que le roi ne devoit rien céder de ses droits à la nomination des évêchés. Cependant sa dénonciation n'ayant pas été appuyée sur des preuves, on laissa les deux accusés en paix.

Le prélat Caleppi a fait tous ses efforts pour engager le roi et la reine de Naples à introduire dans ses états l'inquisition. Quoique le peuple napolitain soit dévot et superstitieux, il abhorre ce tribunal, et s'est révolté jadis deux fois lorsqu'on fit des tentatives pour l'établir. Il y a même à Naples une magistrature patriotique instituée pour veiller à ce que, sous aucun prétexte, on ne puisse soumettre les Napolitains au pouvoir d'un inquisiteur. Aussi toutes les intrigues du prélat Caleppi n'ont pu le faire parvenir au but qu'il se proposoit.

Ce prélat extorqua un jour au roi un ordre très-sévère pour empêcher la vente d'un livre qui ne contenoit aucune hérésie sur le dogme, mais qui étoit contraire aux prétentions temporelles de la cour de Rome. Cependant les libraires continuèrent de vendre ce livre. Le roi ayant vu en passant cette brochure exposée devant une boutique, manda le prélat, et lui reprocha la fausse démarche qu'il lui avoit fait faire, lui disant qu'il ne falloit jamais forcer la croyance du peuple sur ce qu'il n'étoit pas disposé à admettre au nombre des articles de foi. Ferdinand s'empressa bien vîte de retirer l'ordre qu'il avoit donné.

Cet exemple, comme plusieurs autres, peut confirmer ce que nous avons dit de la mauvaise éducation de ce prince, et de la justesse naturelle de son jugement. On voit que malgré son ignorance, il n'est point esclave des préjugés. L'anecdote suivante, quoique d'un genre fort grossier, le fera encore mieux connoître. Un jour le prélat l'excédoit d'instances pour qu'il rendît au saint-siége la nomination des évêchés; le roi, impatienté, lâcha un vent, et lui dit, dans son langage de lazzaroni qu'il parle toujours : « tiens, voilà la réponse que tu peux faire à Pie VI. Le pape, toi et tes pareils, vous n'en méritez pas d'autre ».

---

### *Le ministre Acton.*

Il n'entend rien ni en économie politique, ni dans les affaires étrangères, ni dans l'administration de la justice. Il a des connoissances sur la marine; cependant il s'est trompé sur celle qu'il a instituée pour Naples, à qui elle ne convient point du tout.

On verra dans la suite de cet ouvrage les sottises nombreuses qu'il a commises dans son ministère. La moindre de ses fautes n'est certainement pas le traité avilissant pour la nation, qu'il a fait avec les puissances barbaresques.

C'est en armant des galères, des brigantins, des chebecs, et plusieurs de ces bâtimens qui ne prennent pas beaucoup d'eau, qu'il falloit imprimer la terreur à ces corsaires, en les menaçant d'une descente sur leurs côtes. Le traité qu'il a fait avec ces pirates est trop honteux pour qu'il puisse tenir long-temps. Ces écumeurs de mer voyant que le gouvernement napolitain les redoute, ne tarderont pas d'enfreindre toutes les conditions du traité aussi-tôt qu'ils y trouveront leur avantage. Observez encore que ce n'est qu'avec le bey de Tunis et l'empereur de Maroc que l'accord a été fait. Les Algériens, les corsaires de Tripoli n'y sont point compris; aussi ces pirates continuent de ravager les côtes des Deux-Siciles, d'où ils emmènent un grand nombre d'esclaves.

Le général Acton gouverne despotiquement le royaume de Naples: il est l'amant de la reine, et ils ne se gênent pas beaucoup l'un et l'autre sur les témoignages d'affection qu'ils se donnent en public. Le roi prend souvent de l'humeur contre le ministre; il voudroit rompre cette intimité; mais il n'est ni assez ferme, ni assez constant dans ses résolutions pour effectuer ce qu'il se propose. Quelquefois il paroît mécontent, et dans d'autres occasions il témoigne la plus grande indifférence sur les infidélités de sa femme. Le roi de Suède lui ayant demandé si le général Acton étoit marié, Ferdinand lui répondit que non, mais qu'il aimoit les femmes de ses amis : et là-dessus il éclata de rire. Quelquefois il dit que le diadème des rois ne sert souvent qu'à rendre plus visibles les cornes dont leur front est chargé ; mais qu'il vaut mieux souffrir le libertinage des reines que d'en venir à des éclats qui compromettroient la dignité du trône.

C'est en captivant les bonnes graces des femmes de la cour qui sont dans la confidence de la reine, c'est en favorisant leurs orgies nocturnes auxquelles il assiste souvent avec cette princesse, que le général Acton se maintient en faveur. Il est bien plus versé dans les intrigues des ruelles que dans la science du gouvernement. On devine assez ce qui se passe dans ces rendez-vous, lorsqu'on saura que la reine de Naples réunit toute la lubricité d'une Messaline aux goûts hétéroclites d'une Sapho.

Acton fit sa fortune à l'affaire d'Alger, lorsque le roi Charles III forma un projet mal combiné, dont il confia l'exécution à un général peu habile. On sait que les Espagnols furent battus par le dey d'Alger, homme qui réunissoit le courage à la prudence. La flotte espagnole étoit composée
de

de gros vaisseaux de ligne qui ne purent approcher assez près des côtes pour protéger la retraite des troupes espagnoles qui avoient été défaites. Le grand duc de Toscane avoit donné toute sa marine au roi d'Espagne pour cette expédition. Ces bâtimens étoient légers, et purent côtoyer la terre à une petite distance ; de manière qu'Acton, qui les commandoit, protégea les Espagnols par le feu de son artillerie, et en sauva trois ou quatre mille qui eussent été taillés en pièces sans un tel secours. On sent bien qu'Acton ne dut ce succès qu'au genre de vaisseaux qu'il commandoit, et qu'il ne courut pas un grand danger dans cette occasion, n'ayant à combattre aucun vaisseau algérien, car la flotte de ces pirates étoit tenue en échec dans le port par la grande supériorité de la flotte espagnole. Néanmoins cette affaire lui fit le plus grand honneur. Le roi de Naples lui fit proposer le commandement d'un vaisseau avec des avantages qu'il ne pouvoit espérer en Toscane. Acton vint à Naples ; il étoit encore jeune, d'une taille avantageuse, et avoit un air martial, avec de larges épaules qui annonçoient un vigoureux athlète dans les combats de l'amour. La reine voulut l'essayer ; elle en fut contente ; il devint son favori, et fut bientôt après élevé au rang de premier ministre. Il eût été un bon capitaine de vaisseau, et même un chef d'escadre intelligent ; mais il n'est aucunement propre pour le ministère, et n'a pas les connoissances nécessaires pour prendre soin du département de la marine.

*Motifs de la prévention du roi de Naples pour la reine.*

Lorsque Ferdinand épousa Marie-Caroline, archiduchesse d'Autriche, il ignoroit, comme on l'a dit, les lettres de l'alphabet. Sa femme fut sa première institutrice, et il n'a jamais oublié ce bienfait auquel il est redevable de savoir lire et écrire. On se rappelle le soufflet qu'il lui donna un jour : il n'en seroit pas demeuré là, et l'auroit rossée d'importance comme le dernier des bourgeois aux prises avec sa femme ; mais la reconnoissance le retint. « Si tu n'avois pas été ma maîtresse, lui dit-il, je te ferois mourir sous mes coups pour me défaire d'une furie telle que toi ». Ferdinand connoît bien les vices et les désordres de toute espèce auxquels elle est livrée ; mais il la croit très-instruite, et que personne n'est plus en état qu'elle de lui donner un bon conseil, lorsque rien ne l'en détourne. Voilà le motif de la déférence et du respect même qu'il a pour son épouse. Elle a effectivement été beaucoup mieux élevée que la plupart des autres princesses; elle a parcouru toutes les branches des connoissances humaines, mais d'une manière superficielle, et n'a approfondi aucune partie. On sait que les personnes de ce rang paroissent instruites à bon marché, parce qu'on n'ose pas se permettre de leur faire des réflexions, et que sur quelques passages qu'elles ont retenus et qu'elles citent, on les juge en état de discourir plus au long sur le sujet dont il s'agit.

Mais une reine qui a un répertoire de notions superficielles et très-variées ; qui parle trois langues, l'allemand, l'italien et le françois, et qui en écorche deux autres, doit passer pour un prodige au milieu d'une cour très-ignorante, et dans l'esprit d'un mari qui n'a reçu aucune éducation. Elle en impose au pauvre Ferdinand par de grands mots auxquels il ne comprend rien. « Ma femme sait tout », dit-il souvent en paroissant émerveillé d'un tel savoir. D'autrefois il dit, avec beaucoup de naïveté : « ma femme n'ignore aucune science, et cependant elle fait beaucoup plus de sottises que moi qui ne suis qu'un âne ». D'ailleurs, personne n'entend mieux que Caroline l'art des intrigues, des cabales et des tripots, et tout cela peut encore passer pour des preuves d'habileté dans l'esprit du roi.

*Loix économiques du marquis Tanucci.*

On ne comprend pas comment ce ministre a pu se faire une si grande réputation de sagesse dans l'administration intérieure des Deux-Siciles. J'ai devant les yeux le tarif publié sous son ministère, et qu'il avoit rédigé lui-même, concernant les droits que les marchandises du royaume devoient payer à leur sortie, et ceux qui devoient être perçus sur les marchandises étrangères. Je ne connois point de système de douane aussi désastreux que l'est celui-là. Aucun réglement ne favorise plus la contrebande et ne porte un coup plus fatal à l'agriculture, au commerce et à l'industrie, tant les droits qu'il prescrit de payer sont énormes. Aussi, sous le ministère du marquis Tanucci, le royaume de Naples et celui de Sicile furent remplis de contrebandiers, parmi lesquels se trouvent toujours un grand nombre de voleurs et de brigands. Ces gens commirent des excès affreux ; et le gouvernement, après avoir paru long-temps sourd aux plaintes qu'on lui portoit à ce sujet, fut enfin obligé de modifier les droits d'entrée et de sortie. C'étoit bien un assez grand mal d'établir les douanes dans un état naturellement agricole comme l'est celui de Naples, et l'un des plus susceptibles de l'impôt direct et foncier, sans porter encore les droits à ce degré exorbitant. Il est donc évident que le marquis Tanucci ignoroit entiérement cette branche d'administration.

Ce ministre n'a rien fait pour réprimer la tyrannie de la noblesse, pour la réforme des loix et des procédures, enfin pour corriger une foule d'abus qui font gémir le peuple. Cependant le marquis Tanucci avoit des talens et des connoissances sur plusieurs objets; il avoit beaucoup d'esprit, parloit bien et étoit fort instruit des intérêts des princes et des traités politiques. Il eût été fort bon dans le département des affaires étrangères; mais il ne valoit rien pour celles de l'intérieur. Charles III le croyoit un homme universel, et lui confia malheureusement une administration qu'il étoit incapable de bien diriger.

*Ingénuité du roi à l'égard de Tanucci.*

TANUCCI fut disgracié par l'effet des cabales de la reine, dans un temps où ce ministre, vieilli dans les affaires et connoissant les fautes qu'il avoit faites dans le ministère, songeoit à les réparer. Il se retira avec une bonne pension, et fut du nombre de ces ministres qu'on regrette, non à cause du bien qu'ils ont fait, mais pour avoir eu des successeurs qui ont fait beaucoup plus de mal qu'eux. Ce qui le fit tomber dans la disgrace, ce fut son attachement au parti du roi d'Espagne, père de Ferdinand. La cabale autrichienne, soutenue par la reine, vouloit s'élever sur les débris de la cabale espagnole. Tanucci étoit le principal appui de cette dernière ; il fallut donc l'abattre, et la reine y réussit.

Peu de temps après la retraite de Tanucci, il survint une affaire où les ministres qui l'avoient remplacé se trouvèrent dans un grand embarras. La cour de France demandoit à celle de Naples que lorsqu'il arriveroit quelque différend entre des François, l'ambassadeur de France eût seul le droit de les juger. On avoit déjà tenu sept conseils sans rien décider à cet égard : la reine elle-même ne savoit quel parti l'on devoit prendre. Le roi voulut consulter Tanucci, et cet ancien ministre vint au conseil. Sambuca avoit été son successeur, et je crois que Saint-Nicandre vivoit encore. Après qu'on eut exposé la question, Tanucci dit qu'il ne voyoit là aucune difficulté, et que pourvu que le roi de France voulût accorder la même jurisdiction à l'ambassadeur de Naples à Paris, sur les sujets napolitains, il falloit souscrire à sa demande. Ferdinand s'écria alors avec ingénuité : « ne l'ai-je pas toujours dit que Saint-Nicandre, Sambuca, les autres ministres et moi, nous n'étions que des ânes, et que Tanucci en sait plus que nous »?

## Les bains de vapeurs.

J'ai vu à Naples tous les objets d'histoire naturelle, de physique et des beaux-arts qui sont dignes d'être observés ; mais j'ai promis de n'en parler qu'autant qu'ils auront quelque rapport avec les mœurs et le gouvernement.

J'ai été deux fois à Pozzole, dont on a plusieurs relations. Pour y aller, on prend le chemin du Pausilippe, ce qui fait une route très-agréable sur les bords de la mer, au couchant de Naples. Ce mot *pausilippe* signifie en grec, *cessation de douleur*. On traverse un beau chemin couvert, taillé dans le roc, qui a environ un demi mille de longueur. Peut-être on aura commencé à tirer de cette montagne des pierres et du sable ; ensuite on aura poursuivi cette ouverture pour abréger la distance de Pozzole à Naples. Les pierres qu'on en retire sont de la pozzolane endurcie, et on s'en sert pour bâtir dans la ville de Naples. Les catacombes voisines de cette capitale sont formées de ces mêmes pierres; mais dans le chemin couvert on trouve des pierres bleues, qui sont des espèces de laves, qui servent à paver la ville. En allant de Naples à Pozzole, on voit l'île de Nisite, ancien volcan éteint, où le lazaret est construit.

J'ai visité le lac Agnano, dont on raconte mille fables absurdes. Pendant l'été, l'air des environs de ce lac est très-préjudiciable à ceux qui le respirent, à cause de la quantité de chanvre qu'on y tient trempé. Il en est de même du lac Luciano et du lac Averno. Les peuples du voisinage se retirent dans des lieux plus sains vers la fin du mois de mai.

Sur le rivage du lac Agnano, on voit les étuves de Saint-Germain, c'est-à-dire, les bains de vapeurs, qui produisent des effets merveilleux dans les rhumatismes, sciatiques, contractions de nerfs, etc. L'efficacité de ces bains provient des sueurs extraordinaires qu'ils occasionnent ; dans quelques minutes la surface du corps est aussi mouillée que si l'on s'étoit plongé dans un bain d'eau chaude.

C'est dans ces bains salutaires qu'on voit la négligence extrême du gouvernement. Bien des gens qui en auroient besoin sont obligés de s'en passer à cause de la dépense qu'il faut y faire pour se procurer les commodités nécessaires. Les malades sont obligés de s'y tenir assis sur des pierres, et enveloppés de couvertures ou de manteaux de drap. Pourquoi n'a-t-on pas bâti dans cet endroit de bonnes auberges où les malades se pussent loger, et trouver les remèdes et les gens de l'art dont ils auroient besoin ?

Tous ces lieux sont remplis de curiosités d'histoire naturelle. Il n'est personne qui n'ait entendu parler de la fameuse grotte du chien. Les parois de cette grotte sont humides, et il en sort une vapeur formée de véritable air fixe, sans aucune incrustation, ni dépôt de matière saline, et sans autre odeur que celle d'un souterrain enfermé. On connoît l'expérience du chien ou de tout autre animal, qui paroît bientôt comme mort dès qu'on l'a tenu quelques instans la tête plongée dans cette vapeur.

L'animal mourroit effectivement si on ne l'en retiroit bien vîte. Les flambeaux s'éteignent dans cette vapeur, et c'est l'effet que produit toujours l'air fixe sur les corps enflammés. On trouve les poumons remplis de sang dans les animaux qu'on a laissés dans cette vapeur assez de temps pour y périr.

On pourroit établir des manufactures dans tous ces environs, et former une promenade depuis Naples jusqu'à Pozzole, qui est une ville peuplée de douze mille habitans, où l'on voit beaucoup d'antiquités et sur-tout les vestiges de *Cumanum*, maison de campagne de Ciceron. Ce mot signifie académie; et c'est là que ce fameux orateur composa ses *Quæstiones academicae*, son meilleur ouvrage. On pourroit y placer, d'espace en espace, des tombeaux, des urnes antiques; et cette promenade, pour laquelle on ne dépenseroit pas beaucoup d'argent, deviendroit la plus belle de l'univers.

*La découverte importante.*

L'abbé Fortis, physicien célèbre, fit,

près de la ville de Molfette, une découverte intéressante. Des caisses remplies de pierres calcaires et de quartz, à leur arrivée à Naples, se trouvèrent chargées de nitre, sous la figure de laine et sous celle de petits crystaux. Dans la mine, le nitre ne se manifeste pas seulement à la surface des pierres, mais encore dans les parties internes où il forme plusieurs couches. Cette découverte fit essuyer bien des contradictions au physicien. Les fermiers du nitre artificiel lui firent proposer une somme annuelle considérable, à condition qu'il ne parleroit pas de sa découverte. Fortis leur répondit qu'il étoit étonné qu'on fît une telle proposition à un homme comme lui, qui préféroit l'honneur d'une découverte utile à tous les trésors de la fortune.

Dans tout autre pays, le gouvernement se seroit empressé de tirer parti de cette découverte. Les fermiers ont l'entreprise de fournir le royaume de Naples de nitre artificiel. Ils se servent de ce prétexte pour inquiéter et vexer beaucoup de pauvres familles dans les campagnes. La découverte d'une nitrière naturelle dispenseroit l'état de la nécessité de livrer le peuple aux vexations arbitraires qu'exercent les gens préposés à cette ferme.

L'abbé Fortis, étant à Lecce, ville de la Pouille, où il s'occupoit à lire de vieilles chroniques, trouva un passage où il étoit dit que près de Molfette il y avoit une montagne dont les pierres servoient à bâtir les maisons du voisinage. L'auteur de la chronique ajoutoit que ces pierres, qui étoient d'une belle apparence, avoient le défaut capital de se dissoudre à-peu-près comme une pièce de sel dans l'eau. L'abbé Fortis, faisant des recherches là-dessus, trouva que les maisons bâties avec ces pierres ne duroient pas long-temps, et qu'à peine elles vieillissoient autant que celui qui les avoit élevées. Enfin, après quelques expériences faites sur ces pierres dans le lieu où on les tire, ce physicien fut convaincu qu'elles produisoient avec le temps un nitre d'une très-belle qualité.

Bien assuré de la découverte, il revint à Naples, et présenta au ministre un mémoire sur cet objet. Les fermiers du nitre artificiel se donnèrent tous les mouvemens possibles pour détourner le coup qui les menaçoit. On envoya des naturalistes et des chimistes pour vérifier le fait. Les uns confirmèrent le rapport de l'abbé ; les autres, séduits par l'argent des fermiers, eurent la bassesse de démentir le témoignage de leurs yeux et de leurs connoissances, en certifiant que cette découverte n'étoit qu'une fable et que l'abbé n'étoit qu'un visionnaire ou un imposteur. Voilà comme on trompe les rois, et comme un intérêt sordide empêche que les travaux et les recherches des savans qui s'occupent du bien de leur pays ne produisent l'heureux effet qu'ils avoient lieu d'en attendre.

*Anecdote relative à la chasse.*

Le roi de Naples a des maisons de chasse en divers endroits afin de pouvoir varier ses plaisirs ; il vaudroit beaucoup mieux qu'il n'en eût qu'une seule et qu'il ne dévastât qu'un seul pays, au lieu de porter le ravage dans plusieurs pays. C'est malheureusement, comme nous l'avons dit, la suite de sa mauvaise éducation, et l'on remarque que tous les princes Bourbons sont chasseurs, ce qui veut dire qu'ils sont ignorans et inappliqués aux affaires, se laissant gouverner par leurs maitresses et leurs favoris.

Ferdinand avoit commandé à une compagnie du régiment des gardes-suisses de le suivre à sa maison de Venafio, ainsi nommée à cause de la ville de Venafio qui est dans le voisinage. La reine qui, ainsi qu'on l'a dit, n'aimoit pas ce corps, mit tout en œuvre pour empêcher que cet ordre ne fût exécuté. Le roi fut très-fâché de voir que son épouse le contrarioit avec une opposition si peu ménagée. Un jour qu'elle renouvelloit ses instances pour qu'il révoquât l'ordre qu'il avoit donné, Ferdinand se livra au transport de la plus violente colère. Dans son emportement, il repoussa sa femme avec tant de violence, qu'elle tomba sur un sopha comme évanouie. Le roi ne parut point touché de cette situation qu'il regardoit comme une feinte, et continua de lui faire les plus vifs reproches sur son humeur altière, son despotisme, et tous les maux qu'elle occasionnoit à ses sujets en voulant diriger toutes les affaires du royaume, ce qu'il étoit résolu de ne plus souffrir. Acton et quelques autres personnes étoient présens à cette terrible scène, dont le peuple fut instruit le jour même. On s'en réjouit dans l'espoir que le roi alloit prendre enfin les rênes du gouvernement, car on sait que malgré son ignorance, il a un bon sens qui le dirige fort bien dans la conduite des affaires. Le voyage se fit, et le roi fut suivi par les gardes-suisses comme il l'avoit desiré. Ferdinand passa cinq jours à Venafio et revint triste et taciturne ; mais peu-à-peu il reprit son genre de vie ordinaire. On n'osa plus lui rien dire à ce sujet, car il est fort redoutable dans ses accès de colère ; et ce fut ainsi que se termina cette scène d'éclat qui avoit donné la plus cruelle inquiétude à la reine et à son favori.

## *Quelques prérogatives seigneuriales.*

Les barons, dans les Deux-Siciles, ont toujours exercé leur despotisme sur leurs vassaux et sur les paysans de leurs domaines. Ils ont toujours eu la haute et la basse justice, le droit d'élire leurs juges et celui de les casser. Non contens d'exiger des tributs de leurs vassaux, ils en exigeoient

geoient même des voyageurs qui passoient sur leurs terres. Ces coutumes étoient générales dans toute l'Europe. Elles ont été abolies dans la plupart des pays, mais elles subsistent encore dans les Deux Siciles, excepté peut-être le droit de rançonner les étrangers et les voyageurs. Encore de nos jours, les seigneurs feudataires nomment les gouverneurs des villes qui leur appartiennent; mais ils n'ont plus le pouvoir de les destituer lorsqu'une fois ils sont nommés. Le gouvernement croit avoir fait un grand coup d'autorité en privant les seigneurs de cette prérogative et en leur défendant de mettre des impôts nouveaux; cependant les seigneurs osent quelquefois enfreindre cette défense, et les vassaux n'ont pas la hardiesse de s'en plaindre, de peur que le seigneur ne fasse tomber sur eux sa vengeance.

Tous ces faits prouvent que le gouvernement napolitain est encore bien foible, et qu'il ne sent pas combien il lui seroit facile de mettre à la raison tous ces petits usurpateurs. Si l'autorité royale se déployoit dans toute son énergie, les barons n'oseroient lui opposer de la résistance, et le peuple, qui préfère toujours le despotisme d'un seul à la tyrannie de plusieurs, se rangeroit bientôt du côté du roi.

Il y a encore dans les fiefs des Deux-Siciles, des bannalités fort onéreuses et vexatoires pour les vassaux, comme les bans de four et de moulin, et de pressoir. Par exemple, un vassal n'oseroit faire la récolte de ses olives avant que l'huile qui doit être donnée au seigneur n'ait été pressée, et personne dans la communauté, autre que le seigneur, ne peut avoir de pressoir. Il en est de même des vendanges. Dans d'autres fiefs, les vassaux ne peuvent faire la moisson avant qu'ils aient moissonné les bleds du seigneur, ce qui leur porte quelquefois un grand préjudice, l'épi du bled venant à s'égrener par une trop grande maturité, ou à se pourrir par l'effet des pluies abondantes. Les seigneurs ont aussi le droit de vendre leur vin et leur huile au prix qu'ils veulent aux hôtes des cabarets, et personne dans l'étendue de leurs domaines ne peut établir un cabaret nouveau. Enfin, il est une infinité de droits que les seigneurs ont extorqué des souverains lorsqu'ils étoient peu affermis sur le trône, et le gouvernement pourroit aujourd'hui les priver de ces droits usurpés sans qu'ils eussent la moindre raison de se plaindre.

La noblesse de Naples est divisée en deux classes. La première, qui est la plus estimée, est la véritable noblesse originaire du royaume : on l'appelle la noblesse de *siéges*. Dans la seconde classe sont compris les nobles que le roi crée tous les jours : cette classe ne se mêle point avec la première.

Ces *siéges* ont des noms différens suivant les divers lieux où ces nobles s'assembloient lorsque l'autorité royale étoit balancée par les seigneurs de fiefs. Maintenant, ces *siéges* ne sont plus que des titres d'honneur, sans aucun pouvoir ; mais si l'aristocratie des nobles n'a plus d'influence sur le gouvernement, elle ne s'exerce que trop sur les malheureux paysans et vassaux qui habitent leurs domaines.

Quoique les nobles de *siéges* n'aient aucun pouvoir dans la constitution de l'état, ils sont fort honorés du peuple, et un noble de *siéges*, qui donne sa fille en mariage à un noble de la classe inférieure, se fait payer fort cher l'honneur d'une telle alliance.

Ainsi le veut l'opinion qui, comme on l'a très-bien dit, est la reine du monde.

———

## Un Trait de Caraccioli à l'égard du Prélat Caleppi.

Dans mon dernier voyage à Naples, j'entendis beaucoup parler de l'audace et de l'impertinence avec laquelle se comportoit le prélat Caleppi, nonce du pape. Les différends survenus entre le saint-siége et la cour de Naples ne purent s'arranger pour lors. Caleppi étoit méprisé et détesté de tout le monde pour ses vices et son hypocrisie. Le cardinal Buoncompagno, qui avoit cru par sa présence emporter tous les obstacles, avoit aussi tout gâté par un ton qui ne plut point, et par la manière dont il osa parler au roi qu'il crut intimider.

En 1788, les prétentions de Pie VI ayant paru excessives furent constamment repoussées, et le prélat Caleppi fut obligé de partir de Naples. Après avoir pris congé du roi et du général Acton, il alla rendre visite au marquis Caraccioli qui, dit-on, avoit été favorable aux demandes de la cour de Rome qu'il avoit appuyées auprès du roi. J'ai peine à croire cela d'un philosophe tel que Caraccioli ; quoi qu'il en soit, ce ministre dit au prélat que si le saint-père ne vouloit relâcher quelque chose de ses prétentions, il ne falloit pas qu'il espérât qu'on reçût de nouveau son envoyé ; que d'ailleurs le roi ne vouloit plus entendre parler de cette affaire qu'il jugeoit trop peu importante. Caleppi eut l'audace de lui répondre : « je puis aussi assurer votre excellence, que le saint-père, mon maître, regarde cette affaire comme assez indifférente ». Le ministre napolitain lui dit en riant : « vous vous oubliez, monseigneur ; vous ne songez ni au siècle où vous vivez, ni aux personnes à qui vous parlez, ou bien il faut croire que le chagrin vous a occasionné une fièvre chaude qui vous tient en délire ». Le prélat s'enflamma de colère, balbutia quelques mots entre ses dents ; le mot de *monitoire* lui échappa, ce qui fit rire aux éclats le ministre, qui accabla le pauvre Caleppi de plaisanteries et de sarcasmes. Le prélat sortit plein de rage et de confusion, et c'est ainsi que se passa son entrevue avec Caraccioli.

## Le Roi aime les Lettres.

Il n'y a rien qui fasse plus d'honneur au roi de Naples, que la haute idée qu'il a des sciences et des lettres. L'ignorance dans laquelle il a été élevé ne l'empêche pas de reconnoître et d'avouer hautement que, sans les lumières, une nation ne fait que végéter, et que ceux qui la gouvernent, s'ils ne sont pas instruits, ne peuvent que très-difficilement faire le bien : il accueille très-bien tous les savans et ne refuse jamais ni places, ni faveurs, ni pensions aux personnes qu'on lui dit être recommandables par leurs connoissances. Il parle des lettres en homme qui est passionné pour elles, et témoigne le vif regret qu'il a d'avoir eu une si mauvaise éducation. Lorsque le prince royal fut parvenu à l'âge de six ans, le roi a voulu lui-même apprendre à lire et à écrire à son fils. Il se faisoit aider par la reine, et il a rempli le même office à l'égard des jeunes princesses.

Enfin, l'on peut assurer que ce prince se seroit distingué parmi les souverains du sang des Bourbons, si son enfance n'avoit été confiée à des gouverneurs ignares et vicieux. Il aime beaucoup à entendre les personnes qui s'expriment avec énergie, employant une élocution gracieuse et élégante. Ce fut par le charme de la parole que le père Fosco, cordelier, persécuté par les moines de son couvent parce qu'il étoit plus instruit qu'eux, parvint à intéresser le monarque en sa faveur, étant allé se jetter à ses pieds. Le roi le prit sous sa protection, et dans la suite, l'évêché de Monopoli étant venu à vaquer, il le donna au père Fosco. Il dit à ce sujet au grand aumônier, qui lui présentoit trois ecclésiastiques de grande maison pour remplir cette place : « parbleu, vous m'avez assez fait nommer d'ânes évêques, laissez-moi enfin faire un évêque à ma façon ; j'espère qu'il vaudra mieux que tous ceux que vous avez mis sur ma conscience, et pour lesquels je prie Dieu et Saint-Janvier de vouloir bien vous pardonner ». Comme on lui faisoit compliment un jour sur le bon choix qu'il avoit fait en nommant le père Fosco, homme savant et d'une conduite exemplaire : « vraiment, dit le roi, je les choisirois bien toujours comme cela, mais jusqu'ici je n'ai connu qu'un seul homme de ce mérite parmi les gens d'église. Le grand aumônier ne me propose jamais que des ânes pour évêques ; c'est qu'il ne connoît que ses confrères d'écurie ».

*Dialogue.*

En 1787, la reine trouvant que les revenus ordinaires ne suffisoient point et qu'elle n'avoit pas assez d'argent pour fournir à ses dissipations, s'arrangea avec son favori Acton pour qu'on établît un nouvel impôt. On tint à ce sujet un conseil d'état, et tous les membres décidèrent que l'impôt étoit indispensable. Le roi seul s'y opposa avec chaleur. Depuis cette époque, Ferdinand parut rêveur, taciturne et plongé dans une profonde tristesse, lui qui est fort gai de son naturel, et qu'une santé robuste concourt encore à tenir dans une gaieté habituelle. La reine inquiète sur son état, voulut en pénétrer la cause ; elle eut avec lui le dialogue suivant qui a transpiré dans le public.

### LA REINE.

Qu'avez-vous ? qu'est devenu votre enjouement ? Quand vous avez des sujets de plainte et de tristesse, vous m'en faites part, et cela ne dure pas long-temps. Je crains que votre santé ne soit dérangée.

### LE ROI.

N'ayez pas d'inquiétude; ma santé est aussi bonne qu'à l'ordinaire.

### LA REINE.

On n'est pas si mélancolique lorsqu'on se porte bien.

### LE ROI.

Vous croyez donc que la tristesse de l'ame ne peut venir que du mauvais état de la santé; si cela étoit ainsi on ne verroit point de malades gais, et les personnes bien portantes ne seroient jamais tristes. Une ame sensible est plus affectée par le chagrin que par les maladies du corps, et j'ai bien sujet d'être triste.

LA REINE.

Confiez-moi donc vos peines, je les partagerai.

LE ROI.

Et comment ne serois-je pas cruellement tourmenté, lorsque mon conseil vient de décider qu'il falloit charger d'un nouvel impôt un peuple qui n'a déjà que trop de peine à payer les impositions établies, tant il est pauvre !

LA REINE.

C'est un préjugé ; votre peuple n'est point pauvre ; la preuve, c'est qu'il est toujours dans la joie.

LE ROI.

C'est son caractère. Il rit même au sein de l'indigence ; c'est un bon peuple qui n'en mérite que plus d'être ménagé.

LA REINE.

Mais, comment faire ? Les revenus actuels ne suffisent point aux charges de l'état.

LE ROI.

Il faut tout essayer avant d'en venir à la cruelle extrémité d'accabler ce peuple d'un nouveau fardeau. Il m'aime, quoique je ne fasse pas pour lui tout ce que je devrois faire ; je ne veux pas qu'on me prive de son amour. Retranchons sur nos dépenses personnelles ; réduisons-nous à la moindre dépense possible, et nous pourrons subvenir aux frais de l'administration sans opprimer le peuple.

LA REINE.

Dans les autres états, le peuple paie des impositions bien plus considérables.

LE ROI.

Les autres peuples ont plus de ressources que celui-ci dans leur commerce, leur industrie et leur agriculture.

LA REINE.

Vous vous trompez. Il n'y a pas de pays au monde qui produise autant que celui-ci, et cependant c'est celui qui rend le moins à la couronne.

LE ROI.

Cela est vrai dans un sens, parce que la moitié des impositions qui devroient entrer dans le trésor royal servent à enrichir une foule de gens qui n'y ont aucun droit. Ceux-ci sont riches, sans doute, mais le peuple est pauvre, et il l'est encore plus loin de la capitale. D'ailleurs, quoi de plus horrible que d'établir un nouvel impôt dans une année d'une si grande détresse, où la récolte a manqué dans la plus grande partie de nos états!

LA REINE.

C'est une idée; la récolte a été aussi bonne qu'à l'ordinaire.

LE ROI.

Je vous dis que la récolte a manqué partout, et notamment dans la Pouille. Le duc de Cassano que j'avois chargé de visiter cette province la plus fertile du royaume, m'en a rendu un compte exact. Oui, la récolte a manqué. Ainsi qu'on ne me parle pas d'un nouvel impôt; je m'y oppose formellement.

Ainsi finit ce dialogue qui me paroît caractériser la bonté naturelle du monarque, et la perfidie de l'autrichienne son épouse. L'impôt ne fut point mis. La reine furieuse fit venir le duc de Cassano et tomba sur lui avec l'emportement d'une bacchante. Elle le traita comme un chien, parce qu'il avoit dit la vérité au roi. Ce seigneur n'eut plus depuis le même accès à la cour, et Ferdinand eut la foiblesse impardonnable de le sacrifier à l'inimitié de sa femme. C'est cette malheureuse foiblesse qui empêche plusieurs personnes de parler avec sincérité au roi. Elles redoutent l'esprit vindicatif de la reine dont le caractère perfide et atroce n'est que trop connu.

======

*Une Journée heureuse.*

Don Melchior Delfico, le meilleur citoyen et l'homme le plus instruit des détails du gouvernement des Deux-Siciles, m'attendit un jour chez lui. Il commença par me montrer son beau médailler, et ensuite des cartes très-détaillées de toutes les provinces du royaume. Il me lut bien des choses intéressantes sur la population, les loix, les abus, etc. et trois ou quatre heures que je passai avec ce digne homme m'en apprirent plus que n'eût pu faire un séjour de trois mois. Nous allâmes ensuite voir la grande bibliothèque publique dans le palais des études. Cette bibliothèque n'est pas complette et le bâtiment des études n'est pas achevé. On m'a dit que Charles III avoit laissé un fonds pour terminer cet édifice et acheter les livres et instrumens nécessaires pour les études ; mais ce fonds n'est point employé à l'objet de sa destination ; ainsi l'édifice n'avance guère.

Il y a trois bibliothécaires dans la grande bibliothèque. Don Pascal Buffi, second bibliothécaire, a une vaste érudition en grec et connoît parfaitement tous les auteurs qui ont écrit en cette langue. Le premier bibliothécaire se nomme don François-Xavier Gualtier, qui s'est fait connoître par plusieurs mémoires, et qui a beaucoup travaillé sur les anciennes inscriptions.

Après avoir vu les études nous revînmes chez don Melchior Delfico. Quelques momens après il me présenta un homme de mérite du petit nombre des prêtres napolitains qui ont des connoissances. C'est don Vincent Sentoli, archi-prêtre della Rocca San Felice, paroisse à deux milles de Molfette. Ce prêtre n'écrit pas avec élégance, mais il est très-savant en antiquités; il en a découvert de belles dans sa paroisse, comme aussi des mines de charbon fossile, car il s'occupe aussi de physique et de chimie.

Fortis étant survenu, nous allâmes voir le sieur Rizzo Zanoni, géographe du roi et natif de Padoue. Il étoit occupé à travailler à toutes les cartes de la monarchie. J'ai vu celles de la Sicile, qui sont on ne peut mieux faites. Le roi qui a toujours la même passion pour la chasse, lui avoit donné la commission de faire les cartes topographiques de tous les domaines destinés à cet amusement, et cet ouvrage étoit fini, ainsi qu'une carte fort grande des deux Calabres où les ruines même étoient spécifiées avec toute la précision possible. Si ces cartes eussent été gravées, j'en aurois certainement pris un exemplaire, parce qu'il n'est pas possible de rien avoir de mieux fait dans ce genre.

J'allai ce même matin chez madame Talavi qui grave en perfection sur les pierres dures. Elle me montra des camers d'un travail exquis.

Nous allâmes l'après-dînée chez le marquis de Palmieri, à qui Delfico me présenta. Ce seigneur a passé sa jeunesse au service, et a composé sur la tactique un ouvrage approuvé du grand Fréderic. A trente ans il renonça à l'état militaire et se livra à la science économique dans laquelle il a acquis des connoissances très-étendues. Il joint à tant de lumières une probité incorruptible, et il a rendu à l'état des services signalés, dans la place de conseiller des finances. Il a beaucoup contribué à faire avorter le projet sinistre dont il a été fait mention. Le principal de ses ouvrages économiques est celui qu'il a intitulé : *Réflexions sur le bonheur public, relativement au royaume de Naples; un volume in-8°*.

Ce jour-là je fis connoissance avec l'abbé Malarbi, riche de connoissances en histoire naturelle, et sur-tout dans la minéralogie du royaume, et avec le sieur Poli, physicien, dont le cabinet est bien pourvu de machines et d'instrumens pour la physique expérimentale.

mentale. J'ai eu plusieurs entretiens avec le sieur Daniel, antiquaire, avec don Ciccio Minardini, qui possède un beau cabinet d'antiques, et avec le sieur Candida, naturaliste très-versé dans l'insectologie. Un autre savant très-instruit dans la partie des insectes, c'est le sieur Philippe Carolini, que je connus aussi le même jour; il a publié un mémoire très-intéressant sur les polypes marins.

## Les Fées.

ÉTANT un jour chez don Ciccio Minardini, le discours tomba sur la Sicile et sur les préjugés de ses habitans. J'avois lu dans quelques relations de voyageurs, des recherches curieuses sur les *fate morgane*, *les fées morganes*, qu'on voit assez souvent dans le ciel du côté de Messine. Le peuple de Messine est persuadé que ce sont des enchantemens et des œuvres de sorcellerie. Il croit que c'est-là le séjour des plus grands nécromanciens, dont l'art produit les tableaux singuliers qu'on remarque dans le ciel. On voit effectivement des figures de châteaux, de villes, de forêts, de rivières, de mers et de vaisseaux, d'hommes armés, d'animaux; en un mot, de tout ce que la nature peut offrir de plus merveilleux. Ces illusions sont produites, comme on sait, par des accidens de lumière qui est réfractée et réfléchie de toutes les façons par les vapeurs qui couvrent l'horison.

L'abbé Fortis nous fit là-dessus des récits très-plaisans, auxquels il donne une grace et une expression très-piquante. Je n'en citerai aucun, mais je crois digne de remarque qu'il y ait eu un savant en Italie, vers la fin du quinzième siècle, lequel a donné de ce phénomène une explication aussi précise et aussi lumineuse que le pourroit faire un physicien moderne. Un flambeau qui a brillé dans un siècle de ténèbres mérite bien de fixer notre attention. Le livre de ce savant étoit dans la bibliothèque de Minardini, et l'abbé Fortis nous lut ce qui étoit relatif aux fées morganes. Cet ouvrage est écrit en bon latin, et on pourroit le prendre pour un auteur du siècle d'Auguste. L'auteur déplore en termes fort éloquens l'ignorance des peuples qui les assujettit à mille superstitions, et souvent aux erreurs les plus funestes à leur félicité. Il fait des vœux pour que le flambeau des sciences dissipe enfin les ténèbres qui tiennent les hommes dans un aveuglement si fatal. Ce philosophe se nommoit Ferrario, premier médecin de Ferdinand I<sup>er</sup>, mort en 1517 : son livre est rare ; la dernière édition faite à Lecce est de 1727. Je n'ai pu m'en procurer un exemplaire, et j'en suis bien fâché. L'auteur qui étoit ami du poëte Sannazar mérite assurément d'être connu. C'est lui qui a fourni à l'abbé Fortis les premières idées qui l'ont conduit à la découverte d'une mine nitreuse à Molfette. L'abbé Tanzi possède des manuscrits précieux de Ferrario dont il devroit bien enrichir le public.

## La Calabre.

Pendant mon dernier séjour à Naples, je me suis informé avec beaucoup de soin des désastres de cette malheureuse contrée, et du peu de secours qu'elle a reçu du gouvernement. J'ai appris des faits qui révoltent et qui m'ont confirmé dans l'idée qu'il est de toute nécessité, pour qu'une nation jouisse de tous ses droits, de supprimer les privilèges de la caste noble, sur-tout dans le royaume de Naples où les prérogatives de la noblesse sont les plus vexatoires pour le peuple.

Qu'on ne m'objecte point ici que je tombe en contradiction avec ce que j'ai avancé dans le second volume, relativement à la noblesse de Milan. La caste des nobles en Lombardie est bien différente de celle des autres pays de l'Italie. Les seigneurs milanais se distinguent en général par leur bonté, leur générosité ; il y en a parmi eux qui cultivent les belles-lettres et les sciences avec succès, et les cinq sixièmes de gens de lettres en Lombardie sont de leur caste. Ils n'ont point de privilèges qui soient oppressifs pour les habitans des campagnes. Mais dans les Deux-Siciles on ne pourroit faire aucune révolution utile, ni donner au peuple une constitution raisonnable sans abolir entiérement la noblesse. Les droits que les seigneurs napolitains exercent sont par eux-mêmes très-opposés aux droits de l'homme, et l'abus qu'ils font de leurs privilèges rend cette opposition bien plus frappante encore. C'est sur-tout dans les deux Calabres que les barons ont poussé le despotisme féodal au plus haut degré : ils en sont venus au point de s'arroger la plus grande influence sur la caisse sacrée de religion, dont ils savent extorquer des sommes immenses pour leurs besoins particuliers. Outre les droits de chasse et de pêche, et toutes les bannalités possibles, ils exercent un monopole affreux dans toutes les branches de commerce, et spécialement sur celui des grains, des huiles, des soies et des laines. Ils possèdent en partie de droit et en partie par abus les droits d'entrée, les péages, les gabelles, les dîmes et les corvées dont ils vexent leurs malheureux vassaux. Gabriel Barrio, dans son ouvrage *de antiquitate et situ Calabriae*, nous a rendu un compte exact de toutes ces charges seigneuriales, et il en parle avec une éloquence attendrissante. Novario a écrit aussi un ouvrage contre ces impositions féodales. Il est en trois volumes in-folio, avec ce titre *de gravaminibus vassallorum*; mais ces écrits n'ont produit aucun changement dans le sort des infortunés Calabrois.

Les malheurs de la Calabre ont été portés à un tel point, que le roi s'est vu obligé de créer, en 1788, une commission pour examiner l'état de cette province. Le choix du monarque est tombé sur don Delfico, don Dominico di Gennaro et un troisième, tous gens éclairés et d'une probité reconnue. Mais on a tâché, par toutes sortes de moyens, de rendre cette commission inutile.

En parlant de la Calabre, il est impossible de justifier le roi. Depuis le désastre de cette contrée et celui de la Sicile, le roi a fait deux voyages, l'un en Italie, et l'autre en Allemagne ; et il n'est point allé vérifier, par le témoignage de ses propres yeux, les plaintes que les Calabrois lui faisoient parvenir chaque jour sur le malheur de leur situation.

Lorsque la nouvelle du fatal bouleversement de la Calabre arriva à Naples, le roi fit aussi-tôt partir un de ses ministres, M. Pignatelli, avec une somme considérable pour secourir les habitans, et leur fournir les choses nécessaires dans l'état de denuement où ils se trouvoient. Si les ordres du monarque eussent été exécutés avec fidélité, aucun Calabrois n'eût péri depuis l'époque du tremblement de terre, qui a coûté la vie à près de quarante mille personnes. La Calabre seroit aujourd'hui presque rétablie du ravage causé par ce terrible événement ; mais la mégère autrichienne voulant affoiblir l'impression que cette nouvelle avoit faite sur le cœur de Ferdinand, tâcha de lui persuader que le récit étoit fort exagéré ; elle craignoit que le roi ne se transportât sur le lieu même, et ne consacrât au soulagement des Calabrois des sommes dont elle vouloit se servir pour d'autres usages ; elle eut grand soin d'endoctriner Pignatelli avant son départ.

Pignatelli n'exécuta pas la dixième partie des ordres qu'il avoit reçus du roi ; il donna très-peu de secours, et seulement ce qu'il falloit donner pour faire croire qu'il en avoit distribué. Il laissa périr beaucoup d'habitans faute de nourriture et de logement, et ne dépensa pas tout-à-fait un quart de la somme que le roi lui avoit donnée. Il garda une bonne moitié de l'argent qui lui restoit, et remit le surplus au roi, en l'assurant que la Calabre étoit en bon état, et qu'il n'avoit pas employé toute la somme, faute d'avoir trouvé des occasions. Le roi lui en sut gré, et le rémercia, bien persuadé de sa fidélité. C'est ainsi que l'avarice de ce ministre inhumain, et le desir qu'il avoit de plaire à une reine, aussi prodigue de l'or de ses sujets qu'insensible à leurs maux, a causé la mort d'un nombre considérable de Calabrois, qui n'avoient échappé au fléau le plus épouvantable que pour périr de faim et de misère. On évalue à soixante mille le nombre des infortunés à qui le manque de secours a fait perdre la vie.

Cette abomination n'a pu demeurer long-temps cachée. Pignatelli est devenu l'objet de l'exécration publique. Le roi instruit, quoique fort tard, de sa scélératesse et de sa perfidie, devint furieux; mais la protection de la reine a sauvé Pignatelli. Il brille encore à la cour; il n'a point été pendu.

Comme il faut rendre à la vertu l'hommage qu'elle mérite, je dois à la vérité de dire que le sieur Ariola, colonel du régiment Massopio, et le sieur Corre, lieutenant-colonel du régiment des gardes italiennes, qui avoient été envoyés pour seconder Pignatelli, se comportèrent avec la plus grande humanité, secourant même de leur propre argent les malheureux Calabrois, dont ils contribuèrent à sauver un grand nombre. Aussi Pignatelli, qui trouvoit dans ces deux subalternes des principes opposés aux siens, leur donna tant de mortifications et de désagrémens, qu'il les obligea à demander leur rappel.

On sait que la Calabre est divisée en deux parties, la Calabre ultramontaine et la Calabre citramontaine. Le tremblement de terre n'a ravagé que la première; l'autre a été épargnée, ou n'a presque pas souffert. Le roi a hérité, par ce désastre, des revenus de plusieurs couvens, dont presque tous les individus ont péri. On eût pu employer ce revenu à faire bâtir des maisons et à d'autres objets utiles à la Calabre. Ce projet fut présenté au roi, et il l'avoit approuvé; mais la reine et Acton en ont empêché l'exécution.

Comme si un seul brigand n'eût pas suffi pour ruiner la Calabre, Pignatelli avoit pour son principal agent subalterne, Joseph Zuroli, qui, par ses vexations particulières, accrut les calamités de cette province. Pignatelli et Zuroli s'étoient engagés à dessécher les marais formés par le tremblement de terre ; ils n'en firent rien, et gardèrent pour eux les sommes qu'ils avoient reçues du trésor royal pour cet objet. Ils se contentèrent de quelques légères tentatives pour faire croire qu'ils s'en étoient occupés.

## *Le Marquis del Marco.*

C'est le ministre du département de la justice et des affaires ecclésiastiques ; il ne peut rien faire d'important sans le consentement du général Acton.

Ce ministre est sans contredit le plus impudent menteur qui existe dans les Deux-Siciles. Il n'y a pas de perfidie et d'action criminelle dont il ne soit capable. Il s'est toujours soutenu dans le ministère parce qu'il est la créature et l'espion du général Acton : voilà son seul mérite. Le général n'est pas fâché d'avoir à la tête d'une administration considérable un homme nul, qui ne peut lui donner d'ombrage, et qu'il fait mouvoir à son gré. Il n'est ni bien ni mal avec la reine, qui le regarde comme un agent subalterne d'Acton. Le roi est assez indifférent sur son compte ; il dit souvent dans son style de plaisanterie : « certainement je ne suis qu'un âne ; mais del Marco l'est encore plus que moi ».

Il n'a pas beaucoup de considération dans le corps diplomatique. Je le rencontrai un jour chez un ministre étranger, qui lui dit, en ma présence : « nous n'avons pas grand'chose à nous dire ; car vos paroles ne sont pas bien sûres, à moins qu'elles ne soient confirmées par la bouche de votre patron ».

Une autre fois je le trouvai chez un ambassadeur. Quand il fut sorti, l'ambassadeur s'écria : « on ne peut s'imaginer à quel point ce ministre a porté l'art de fripponner et de manquer de parole ».

Un ministre de l'empereur, qu'il avoit trompé par un faux rapport, ayant découvert sa fausseté, le traita comme le dernier des hommes, et avec les termes du plus grand mépris. Ce frippon est fort âgé, et c'est un motif de consolation.

## Une Place plaisamment demandée.

A la mort d'un des trois bibliothécaires des études, le père Afflitto, dominicain, homme très-instruit, demanda cette place. Don Michel Torcia étoit du nombre des concurrens. C'est un homme facétieux; il présenta un mémoire au roi pour prouver qu'on devoit lui donner la préférence, 1°. parce qu'Afflitto étoit moine, et que lui, Torcia, étoit noble; 2°. parce qu'Afflitto étoit un théologien fieffé; il y avoit plusieurs exceptions dans ce genre. Le roi s'amusa beaucoup du mémoire de Torcia; mais il donna la place au moine, qui ne vécut qu'un mois après sa nomination.

Torcia revint à la charge, et présenta un second mémoire, rempli de bouffonnerie. Il accusoit d'ignorance et de négligence les autres bibliothécaires, n'épargnant pas plus les morts que les vivans. Il faisoit modestement son éloge, en disant que son érudition dans toutes les connoissances humaines étoit aussi profonde qu'étendue. Il appuyoit sur-tout beaucoup sur ce qu'il avoit défendu la personne du roi contre les injustes accusations des peuples étrangers, et qu'il avoit prouvé que les Napolitains, qu'on représentoit comme ignorans et plongés dans toutes sortes de vices, étoient la nation la plus savante, la plus spirituelle et la plus vertueuse de l'univers.

Ce mémoire, par sa tournure originale, fit une grande sensation à Naples, et divertit beaucoup le roi ; mais don Michel Torcia ne réussit pas plus cette seconde fois que la première. Si, malgré cette mortification, il continue toujours de dire que Ferdinand est le premier monarque du monde, il faudra convenir que c'est un bon chrétien.

*Petitesse diplomatique.*

Un certain comte Toscan, nommé Fantoni, fit, en 1788, une ode sur les affaires du temps. La pièce n'étoit pas mauvaise, et les vers ne manquoient pas d'harmonie. Il n'avoit pu s'empêcher de faire mention de l'invasion de la Hollande par les troupes prussiennes, à laquelle la cour de France n'avoit mis aucun obstacle, s'étant tenue dans la plus honteuse inaction. Le poëte s'étoit exprimé avec beaucoup de ménagement en parlant de la France : « le Gaulois, disoit-il, se mord les lèvres dans l'excès de sa fureur ». Ce vers fut dénoncé au charlatan Taleyrand, car c'est le nom que méritent les membres de l'ancienne diplomatie françoise. Le dénonciateur étoit M. de Vaudreuil, qui se trouvoit alors à Naples avec l'infame clique des Polignac. Taleyrand prit feu et se plaignit amérement au ministre Caraccioli. On connoît l'influence que les ambassadeurs des grands monarques exercent dans les cours des rois du second et troisième ordre. Caraccioli aimoit la France, étoit courtisan, et ne croyoit pas pouvoir rien refuser à l'ambassadeur de sa majesté très-chrétienne. Il manda l'auteur de l'ode, et par une petite injure diplomatique, on mit sur l'adresse du billet *au sieur Fantoni, virtuose*, au lieu de mettre au *comte Fantoni*. On sait qu'on donne en Italie le nom de virtuose aux chanteurs et danseurs d'opéra. Cela n'étoit assurément pas fort honnête. Tout homme né avec une certaine fierté dans l'ame eût refusé de comparoître après une pareille sommation ;

mais Fantoni étoit un cadet fort pauvre ; il sollicitoit un emploi, et pour l'obtenir il se fût soumis à passer sous les fourches caudines. Il comparut donc. Cependant il se plaignit de l'adresse injurieuse du billet. Caraccioli en rejetta la faute sur les secrétaires, ce qui est toujours fort commode pour les ministres. Il exigea que Fantoni allât faire des excuses à l'ambassadeur de France. Le comte se rendit deux ou trois fois à l'hôtel de son excellence sans pouvoir lui parler. Enfin il demanda au portier s'il avoit eu soin de dire son nom à M. l'ambassadeur ? « Oui, dit le portier, et son excellence m'a dit de répondre à M. le comte qu'il n'étoit pas chez lui ». C'est ainsi que se termina cette petitesse diplomatique qui parut fort ridicule aux esprits sensés de la cour et de la ville.

*Les Médecins.*

Nous avons dit que Rome n'a pas un seul médecin de réputation qui soit né dans le pays ; mais la ville de Naples a des médecins du premier mérite qui sont renommés dans toute l'Italie.

Le plus célèbre de tous, c'est don Dominique Cottugno. Je fus présenté à cet homme d'un rare talent et de la plus grande amabilité. Outre les connoissances de son état qu'il possède à un degré supérieur, il est versé dans les auteurs classiques grecs, latins, françois et italiens. Le théâtre, la poésie, les ouvrages de littérature de tout genre lui sont très-connus, et il en juge avec beaucoup de discernement et de goût. On ne conçoit pas comment avec la pratique de son état qui l'occupe beaucoup, il peut trouver le temps de faire toutes les lectures que suppose l'érudition immense qu'il possède. Il n'est âgé que de cinquante-deux ans. Sa maison ne désemplit pas des personnes qui viennent soir et matin le consulter. J'ai vu peu de physionomies aussi heureuses que la sienne; et il joint à cet avantage des manières et une éloquence propres à lui attirer la confiance; il ne reçoit point d'argent des personnes qui viennent chez lui; mais il se fait payer ses visites une once, c'est-à-dire, quinze livres de France. Il gagne par an à peu près quatre-vingt mille francs. On a de lui un excellent ouvrage sur la sciatique. A vingt-trois

trois ans il avoit fait la découverte de l'eau qui existe dans le tympan de l'oreille. Il n'est pas tout-à-fait bien avec la cour, quoiqu'il ait tiré le prince royal des portes du tombeau.

On fait à Naples de bonnes études de médecine, et il y a toujours d'excellens professeurs. Cet art est fort lucratif dans ce pays, et des médecins médiocres y gagnent aisément dix à douze mille livres.

On ne peut pas faire le même éloge de la chirurgie. Ceux qui exercent cet art à Naples sont bien éloignés de la science et de l'habileté des chirurgiens de Paris. Les hôpitaux ne sont pas administrés comme ils devroient l'être, et les secours du ressort de la chirurgie ne sont pas donnés aux malades avec le soin convenable. Le roi qui a visité les hôpitaux de Vienne devroit bien faire adopter leur régime dans ceux de Naples, et appeller des chirurgiens de Paris. Il faut avouer que la chirurgie n'est nulle part aussi florissante que dans la capitale de la France; mais les hôpitaux de Paris ne sont pas aussi bien dirigés que ceux de Vienne.

*Tome I.*      K

## Les catacombes.

Il est plus aisé de visiter les catacombes de Naples que celles de Saint-Sébastien de Rome : on a vu combien celles-ci sont dangereuses, et combien de gens s'y sont perdus, dont on n'a plus eu de nouvelles depuis. Cela ne peut arriver dans celles de Naples, à moins qu'on n'y rencontre quelque scélérat qui vous y assassine à l'écart, comme cela peut arriver dans une forêt.

Les catacombes de Naples sont en voûtes comme celles de Rome, mais hautes, larges et d'une grande longueur. Dans celles de Rome on risque beaucoup si quelqu'accident éteint les flambeaux ; mais dans les catacombes de Naples on n'a pas besoin d'une lumière artificielle, attendu qu'il y a des soupiraux de distance en distance par lesquels l'air se renouvelle. En entrant dans celles de Rome on sent qu'il y a de l'air fixe et des vapeurs méphitiques.

Il y a dans les catacombes de Naples quelques arcades qui ont quinze à vingt pieds de hauteur et douze de largeur. On y voit de temps en temps, dans des espèces de niches, des ossemens humains, et sur les parois quelques restes de peintures à fresque : mais on ne trouve que des ossemens et point de peintures dans les catacombes de Rome.

On ne peut douter que les catacombes de Naples n'aient été des carrières d'où l'on a tiré les matériaux nécessaires pour la construction des maisons de la ville et de toutes celles qui sont dans le voisinage. Il se peut aussi que les premiers chrétiens s'y soient retirés pour célébrer leurs mystères et pour y enterrer leurs morts.

Il y a quelques arcades dans ces catacombes de Naples qui sont ouvertes, et qui servent de retraite à de pauvres gens pour y passer la nuit. Après les premières arcades, le reste est fermé, mais on demande le portier qui vous ouvre moyennant la rétribution ordinaire. On les a fermées parce qu'elles étoient souvent le rendez-vous des voleurs qui venoient y partager leur butin : elles servoient aussi d'asyle à la prostitution. Dans les mauvais temps le peuple s'y retire pour y coucher, et alors il y a une foule de gens, de l'un et de l'autre sexe, amoncelés sans distinction. Il seroit assez inutile de faire des questions sur tout ce qui s'y passe.

## Le Collège Chinois.

C'est une des fondations les plus singulières qui existe en Europe. Ce n'est pas un palais superbe. La maison est d'une petite apparence, et l'intérieur répond au dehors; mais le lieu où cette maison est située est un des plus délicieux de la ville de Naples. On y respire l'air le plus pur, et on y jouit de la plus belle vue.

Ce collège fut fondé par un prêtre napolitain, qui vécut pendant quelques années à la Chine, en qualité de graveur de l'empereur. Il exerça cette profession dans la ville de Pékin, où il faut que chaque missionnaire exerce un art ou métier quelconque. Ce prêtre si zélé se nommoit Matthieu Ripa. Benoît XIV honora ce collège de sa bienfaisance, et en augmenta les revenus. Un des précepteurs, don Pascal Ruggieri, me montra un instrument de musique chinois. Cet instrument ressembloit assez à un petit orgue fait de cannes vernissées. Je vis aussi quelques vases, meubles et chaussures de cette nation, mais tout cela n'étoit pas bien merveilleux. Ce que je remarquai de plus curieux, ce fut quelques livres chinois. Le plus rare de tous étoit un Traité du pouls, écrit et imprimé à Pëkin, dont un médecin chinois avoit fait présent à ce collège, où il avoit vécu quelques années en professant la religion chrétienne. Ce médecin se nommoit Gaëtan Sieu, de la ville de Kanshau, de la province de Kansin. Il y a aussi dans ce collège quelques cahiers manuscrits dont on pourroit former deux volumes *in*-4°. C'est une histoire abrégée de l'empire chinois.

Il n'y avoit que cinq jeunes élèves chinois dans ce collège, et la physionomie nationale les faisoit aisément reconnoître. On leur enseigne la théologie, la morale et tout ce qui concerne la religion chrétienne. Lorsque quelqu'un de ces élèves, après trois ou quatre ans de sacerdoce, s'en retourne dans sa patrie, on fait faire son portrait, et il met son nom au bas.

Cette institution ne peut être d'aucune utilité à Naples. Elle seroit bonne à Rome, étant analogue à l'esprit du gouvernement, toujours occupé du soin de propager l'autorité et l'influence du saint-siége; on pourroit s'en servir avec fruit à Londres et à Amsterdam, pour établir des relations de commerce : mais alors, au lieu d'enseigner à ces jeunes Chinois le dogme évangélique, dont ils finissent par se moquer, ne vaudroit-il pas mieux leur apprendre la morale du célèbre Confucius ?

*Un Médecin extraordinaire.*

Lucas - Antoine Porzio, que j'avois connu dans mon premier voyage à Naples, étoit un médecin très-extraordinaire. Il a laissé à sa mort des manuscrits fort intéressans sur la pratique de la médecine. C'étoit un homme infatigable, et qui faisoit par jour trois cents visites en voiture, car c'eût été impossible à pied dans une ville aussi grande que Naples. Cottugno, qui ne prodigue pas ses éloges, m'en a fait de trèsgrands du docteur Porzio.

Il visitoit un jour un de ses élèves qui étoit en convalescence après une maladie dangereuse. Les amis du jeune homme, qui étoient alors chez lui, l'entendant monter, dirent : « il faut lui jouer un tour »; et l'un d'eux urina dans le pot-de-chambre du malade. Porzio entre, examine la langue, tâte le pouls; et après avoir fait ses observations, dit au jeune homme que sa guérison est assurée, et que dans peu de jours il pourra sortir. « Vous n'examinez pas les urines, dirent les amis du malade ». — C'est assez indifférent quand les autres signes sont bons, répond Porzio : cependant je le ferai pour vous satisfaire. Il prend alors le pot-de-chambre. « C'est bien étonnant, dit-il, je n'y comprends rien ; tout annonce que le malade est hors d'affaire, et voilà l'urine d'un mort ou d'un homme qui va mourir ». Le docteur se retire : les jeunes gens se séparent. Celui qui avoit uriné, étant de retour chez lui, se trouve mal et meurt sur-le-champ.

Ce médecin amassa de très-grandes richesses, quoiqu'il ne prît qu'un honoraire fort modique pour chacune de ses visites. Une preuve qu'on peut joindre à beaucoup d'autres qui confirment son habileté, c'est qu'il parvint à l'âge de quatre-vingt-deux ans sans avoir jamais eu la moindre maladie.

*Une Réflexion sur le Peuple de Naples.*

Nous avons déjà parlé de l'ignorance, de la superstition et des vices dans lesquels ce peuple est plongé ; mais nous avons aussi remarqué qu'il a beaucoup d'énergie, et qu'avec une autre constitution, les Napolitains deviendroient une des nations les plus estimables. Les grands n'en imposent pas au bas peuple dans ce pays-là ; et le moindre des sujets du roi parle aux ministres, à la reine et au monarque, avec la plus grande liberté. Le gouvernement, quoique très-rempli d'abus, n'a jamais témoigné pour le peuple le mépris avec lequel on le traite dans d'autres royaumes.

L'histoire de Naples nous montre que les habitans de cette ville ont fait quelquefois des insurrections redoutables. On se souviendra long-temps de Masaniello, qui gouverna pendant quelques jours en maître absolu, et se fit respecter comme le représentant d'un peuple qui sentoit sa dignité. Sans l'adresse de la cour, qui a l'art de gagner les moines et les prédicateurs qui ont sur les Napolitains une grande influence, ce pays auroit déjà essuyé des révolutions qui eussent changé la face de l'état.

Le peuple de Naples est le seul en Italie qui se soit opposé avec constance, et d'une manière efficace, à l'établissement de l'inquisition. Il a toujours eu l'art de se rallier sous des chefs, sinon dans toute sa masse, au moins avec cette partie des habitans les plus robustes qu'on nomme lazzaroni. Ce nom vient de Lazare, qu'on représente comme un gueux couvert de haillons. Si les lazzaroni ne sont pas tous dans cet état, en général leur costume n'est pas fort brillant. Ces gens-là ont toujours eu un chef pour qui la cour et les ministres ont mille égards : c'est ce chef qui est chargé de faire respecter le peuple, et d'empêcher qu'on ne lui fasse aucun tort. Ce qu'il y a d'étonnant, c'est qu'il n'y a point d'exemple qu'aucun de ces chefs se soit laissé corrompre.

Ces lazzaroni ont des loix particulières ; ils s'assemblent toutes les fois qu'ils en ont besoin, et le gouvernement ne peut point les en empêcher. Ils sont en si grand nombre qu'on seroit mal avisé de vouloir les réduire à une obéissance servile. Ils aident même la police dans les révoltes particelles qui arrivent sans qu'il y ait de la faute du gouvernement.

Les lazzaroni sont fort attachés à leur état ; ils n'envient point le sort des classes supérieures ; ils ne commettent aucun désordre, ne volent, ni ne pillent. Jamais ils ne sont impliqués dans les crimes qui se commettent à Naples. En vérité ce sont des gens estimables, honnêtes et bons, et aimant la pauvreté qu'il ne faut pas confondre avec la misère. D'après cela, il ne faut pas ranger les lazzaroni dans la dernière classe du peuple qui est la lie de la nation, remplie de scélérats et d'une foule de filoux qui sont plus industrieux à Naples qu'à Londres et à Paris.

Nous avons dit qu'ils nommoient un chef. Ce chef a des assesseurs. C'est un véritable tribun du peuple, sans robe magistrale et sans gardes ; mais il se fait accompagner par autant de confrères qu'il peut en avoir besoin. Il a le droit de faire des représentations aux ministres et au roi. Il y a des cérémonies de cour où ce chef des lazzaroni a sa place. Quand la reine accouche, les lazzaroni envoient leur chef bien accompagné pour être assurés que l'enfant est du sexe desiré. Cet enfant est mis entre les mains de ce chef qui le baise et le montre au peuple qu'il harangue dans son jargon avec une véritable éloquence. Il est à remarquer que ces lazzaroni parlent en général très-bien, avec ordre et quelquefois avec dignité, mais toujours dans leur patois.

Le capo lazzaro ou chef des lazzaroni assiste au tirage du lotto, à quelques cérémonies d'église et à toutes les cérémonies de la cour, sans porter sur ses habits aucune marque distinctive, mais toujours respecté, attendu qu'il a à ses ordres quarante à quarante-cinq mille hommes, auxquels se joignent encore les bateliers, les pêcheurs de la Chiaia et tout le bas peuple.

Les lazzaroni ne sont pas toujours déguenillés. Les jours de fête on les voit vêtus galamment, mais toujours suivant leur costume, avec des mouchoirs de soie, des boucles d'argent aux souliers et aux jarretières. Dans les émeutes, leur chef devient un personnage important autour de qui tout se range. La cour n'a alors d'autre ressource que de payer quelque prédicateur aimé des lazzaroni et en odeur de sainteté parmi eux. Ces prédicateurs parviennent toujours à calmer la fureur du peuple.

## *Le Concordat manqué.*

La cour de Rome et celle de Naples ont été brouillées pendant quelques années. La dernière avoit sans doute raison ; elle ne vouloit plus que le saint-siége continuât de nommer aux évêchés, abbayes et autres bénéfices du royaume, et la cour de Rome vouloit maintenir l'ancien pied.

Ce n'est pas tout ; il s'agissoit de supprimer quelques couvens et de rendre les moines indépendans de leurs généraux résidant à Rome. Il étoit sur-tout question du projet favori de donner à la marine une certaine portion des biens de l'église.

Le roi se comporta long-temps avec beaucoup de fermeté. Il disoit qu'il ne vouloit plus souffrir qu'aucun prêtre ni prince étranger commandât dans ses états. Un des griefs du gouvernement étoit aussi l'appel au nonce dans toutes les affaires où des ecclésiastiques étoient intéressés.

Malgré ces dispositions du roi de Naples,

on a été sur le point de passer **un nouveau** concordat en 1788. La cour de Rome sacrifioit une partie de ses avantages, mais elle en conservoit encore beaucoup.

Les ministres se conduisirent fort mal, soit manque de philosophie, soit qu'ils eussent été séduits par l'or que la cour de Rome fit passer à Naples; le concordat alloit être signé, si Caleppi par son humeur intolérante, et le cardinal Buoncompagno par son arrogance n'eussent déplu au roi et au ministère qu'ils s'étoient flattés de subjuguer. Le roi, toujours jouet de sa foiblesse, alloit céder aux instances de son épouse. Les femmes qui entourent la reine et servent à ses plaisirs, se mêlent aussi des affaires de l'état. Elles avoient été gagnées et protégeoient fortement le projet du concordat dont les premiers articles avoient été écrits dans leurs ruelles. Ceci doit servir à détromper ceux qui croient que la reine possède de grands talens pour gouverner. Elle est entiérement livrée à ses passions et l'esclave des personnes qui favorisent ses penchans. Quoiqu'elle affecte un esprit philosophique, elle est, dans le fond de l'ame, superstitieuse, et quand elle a quelque violent chagrin, c'est à la Sainte-Vierge qu'elle a recours et dont alors elle récite l'office.

C'est le paglietisme qui sauva l'honneur de la nation et le bien public dans cette occasion. Quoique le paglietisme ne soit rien dans la constitution de l'état, cependant il a coutume de faire des représentations sur les grands objets où la nation est intéressée ; et comme ce corps est rempli de gens très-instruits, la députation qu'il envoie à la cour dans ces circonstances, exerce une grande influence sur le ministère et sur l'opinion publique. C'est ce qui arriva alors, et les députés démontrèrent avec beaucoup de force l'injustice des prétentions de la cour de Rome. Les ministres, la reine, et tous ceux qui s'étoient mêlés du concordat eurent honte de leur sottise. La minute du projet ne se trouva point. Personne ne voulut l'avoir signée ni approuvée. Le roi seul eut la bonne foi de convenir de son erreur dont il rejetta le tort sur son ignorance et celle des personnes dont il est environné.

J'ai vu avec pitié cependant toute cette guerre d'écriture, et je me suis expliqué là-dessus avec les frères Cestari, en leur disant qu'on ne pouvoit pas faire plus de plaisir à la cour de Rome que de perdre beaucoup de temps à réfuter ses prétentions ; que c'étoit en quelque sorte reconnoître qu'elles pouvoient avoir quelque base pour s'appuyer, et qu'en un mot avec la cour de Rome il falloit agir ferme et écrire peu.

*Quelques Réflexions sur la Cour de Rome à l'égard du Royaume de Naples.*

Les Napolitains ne sauroient témoigner assez d'estime à ceux qui leur recommandent sans cesse de se tenir sur leurs gardes pour repousser les entreprises du saint-siége fortement secondé par l'ignorance et la superstition du peuple, et dans ce mot peuple est aussi comprise la noblesse du pays, qui n'a pas en général plus de lumières que la classe inférieure. C'est ce qu'ont fait les continuateurs des annales de Naples, qui se sont attachés à manifester toutes les injustices et tous les abus de l'autorité ecclésiastique, ainsi que la conduite criminelle des papes. En examinant la vie de Grégoire VII canonisé par l'église, ils avoient fait voir combien peu il étoit digne de cet honneur par les désordres de sa vie privée et les crimes de son ambition. L'archevêque de Naples, moine rempli des préjugés les plus absurdes, et vendu à la cour de Rome, dénonça ce passage des annales au roi, et en fit une censure publique, menaçant les frères Cestari d'une excommunication. Les Cestari se justifièrent dans divers écrits qu'ils publièrent à ce sujet. L'affaire faisoit du bruit à Naples; le roi imposa silence aux annalistes, et pria l'archevêque d'oublier le passé.

Le célèbre Giannone a publié l'histoire civile du royaume de Naples, dans laquelle il a dévoilé les usurpations du saint-siége et l'origine scandaleuse d'une foule de droits que la cour de Rome s'est arrogés. Cet ouvrage est bien fait pour réveiller de leur léthargie les princes catholiques, et leur montrer combien le joug ecclésiastique est ignominieux pour eux, et funeste au bonheur de leurs peuples. Cette histoire est très-curieuse, l'auteur ayant fouillé avec soin dans toutes les bibliothèques et archives secrettes des couvens et des maisons ecclésiastiques

siastiques dont il s'est procuré l'entrée sous divers prétextes.

Un des événemens les plus mémorables de l'histoire de Naples, c'est, sans contredit, la conjuration terrible des barons. Quoique Giannone développe bien ce fait historique, il n'a pas parlé d'une pièce la plus intéressante de celles qui sont relatives à cet événement. Elle étoit pourtant connue quelques siècles avant que Giannone ait publié son histoire. C'est le procès qui fut imprimé à Naples à l'époque où l'art de l'imprimerie fut introduit dans ce pays, en 1488. Ce procès, que j'ai vu chez les frères Cestari, contient les actes authentiques qui prouvent que le foyer de la conspiration étoit à Rome et à Bénévent, et que des moines, des prêtres et des cardinaux en étoient les principaux agens d'accord avec le pape. Ce morceau est des plus curieux. On y voit le détail de toutes les menées, les noms des émissaires, etc. Si Calvin, Luther et Zuingle avoient eu connoissance de cette pièce, ils en eussent tiré grand parti; et de nos jours, si elle fût tombée dans les mains de Voltaire, elle lui eût fourni le sujet d'une diatribe piquante et assaisonnée du ridicule

*Tome I.* L

qu'il savoit si bien verser sur les sujets qui en étoient susceptibles, et sur-tout sur l'article des prêtres et des moines.

## Procès Etrange.

Il n'est que trop vrai que les Napolitains conservent encore la coutume de condamner à la castration les enfans qui manifestent une belle voix. Cependant, j'ai cherché dans toutes les rues l'inscription dont parle Voltaire : *qui si castrano i puti meravigliosamente*, je ne l'ai apperçue nulle part ; mais ce qu'il y a de sûr, c'est que cette opération se pratique souvent, et que tous les chirurgiens apprennent à la faire comme à saigner et à pratiquer les autres opérations de leur art. Le gouvernement, les magistrats ne se sont jamais opposés à cette infamie, et on en parle à Naples comme d'une chose indifférente.

Voici un procès assez étrange qui eut lieu à ce sujet, et dont le célèbre docteur Gatti m'a certifié la vérité.

Un enfant étoit doué d'une voix angélique. Son père voulut tirer parti de ce talent en le faisant entrer dans un conservatoire après en avoir fait un castrat. On sait qu'on élève gratis dans ces conservatoires les jeunes gens qui annoncent des dispositions pour le chant et la musique. L'opération fut faite et l'enfant reçu. Il répondit fort bien aux espérances qu'il avoit données, et tout annonçoit qu'il seroit un jour l'émule des Caffarelli, des Manzoli et autres héros de l'opéra italien. A l'époque de la puberté, sa voix devint tout-à-coup rauque ; il ne pouvoit plus former les sons mélodieux dont il avoit enchanté jusqu'alors les auditeurs. Tout annonçoit en lui les marques de la virilité. Les directeurs crurent qu'on les avoit trompés pour profiter de l'avantage de faire donner à cet enfant une éducation gratuite. Ils intentèrent procès au père. Celui-ci leur envoya la boîte où avoient été déposés les témoins du sexe auquel l'enfant appartenoit, avec le certificat des deux chirurgiens qui avoient opéré. Étrange embarras ! Enfin, on se décide à faire visiter le jeune homme. Il résulta de cette visite que la nature avoit été prodigue à l'égard de cet enfant. On lui avoit enlevé deux testicules; la preuve en étoit claire; mais il lui en étoit resté deux autres qui, cachés dans le ventre, avoient échappé à l'opération et dont le tact d'une main un peu exercée certifioit la présence. Au reste, il ne doit pas paroître plus étrange qu'un enfant naisse avec trois ou quatre testicules, que de voir un individu ayant six doigts à chaque main ou quelqu'autre membre superflu; ce qui arrive assez souvent.

Il y a à Naples des maîtres de chapelle qui font des spéculations inconnues dans les autres pays. Ils engagent un père, au moyen d'une somme, à leur céder son enfant. Ils lui font faire l'opération à leurs frais; ensuite ils l'élèvent et lui apprennent la musique. Lorsque le jeune homme est en état de faire valoir son talent, le profit des premières années se partage avec le maître qui lui a donné son éducation.

Ces faits ne sont certainement pas honorables pour le gouvernement napolitain, et ne donnent pas une fort bonne idée de la morale du pays. Ils servent seulement à faire voir qu'une administration vicieuse familiarise les hommes avec les actions les plus criminelles, jusqu'au point de les leur faire paroître comme indifférentes ; ce qui est le comble de la dépravation.

―――

### Le Ministère du Marquis Caraccioli.

Il s'est acquis beaucoup de réputation dans la carrière diplomatique. On n'oubliera pas de long-temps son amabilité, ses connoissances variées et les bons mots qu'il prodiguoit. Sa vice-royauté en Sicile a été des plus brillantes. Je suis fâché qu'on ne puisse pas faire le même éloge de son ministère dans le département des affaires étrangères.

Soit que ce fût le défaut de son âge avancé, soit que la nature du gouvernement napolitain eût influé sur lui, on ne reconnut plus en lui ce philosophe aimable, doué de toutes les graces de l'esprit, de l'enjouement, et qui si long-temps avoit fait les délices des meilleures compagnies. Sa gaîté dégénéra en bouffonnerie, et son humeur, toujours égale, devint sombre et sévère. Ses manières n'eurent plus d'élégance. Il porta même à un degré révoltant la négligence de sa personne.

Il avoit conservé une grande prédilection pour la France, et dans toutes les circonstances il se plaisoit à faire des comparaisons avec ce qui se pratiquoit à Paris et à Versailles. Ses éloges sur la nation françoise ne tarissoient pas. Il se piquoit d'imiter le François dans ses gestes, sa manière de parler, dans l'expédition des affaires; se modelant, tantôt d'après Choiseul, tantôt d'après Vergennes ou quelqu'autre ministre de Versailles.

Dans l'affaire du concordat il s'étoit montré fort disposé à seconder les vues de la cour de Rome, et l'on ne conçoit pas comment un homme qui avoit passé à Londres et à Paris pour un athée a pu se ranger ainsi du parti des prêtres et des fanatiques. Etoit-ce le même homme qui avoit dit une fois, dans un cercle à Paris, que s'il devenoit jamais ministre du roi de Naples, il sauroit bien le rendre indépendant du grand muphti de Rome? On ne peut attribuer ce changement qu'à deux causes : ou à l'affaissement d'esprit causé par la décrépitude, ou bien à la corruption de l'ame opérée par les largesses de la cour de Rome. On l'a accusé aussi d'un défaut bien capital pour un ministre, c'est de s'être laissé entraîner par des préventions à l'égard des personnes ou des affaires, de manière à ne jamais revenir de l'idée qu'il s'en étoit une fois formée.

Il disoit encore quelquefois des bons mots, quoique la source en fût bien diminuée. Un jour il parloit du gouvernement napolitain, et convenoit qu'il n'y avoit pas à proprement parler de constitution dans le royaume, puisqu'il n'y a pas un seul corps qui puisse balancer l'autorité royale. La modération que montre le ministère dans certaines occasions est presque toujours l'effet des vertus personnelles du roi : « enfin, ajouta-t-il, on peut dire que le roi, mon maître, est tantôt empereur de Maroc, et tantôt doge de Venise ».

―――――

*Voyages du Roi de Naples.*

Jusqu'au moment marqué par Ferdinand pour son voyage en Italie, et par suite, dans une partie de l'Allemagne, il sembloit ne devoir occuper de place dans l'histoire que celle assignée aux rois dans la chronologie.

La chasse et la pêche, on l'a dit ailleurs, avoient jusqu'alors partagé son temps; il étoit nul pour lui de même que pour les autres. L'étranger que la curiosité attiroit à la cour de ce prince, qui ne l'avoit apperçu qu'au milieu des amusemens frivoles dont une éducation trop négligée lui avoit fait un besoin, ne pouvoit en rapporter dans sa patrie qu'une idée peu favorable. S'il entendoit citer quelqu'unes de ses reparties, et qu'elle annonçât du courage, de la réflexion ou de l'énergie, il pensoit que l'adulation les avoit forgées, ou du moins les avoit embellies.

Quoiqu'il soit vrai que l'essaim des flatteurs entoure le berceau des princes, et les accompagne jusques sous la tombe, il est néanmoins très-difficile que leur nullité ne perce à travers le faste qui les environne, lorsqu'ils s'offrent aux regards d'une nation qui n'a rien à craindre ni à espérer d'eux. Les voyages les rapprochent des autres hommes. Forcés de parler et d'agir par eux-mêmes, et d'après eux-mêmes, le masque s'échappe, l'homme est connu, et jugé sans retour comme sans partialité.

Dès que Ferdinand fut hors de ses états,

son inertie disparut. L'imbécillité fut remplacée par le bon sens ; et cet esprit naturel que n'avoit pu étouffer une éducation vicieuse, franchit les limites dans lesquelles on l'avoit circonscrit. Trop vrai pour songer à masquer ses défauts, il ne cherchoit point à cacher son ignorance sous une réserve affectée. Toujours affable et même populaire, il s'entretenoit avec tous ceux qui l'approchoient. Jamais il ne hasarda de questions puériles. Toutes annonçoient un sens droit et le desir de s'instruire. Ses discours étoient remplis d'ingénuité, et semés de bons mots. L'aveu volontaire d'une ignorance qu'il n'avoit pas dépendu de lui d'éviter, le rendoit véritablement intéressant pour le philosophe. Toutes les personnes qui l'ont connu dans ses voyages conviennent que de tous les Bourbons c'est celui qui réunit le plus de sens et de caractère. En l'approfondissant on regrette que son éducation ait été négligée : elle l'auroit aisément rendu digne de veiller au bonheur de ses sujets, s'il est au pouvoir d'un roi de leur en procurer.

Ferdinand commença ses courses à une époque qui devoit en effet donner du ressort à son esprit. L'empereur Joseph II, et son frère Léopold, étoient aussi dans le cours de leurs voyages. Un même dessein les avoit engagés tous trois à sortir de leurs états ; ils vouloient apprendre à les mieux régir. On sera peut-être surpris que le roi de Naples dont l'ignorance étoit généralement connue, et avouée par lui, se soit trouvé dans le cas de donner à ces deux princes des leçons sur la manière de gouverner ; mais tout l'effort de l'art ne sauroit atteindre la nature.

Ces trois souverains se rencontrèrent plusieurs fois. Léopold étoit instruit, mais il avoit la manie de le paroître. Voulant voir tout, décider de tout, régler tout, il se figuroit qu'il étoit en droit de régenter sans distinction ceux qui l'approchoient. Il s'avisa un jour de prêcher le roi de Naples et de lui répéter une série de principes, l'invitant d'en faire usage lorsqu'il seroit de retour dans ses états. Ferdinand l'écouta tranquillement, et ne répondit à ses graves documens que par la question suivante, faite dans le jargon et du ton des lazzaroni de Naples : *Dis-moi, docteur, as-tu beaucoup de Napolitains à ton service, ou dans tes états? — Pas un seul.— Hé bien, mon grave docteur, apprends qu'il y a plusieurs milliers de Toscans dans mon royaume et dans ma maison; y seroient-ils si tu leur avois enseigné à gagner du pain dans leur patrie?*

Frappé d'appercevoir une impression de tristesse sur le visage des habitans de la Toscane, Ferdinand dit à Léopold : « Je ne puis comprendre à quoi te sert la science que tu as acquise : tu lis continuellement, tu sais beaucoup; tes peuples t'imitent, et cependant il règne parmi eux une tristesse morne. Tes villes, ta capitale, ta cour, tout ce qui t'approche enfin offre un je ne sais quoi de lugubre. Moi je ne sais rien, et ne puis parler de rien; et mon peuple est si gai ! Je ne vivrois pas quinze jours si Naples ressembloit à ta belle Florence. Cependant je sais que du temps des Médicis on y vivoit gaiement ».

Dans une autre occasion il répondit à un long document : « ce que tu dis peut être très-bon; mais je pense qu'un peuple heureux ne peut être triste, et le tien l'est beaucoup. Crois-moi, gouverne-les un peu moins, ta doctrine les ennuie ».

Ferdinand connoissoit l'empereur Joseph ; il l'avoit vu à Naples. Il le rencontra à Mantoue, à Milan et en plusieurs autres endroits. Joseph surpassoit encore Léopold dans la manie de régenter. Ferdinand, excédé de ses répétitions fréquentes, lui répondit avec cette gaieté brusque qui le caractérise : *je sens toute la différence qu'il y a entre nous. Lorsque j'ai voulu me mettre en route, je me suis vu forcé de me dérober à mon peuple ; au lieu que tes sujets ne sont heureux qu'en ton absence.*

« Ecoute à ton tour, lui dit-il encore : tu couches sur la dure, tu dors peu, tu manges à la hâte et digères mal. Occupé sans cesse à lire, à méditer, fuyant les amusemens, tu prends des peines incroyables, tu te rends le plus malheureux des hommes, et cependant tout chez toi va mal. Tes sujets te redoutent ; bientôt ils te haïront. Et moi, mon ami, moi, je passe des nuits tranquilles. Je mange avec appétit et digère facilement. Je fais tout le bien que me suggère le gros bon sens dont je suis pourvu. Mes sujets m'aiment, ils sont contens de moi ; mais sur-tout ils m'aiment, quoique je ne prenne pas la centième partie des peines que tu te donnes pour les tiens. Crois-moi, prends un peu de repos, et laisses-en prendre aux autres ».

Joseph parlant un jour assez haut pour être entendu de sept à huit personnes qui l'accompagnoient, disoit à Ferdinand que ses royaumes de Naples et de Sicile étoient remplis de désordres, que l'administration intérieure en étoit vicieuse. « Je sais bien, lui répondit ce prince ingénu, que l'administration de mes états n'est pas sans défaut ; mais convaincu de mon ignorance, je crains de toucher à la moindre chose, de peur d'augmenter les abus en voulant les réprimer. Changer tout, cela est aisé ; mais changer en mieux, c'est là le point difficile à saisir. Si l'on me proposoit des améliorations utiles, et que l'on me prouvât qu'elles le fussent, avec quel plaisir les adopterois-je ! Mais remplacer un abus par un autre, et souvent plus dangereux que celui qu'on extirpe, c'est marcher de sottise en sottise. Je laisserai tout sur l'ancien pied jusqu'à ce que la possibilité d'un mieux réel me soit démontrée, afin de ne pas tourmenter mes sujets inutilement. Toi qui changes tout, qui as la fureur d'innover, apprends que pour nous autres princes les demi-connoissances, les demi-talens sont un écueil, et pour nos peuples un fléau ».

De retour de son premier voyage, Ferdinand s'abandonna pendant quelques jours à une rêverie continuelle. Sans cesse occupé à relire les observations qu'il avoit faites sur ce qu'il avoit vu et entendu, on le vit plusieurs fois donner des marques de sensibilité. Il versoit des larmes sur le sort de ses sujets ; et supérieur à toute espèce d'affectation, il ne cherchoit point à les cacher. « Ah ! disoit-il, mon voyage n'a servi qu'à me faire connoître la profondeur de mon ignorance. On ne m'a pas élevé comme j'aurois dû l'être. C'est maintenant que je sens à quel point l'instruction m'a manqué. Je donnerois tout ce que je possède pour qu'il fût encore temps d'acquérir les connoissances qui font les bons rois ; celles qui me mettroient à portée de rendre mes sujets heureux. Je les aime, je sais que j'en suis aimé sans l'avoir mérité, autrement que par une volonté stérile ».

Cependant le voyage d'Italie produisit en Ferdinand un changement visible. Son esprit, exercé par la comparaison, devint plus actif. Depuis cette époque, ce qu'il fait de son propre mouvement est ordinairement bien. Ses dépêches sont simples, mais claires, mais marquées au coin du sens le plus droit. Ce qu'il imagine vaut toujours mieux que ce que les autres lui suggèrent. Ainsi c'est à lui que l'on doit le peu de bien qui s'opère dans le royaume; et s'il avoit assez de fermeté pour se défendre des piéges que lui tendent la reine et ses indignes ministres, on peut assurer qu'il n'y auroit point d'état mieux gouverné que la Sicile.

## Le Protégé d'Acton.

Il n'existe point d'homme sur qui la prévention ait plus d'empire que sur le général Acton. Je l'ai vu protéger les plus grands frippons, parce qu'il n'a jamais su distinguer la réalité d'avec l'apparence. Parmi une foule de traits de cette espèce, je n'en citerai qu'un. Premier ministre, tout puissant sur l'esprit de la reine, il se laisse également gouverner par des favoris.

Antoine Tavola, né à Vicence, étoit connu à Naples par des escroqueries multipliées. Il étoit protégé par un lieutenant-colonel qui jouissoit de la faveur du général ou plutôt du ministre brigand Acton. Diverses personnes que Tavola avoit trompées s'adressèrent à lui pour être payées ou vengées, et le supplièrent de donner des ordres pour l'arrestation de ce fourbe. Le ministre n'écoutant que son favori, résistant à l'évidence, ne permit point que Tavola fût traduit en justice. Non-seulement il continua de le protéger, mais encore il osa tenter de l'excuser.

Lorsque l'abbé Fortis arriva à Naples où le roi l'avoit appellé, le favori d'Acton lui recommanda Tavola, et le pria de lui procurer de l'emploi. L'abbé le refusa, en alléguant que cet homme ayant été chassé de son pays pour des fripponneries, il lui étoit impossible de se mêler de lui. Le lieutenant-colonel insista, et se permit de dire qu'en supposant que les *espiégleries* de Tavola fussent prouvées, elles devenoient graciables parce qu'il n'avoit pas eu d'autres moyens pour subsister. Fortis, indigné, lui répondit : *je ne vois point de nécessité que les*

les coquins vivent. Ne vaudroit-il pas mieux pour cet homme qu'il se jettât dans la mer, que de subsister de la manière dont il le fait?

Tel est Acton, premier ministre des Deux-Siciles ; tels sont ceux qui l'entourent, et qu'il protège à la honte de l'humanité.

―――――――

### L'Abbé Galliani.

LE plus intéressant des Italiens que j'aie connu à Paris, où il étoit en qualité de secrétaire de la légation du roi de Naples. Ses qualités personnelles, ses connoissances littéraires, ses ouvrages sont trop connus pour que je les rappelle ici. Quelques anecdotes suffiront pour donner une idée du caractère vraiment original de cet homme aimable et singulier que les lettres ont perdu au mois d'octobre 1787.

Il dînoit un jour chez le marquis Tanucci. Au nombre des invités, se trouvoit le père Trauzano, jacobin, très-pédant, très-dogmatique, enfariné de scholastique, et l'un des plus mauvais prédicateurs de l'Italie. Faites-moi le plaisir, dit un des convives, d'approcher ce plat de *coïoni*, ce mot ne peut se rendre en françois que par celui de *test*...... Quelle expression indécente, s'écria le moine ! Ne vaudroit-il pas mieux donner à ce mets le nom de *granelli* ? ( petits grains ) Qu'en dites-vous, abbé *Galliani* ? — Ni l'un ni l'autre, mon révérend père. Ce plat seroit plus décemment nommé si on l'appelloit *Trauzani*. Quel moment choisissez-vous pour m'offenser, dit Trauzano avec une fureur concentrée ? Galliani, imitant alors le ton pédantesque du moine, lui repart gravement : *non per qualitatem, sed per positionem, quia positi sunt Trauzianum.* Le marquis Tanucci, malgré le sérieux de son caractère et la gravité qu'il affectoit, ne put retenir un léger sourire ; aussi-tôt un éclat de rire général couvrit le moine d'une confusion bien méritée.

Les souffrances, les approches d'une mort lente ne purent affoiblir la gaieté de Galliani. Il la conserva jusqu'au dernier moment ; souvent il fit succéder le rire aux larmes qu'arrachoit à ses amis la crainte de le perdre. En voici une preuve ; c'est lui qui parle :

« Dans mon jeune âge, on m'appelloit le petit Ferdinand. Un évêque, ami de mon père, lui dit : je ferai volontiers un tour de promenade avec mon petit Ferdinand. Mon père, enchanté de l'honneur que me vouloit faire le saint prélat, me dit d'un ton pénétré : va, mon enfant, suis ce digne pasteur, il te guidera dans le sentier de la vertu. J'obéis ; et Monseigneur, après un préambule très-flatteur, me déclara qu'il avoit conçu pour moi la passion la plus vive. Ses gestes ajoutoient à l'énergie de son discours. J'avois alors dix-sept ans, âge bien scabreux lorsque la nature nous a doué d'une figure aimable. Mais à cet âge même j'étois très-laid, et ne pouvois concevoir la possibilité de cette ardeur si vive. Monseigneur, répondis-je bien doucement, la passion de votre grandeur me paroît franchir les bornes du possible. Mon amour-propre en seroit d'autant plus flatté, que cela donneroit un démenti formel aux glaces sur lesquelles j'ose à peine jetter les yeux. Qui donc en moi a pu la faire naître ? — Je vais te le dire, mon cher petit Ferdinand. Ce n'est pas la beauté corporelle qui m'attache à toi. C'est le tour de ton esprit, sa vivacité, son brillant ; ce sont les connoissances que tu as su acquérir dans un âge si voisin de l'enfance. Tels sont, mon ami, les attraits qui m'ont séduit..... »

Ainsi, dit en riant le mourant Galliani, la lecture des OEuvres de Virgile, d'Homère, de Démosthènes, d'Horace, de Ciceron, etc. me valut l'honneur d'être... aimé par un évêque. Digne récompense de tant d'assiduité ! O destinée !!!

Deux jours avant sa mort, il fit venir son maître-d'hôtel, et lui demanda des nouvelles d'un cheval qu'il lui désigna. Cet homme lui répondit qu'il avoit été vendu le matin même. Le ciel en soit loué ! dit le moribond ; et se tournant vers ses amis, parmi lesquels étoit le docteur Gatti : quel pensez-vous que puisse être le motif qui m'a fait m'informer de ce cheval *que l'on a vendu par mon ordre ?* Ne croyez pas que ce soit le besoin d'argent : j'en ai ; et la ressource eût été trop foible si j'en avois manqué. Je ne m'en suis défait, mes amis, que parce qu'il me gênoit dans mes dispositions testamentaires. Je ne savois en quelle classe le ranger. Dans mes effets ? il a encore quelqu'espèce de mouvement. Parmi les meubles? il donne rarement quelques signes d'existence. Cela eût pu faire naître des contestations entre mes héritiers, et je veux leur éviter matière à discussion.

Le chevalier Gatti dit à Galliani, le soir qui précéda sa mort: « voyez, mon cher abbé, combien je vous suis attaché. L'ambassadrice de France m'avoit demandé pour être dans sa loge à l'opéra : j'ai refusé ; j'ai préféré vous tenir compagnie ». Et vous prétendez à un remerciement? lui répondit-il. Est-ce parce que, me regardant comme Arlequin dont les lazzi vous égaient plus que les concetti de l'opéra, vous êtes venu chercher ici le dernier amusement de ce genre que je puisse vous fournir?

Le testament de Galliani porta l'empreinte de l'originalité qui l'avoit caractérisé toute sa vie. Il légua une épée qu'il disoit avoir appartenue à César Borgia, duc de Valentinois, au prélat Gaëtani, à condition de la payer à ses héritiers cent onces d'or; et dans le cas où il n'accepteroit pas ce legs, ou feroit difficulté de le payer la somme fixée, il lui substituoit l'impératrice de Russie. Son musée fut laissé au roi de

Naples, son souverain, mais avec la clause de le payer six mille ducats, monnoie de Naples. Le général Acton se présenta chez lui, peu de momens avant sa mort. Lorsqu'on le lui annonça, il répondit : dites à son excellence que ma voiture est prête ; mais aussi que l'on ne tardera pas à préparer celle destinée pour M. le général.

Galliani occupoit une des premières places dans le conseil d'économie et dans celui des finances. Ses émolumens équivaloient à 27,000 liv. de France, sans y comprendre les revenans-bons. Malgré cette faveur de la fortune, il éprouvoit quelquefois de la pénurie, parce que l'entretien de sa maison, celui de sa bibliothèque et les dépenses de fantaisies absorboient ses revenus. On connoît en France ses dialogues sur les grains, ouvrage dans lequel se peint toute la gaieté de son caractère. Quoiqu'il parlât souvent de la manière dont on doit gouverner, ses discours prouvoient qu'il ne connoissoit que très-superficiellement cet art si difficile. Son axiome favori, que je ne rapporte que pour faire connoître le tour de ses idées, étoit : « lorsque les habitans d'un pays sont toujours de bonne humeur, et que les fonctions animales vont leur train, on peut assurer que le gouvernement est bon ». Je lui répondis un jour que dans la Hesse, ainsi qu'en Pologne, où le peuple est esclave, j'avois été à portée de me convaincre du contraire, aux dépens de mon odorat.

Galliani étoit l'homme le plus spirituel des Deux-Siciles, mais il étoit aussi l'homme dont les mœurs etoient le plus corrompues. Tout lui sembloit permis pourvu que le succès justifiât l'action. Devenu très insouciant, il n'existoit que pour satisfaire ses goûts et ses penchans. Il étoit persuadé que les hommes ne valoient pas la peine que l'on s'occupât de leur bonheur. Dans les conseils il se rangeoit toujours du côté du despotisme, et personne n'aima autant que lui le gouvernement arbitraire.

Jamais homme ne recueillit autant d'anecdotes; jamais personne ne sut les conter avec autant de grace. Il réunissoit la plaisanterie et la polissonnerie à un degré rare. On parloit devant lui de la manière dont l'abbé Raynal savoit narrer un conte, et l'on ajoutoit qu'il avoit soin d'observer les loix de la décence. Raynal, dit Galliani, Raynal peut faire dix fois le même récit à la même personne ; pour moi, je tiens pour j. f. celui qui osera dire m'avoir entendu répéter deux fois la même chose, quoique j'aie fait à Paris des millions de récits. Ce propos fut tenu chez le célèbre Helvétius.

Galliani conserva sa mémoire jusqu'au dernier instant, et termina sa carrière sans avoir donné le plus léger indice de tristesse. Ses neveux ont hérité de ses biens seulement.

## La Sainte Démasquée.

Pendant mon premier séjour à Naples, il y avoit une femme connue sous le nom de la *Sainte des Pierres.* Vénérée des crédules Napolitains, elle jouissoit des prérogatives de la sainteté. Elle se disoit atteinte de la gravelle et faisoit semblant de rendre des pierres par les voies supérieure et inférieure. Cottugno, médecin, très-savant philosophe, d'un mérite extraordinaire, voulut voir cette femme. Quelques momens lui suffirent pour se convaincre de la fourberie imaginée par la prétendue sainte et propagée par un chirurgien qu'elle avoit mis dans sa confidence. Comme le miracle se renouvelloit tous les jours, sa réputation augmentoit en proportion; une foule de personnes de tous rangs venoient la voir; on se recommandoit à ses prières; on la supplioit d'obtenir du ciel tantôt une faveur, tantôt une autre. Supérieurement instruite, elle jouoit son rôle en personne du métier. S'anéantir devant le seigneur, s'humilier devant les hommes, faire constamment toutes les singeries qui peuvent en imposer aux ignorans dont le nombre est considérable dans ce royaume, où la culture de l'esprit est presqu'inconnue, telle étoit l'occupation constante de cette béate. Les personnes les plus qualifiées venoient présenter leurs hommages à la sainte qui savoit très-bien répondre à leurs questions, et d'autant mieux, qu'on n'approchoit point d'elle sans lui offrir de l'argent ou des présens qu'elle recevoit en toute humilité et pour l'amour du seigneur.

Ce qui m'a le plus révolté dans cette affaire, çà été de voir que le gouvernement ait souffert cette imposture sans se mettre en peine de la démasquer. Les ministres en parloient, on en faisoit des contes à la cour; le petit nombre s'en moquoit, mais la plupart ajoutoient foi à cette fourbe grossière digne des tréteaux. Ceux qui ne croyoient pas à la réalité du miracle se laissoient aveugler au point de ne pas comprendre le mal qui pouvoit résulter de ce mensonge continuel ; ils ignoroient l'empire qu'une femme adroite pouvoit s'arroger sur des esprits crédules à l'aide de ses directeurs, et dans un pays où les préjugés sont en raison de l'ignorance. La cour, les ministres fermèrent les yeux à l'envi ; et la sainte, en liberté de capter les esprits, acquéroit un crédit presqu'aussi grand, mais à coup sûr aussi bien fondé, que celui du sang de Saint-Janvier. Enfin, si le médecin Cottugno, guidé par l'amour de la vérité, n'eût pris soin de démasquer cette imposture, elle se seroit perpétuée au point d'attirer à cette fourbe insigne les hommages de ses contemporains, et peut-être ceux des générations futures.

Il ne fut pas aisé à Cottugno de dessiller les yeux des Napolitains. Les complices de la sainte avoient pris des mesures qui leur paroissoient certaines pour que la fourberie ne pût être découverte. L'intérêt est un puissant mobile.

Connoissant les jeux, les écarts, et presque les secrets de la nature, Cottugno ne pouvoit croire aux rapports journaliers d'un fait qui passoit les bornes de son pouvoir. Il se ménagea un entretien avec le chirurgien et voulut le rappeller aux principes de l'honneur, de la religion, à ceux de son intérêt propre. Il lui offrit de récompenser le sacrifice qu'il feroit à la vérité. Tout fut inutile. Cottugno ayant échoué dans cette entreprise, n'eut recours qu'à lui-même.

S'étant procuré plusieurs pierres que la sainte avoit rejettées, il les examina, et se convainquit que les unes étoient terre calcaire, d'autres, pierres-ponces, et toutes enfin du genre de celles que l'on trouve communément dans les environs de Naples.

Muni de ces témoins muets, mais irrécusables, il parla de nouveau au chirurgien que les reproches et les menaces n'ébranlèrent pas plus que ne l'avoient fait les promesses.

Cette farce étoit jouée au grand hôpital. Cottugno y parut un jour accompagné de plusieurs médecins et chirurgiens. On visita les excrémens de cette créature et l'on y trouva quatorze pierres. Cottugno la fit séparer des autres malades, et les pierres continuèrent de se trouver dans le bassin. Il la fit veiller par ses élèves ; et quoiqu'elle fût observée avec la plus scrupuleuse exactitude, elle continua son manège pendant vingt-huit jours. Le nombre des pierres varioit, mais elles étoient toutes de la même qualité et rendues de la même manière. Enfin, un des jeunes gens qui l'observoient s'apperçut qu'elle tenoit habituellement ses mains dans ses poches, et l'obligea à les tenir toujours dehors. La sainte, contrariée dans ses projets, demanda une prise de tabac; aussi-tôt qu'on la lui eut donnée, elle reprit pour un moment son attitude favorite, et, sous prétexte de respirer le tabac, elle mettoit des pierres dans sa bouche avec une dextérité admirable. Cependant, le jeune élève s'en apperçut, et la saisissant à la gorge, il fit entrer plusieurs femmes qui, d'après ses ordres, la dépouillèrent des vêtemens qui la couvroient. On trouva un petit sac cousu à sa chemise, dans lequel étoient cinq cent seize petites pierres. L'espèce d'amulette qu'elle portoit à son cou, et qui jusqu'alors avoit été prise pour un reliquaire, en receloit environ six cents.

Cette sainte de fabrique nouvelle avoit une malle énorme remplie d'argent, de vaisselle, de linge et autres effets qu'elle avoit su extorquer des Napolitains crédules. Cette histoire se répandit en un instant. Je la tiens de Cottugno lui-même qui la raconta chez le duc de Belfort où je le trouvai. Il faut avouer que de toutes les grandes villes de l'Europe, Naples est peut-être la seule où une fable de cette espèce ait pu avoir cours et durer aussi long-temps.

*Traits caractéristiques du Roi de Naples.*

J'AI pris avec moi-même l'engagement de faire connoître les mœurs et le caractère de plusieurs souverains de l'Italie; mais je crois devoir varier mes tableaux, afin de jetter dans cet ouvrage l'agrément qui naît de la diversité.

On a dû, sur ce que j'ai dit du roi de Naples, se former une idée de son caractère. Esprit juste, mais sans culture; sens droit; cœur excellent, mais foible, mais entraîné par l'habitude des amusemens, et sur-tout par sa passion pour la chasse. Ferdinand retombe souvent dans une nullité morale que l'on ne peut assez déplorer. En voici quelques traits.

Au mois de janvier, année 1788, Ferdinand tenoit dans Caserte un conseil d'état. La reine, le ministre Acton, Caraccioli et quelques autres y assistoient. Il s'agissoit d'une affaire de la plus grande importance. Au moment de la discussion, on entendit frapper à la porte. Cette interruption surprit tout le monde, et l'on ne pouvoit concevoir quel homme étoit assez hardi pour choisir un moment tel que celui-là : mais le roi s'élança à la porte, l'ouvrit et sortit. Il rentra bientôt avec tous les signes de la plus vive joie, et pria que l'on finît très-vîte parce qu'il avoit une affaire d'une toute autre importance que celle dont on s'entretenoit. On leva le conseil, et le roi se retira dans son appartement pour se coucher de bonne heure, afin d'être sur pied le lendemain avant jour.

Cette affaire à laquelle nulle autre ne pouvoit être comparée, étoit un rendez-vous de chasse. Ces coups donnés à la porte de la salle du conseil étoient un signal convenu entre le roi et un piqueur, qui, selon ses ordres, étoit venu l'avertir qu'une troupe de sangliers avoit été vue dans un endroit de la forêt à l'aube du jour, et qu'ils se rassembloient chaque matin au même lieu. Il est clair qu'il falloit rompre le conseil pour se coucher d'assez bonne heure, pour être en état de surprendre les sangliers. S'ils se fussent échappés, que devenoit la gloire de Ferdinand?

Une autre fois, dans le même lieu et dans la même circonstance, trois coups de sifflet se firent entendre. C'étoit encore un signal entre le roi et le piqueur. Mais la reine et ceux qui assistoient au conseil, ne prirent pas cette plaisanterie en bonne part. Le roi seul s'en amuse, ouvre promptement une fenêtre, et donne audience à son piqueur qui lui annonce une pose d'oiseaux, ajoutant que sa majesté n'avoit pas un moment à perdre si elle vouloit avoir le plaisir d'un coup heureux.

Ce dialogue terminé, Ferdinand revient avec précipitation et dit à la reine : ma chère maitresse, préside à ma place et finis comme tu l'entendras l'affaire qui nous rassemble.

Il existe entre le roi de Naples et le margrave d'Anspach, une correspondance intime et suivie sur tout ce qui est relatif à la chasse. Chacun de ces princes tient un registre exact dans lequel sont inscrits jour par jour, heure par heure, les hauts faits qui les illustrent. Pendant le différend qui brouilla les deux monarques, rois d'Espagne et de Naples, Ferdinand eut grand soin de se procurer le journal des chasses de son père, et envoya toujours exactement le sien à sa majesté catholique. La politique n'influa jamais sur des objets si chers à tous deux. Les journaux étoient constamment remplis de la liste des bêtes fauves sacrifiées à l'amusement du monarque; le gibier et les volatiles n'étoient pas oubliés. On y décrivoit les difficultés qu'il avoit fallu surmonter, on y faisoit mention du nombre des personnes qui avoient accompagné le roi, et mention honorable de ceux qui, après lui, s'étoient le plus distingués.

Ferdinand préféroit la relation des chasses du margrave à celles du roi d'Espagne. La raison

raison en est simple. Plus adroit ou plus heureux que le margrave, il le surpassoit; tandis que le roi d'Espagne le devançoit dans cette science inventée par le besoin, conservée par l'orgueil, et devenue par la série des temps et des choses le fléau des habitans de la campagne.

La relation des prouesses du roi de Naples étoit plus volumineuse que celle du margrave, et les caméléons de sa cour ne manquoient jamais de flatter sa manie en lui décernant le prix de la science et de l'habileté; et disant que le roi son père ne l'emportoit sur lui que par l'immense étendue de ses forêts.

Parmi les anecdotes auxquelles la chasse a donné lieu, il en est que je vais rapporter parce qu'elles sont assez plaisantes, et qu'elles font connoître la gaîté de caractère et la bonté du cœur de Ferdinand.

Une pauvre femme le rencontra dans la forêt. Elle ne le connoissoit point et paroissoit fort affligée. Le monarque l'interrogea. Elle lui dit qu'elle avoit sept enfans, qu'elle étoit nouvellement veuve, et que sa petite possession venoit d'être ravagée par la meute du roi. « Qu'il est dur, ajouta-telle, d'avoir pour souverain un chasseur dont les plaisirs coûtent des larmes à ses sujets ! Pourquoi ce balourd vient-il dévaster mon champ ? » Ferdinand lui répondit que ses plaintes étoient justes, et que lui étant au service de sa majesté, ne manqueroit de l'en informer en supprimant cependant les injures qu'elle s'étoit permises. « Dis tout ce que tu voudras, lui répondit cette femme, cela m'est égal ; car je n'espère rien de ce drôle ». Le roi l'accompagna jusqu'à sa chaumière. Il voulut voir le dégât qu'il avoit causé ; il en fit l'estimation d'après la prisée de deux paysans voisins de cette femme et qui ne le connoissoient pas plus qu'elle. Ensuite, tirant de ses poches tout l'argent qu'il y avoit, il récompensa les deux arbitres, et donna le reste à la veuve qui fut indemnisée bien au-delà du dégât dont elle s'étoit plainte.

Le plaisir de la chasse n'est pas le seul dont Ferdinand jouisse au fond des forêts qu'il parcourt. Il a fait construire dans chaque canton de grandes baraques dont l'intérieur offre un ameublement simple, mais commode. Ses proxénètes y conduisent de jeunes et jolies paysannes. Il a soin de recommander aux ministres de ces boudoirs champêtres de se conduire avec tant de discrétion que la reine ne puisse en être instruite. L'un d'eux à qui il recordoit sa leçon, lui répondit : à quoi bon tant de mystère, puisque la reine s'amuse autant, et souvent plus que votre majesté? — *Tais-toi, tais-toi ; il faut la laisser faire; cela croise les races.*

Le proxénète avoit raison. Marie-Caroline a une foule d'amans, si l'on peut donner ce nom aux ambitieux qui l'entourent. Parmi cette foule elle en distingue trois : le premier est le général Acton ; le second, le duc Della Regina, l'homme le plus stupide du royaume, mais taillé en Hercule : il est marié, et sa femme entretient publiquement un favori ; le troisième est Pic d'Auceni, célèbre en Italie pour l'invention des ballets : mais Acton l'emporte sur tous ses rivaux. Indépendamment des trois personnages que l'on vient de nommer, sa majesté en soudoie un grand nombre de subalternes, ce qui la réduit presque toujours à une pénurie dont la cause est aussi honteuse que l'effet en est triste pour le peuple.

## L'Envoyé d'Angleterre.

Parmi les ministres des puissances de l'Europe qui résident à Naples, il n'en est pas un qui puisse être comparé au chevalier Hamilton. Ce nom seul est un éloge. Ses ouvrages, son mérite littéraire sont trop connus pour en parler. Je ne veux fixer les regards du lecteur que sur l'intérieur de la maison de cet homme célèbre.

Hamilton avoit un neveu, qui venoit de retirer du plus fameux couvent de Londres une orpheline charmante, qui réunissoit aux agrémens de l'esprit les dispositions les plus heureuses pour les talens agréables. Il la reçut dans sa maison, lui donna les maîtres nécessaires pour qu'elle devînt un jour tout ce qu'elle promettoit d'être. Elle répondit parfaitement à l'attente de son amant. L'étude de la danse, la musique, le dessin, l'histoire, la géographie, une teinture de poésie remplirent tous ses momens. Son esprit et son cœur se formèrent, et son extérieur acquit cette aisance et cette noblesse que la nature peut donner, mais dont le développement tient à l'éducation la plus soignée.

Tant de dépenses ajoutées aux dépenses ordinaires altérèrent la fortune du neveu d'Hamilton. Le dérangement de ses affaires le força aux plus grandes réformes.

Cette fille, qu'il avoit accoutumée à la splendeur, devenoit pour lui un fardeau qu'il n'étoit plus en état de supporter. Ne voulant point la restreindre, et moins encore la rendre à la maison d'où il l'avoit tirée, il consentit à se séparer d'elle pour toujours. Il écrivit au chevalier Hamilton, son oncle, et lui proposa de se charger de cette enchanteresse; il la lui présenta comme très-propre à dissiper les ennuis de sa vieillesse, et comme une distraction nécessaire à des études auxquelles il s'adonnoit avec excès. L'envoyé d'Angleterre accepta la proposition; la jeune personne partit de Londres, arriva à Naples, et fut reçue par Hamilton comme un père reçoit une fille chérie.

Elle devint le sujet de toutes les conversations, parce qu'elle étoit celui de l'étonnement général. Figure charmante, voix céleste, esprit, talens de tous genres; et sur-tout celui plus rare d'allier l'affabilité avec la dignité, la sensibilité avec la retenue; cette sirène réunit tout ce qui peut inspirer l'amour, commander l'estime, et même le respect.

Le chevalier Hamilton, malgré ses cinquante-huit ans, malgré sa passion pour l'étude, en devint amoureux. Six semaines suffirent pour le subjuguer et pour altérer tellement sa santé qu'il n'étoit plus reconnoissable. Histoire naturelle, antiquités, tout fut délaissé, oublié. Hamilton ne sentoit que l'amour, ne savoit exprimer que l'amour. Il déclara publiquement que s'il pouvoit avoir un fils, il légitimeroit une union à laquelle tenoit absolument son existence.

Depuis ce temps, l'hôtel d'Hamilton, séjour des sciences, est devenu celui des graces et des plaisirs. Le chevalier n'a songé qu'à réunir tous les amusemens, à les enchaîner près de sa maitresse. Souveraine dans sa maison, elle en faisoit les honneurs; elle recevoit les visites en son absence, et savoit dire à chacun si précisément ce qu'il convenoit, qu'on ne pouvoit la quitter sans desirer de la revoir encore.

Hamilton habite le plus souvent à Caserte, parce qu'il aime la chasse, ce qui l'a mis fort avant dans les bonnes graces du roi qui l'invite toujours à ces sortes de parties. Lorsqu'il n'y a point de chasse, ou que les devoirs de sa place ne le retiennent pas dans son cabinet, le grave Hamilton parcourt avec sa déesse les jardins de Caserte, et souvent y rencontre la famille royale. La reine s'est avisée d'en paroître fâchée : et depuis les promenades fréquentes qu'il s'est permises, sa majesté ne lui témoigne plus le même empressement. Hamilton s'en console aisément. Cette conduite de la reine, comparée à ses débordemens, peut paroître singulière ; mais on sait que, se livrant à tous les écarts, elle respecte assez les vertus qu'elle n'a point pour éloigner des princesses ses filles tout ce qui pourroit frapper leur imagination. Elle a même fortement intrigué pour perdre Hamilton dans l'esprit du roi ; mais son crédit a échoué contre le goût de la chasse qui les unit et les rassemble.

Hamilton devenu père a tenu sa parole. Il a épousé sa divinité publiquement, et a dit qu'un assemblage de talens et de perfections aussi rares étoit préférable à la noblesse la plus ancienne et la plus illustrée. La figure de madame Hamilton est en effet charmante. Sa taille est au-dessus de la médiocre et dans les plus exactes proportions, mais au-dessus de toute description ; son esprit, son caractère et ses mœurs actuelles, tout en cette femme est aussi extraordinaire que sa destinée.

―――――

### Le Bal de Cour.

Le quatre janvier, année 1788, on donna un grand bal à la cour, où tous les étrangers présentés furent invités. J'ai assisté à quelques-unes de ces fêtes, et je puis assurer que les personnes délicates n'en auront pas été fort contentes. Il n'y a point de pays où les femmes de qualité soient aussi mal élevées, et sur cet article les hommes ne leur en cèdent guère. Dépourvus d'agrémens, de graces, les deux sexes n'offrent à Naples aucunes de ces qualités extérieures qui attirent les étrangers et les portent à l'indulgence sur ce qui peut leur manquer d'ailleurs. S'il est quelques exceptions, elles ne concernent que les étrangères que des affaires ou le cours de leurs voyages conduisent à Naples.

On avoit alors réformé les bataillons des Liparotes et des cadets ; et l'on se proposoit de réformer aussi les deux régimens des gardes italiennes et suisses. Une foule d'officiers, mécontens de la reine que l'on savoit être l'unique cause de ces réformes, remplissoit les appartemens. Le général Salis et sa suite, composée d'officiers étrangers, avoit déjà commencé à réformer la tactique et à changer la discipline des armées siciliennes, ce qui ajoutoit aux murmures.

Le roi avoit paru au commencement du bal ; mais fatigué de la chasse aux perdrix, et desirant de jouir le lendemain du même amusement, il se retira de bonne heure, et laissa la reine en liberté de se livrer à ses goûts et d'exécuter un projet qu'elle avoit formé. On va voir jusqu'à quel point les princesses autrichiennes sont capables de porter l'impudence.

Instruite des murmures qu'excitoit sa conduite privée, et sur-tout du mécontentement des officiers des deux régimens des gardes, elle voulut s'excuser près d'eux et faire tomber leurs ressentimens sur le baron de Salis.

Choisissant un moment où seize de ces officiers l'entouroient dans le grand sallon, elle envoya chercher le baron de Salis, qui jouoit tranquillement au wisth dans une pièce écartée, et l'apostropha ainsi dès qu'il parut : « N'est-il pas vrai, monsieur le baron, que vous avez proposé la suppression de tous les corps privilégiés de nos armées? » Salis ne répondit que par une révérence. Il a dit depuis à plusieurs personnes que son silence avoit été l'effet des égards qu'il conservoit encore pour la reine de France. Marie-Caroline, forte de cette condescendance, reprit : « pourquoi donc, monsieur le général, avez-vous dit ( le général n'avoit pas dit un mot de cela ) que je suis l'auteur de toutes ces suppressions, de toutes ces réformes »? Salis fit une seconde révérence beaucoup plus profonde que la première, et s'éloigna. Alors la reine se tournant vers les officiers qu'elle vouloit regagner, osa dire : « c'est ainsi que l'on confond les calomniateurs ».

On peut croire aisément que cette scène interrompit les plaisirs. La colère et l'audace éclatoient dans les yeux de la reine, et l'on craignoit qu'elle ne se livrât à une suite d'extravagances. Le bal ne cessa point; mais la tristesse, la crainte et l'ennui y présidèrent.

On m'a certifié que le baron de Salis conserva toute sa présence d'esprit, et qu'il resta au bal jusqu'à la fin. Il reprit sa partie de jeu et se conduisit comme il avoit coutume, sans marquer de chagrin ni affecter une gaîté qu'il ne pouvoit ressentir.

Le lendemain, étant avec le marquis de Montdragon, la conversation roula sur la botanique. Le baron de Salis dit qu'il l'aimoit beaucoup, et que, prévoyant que son séjour à Naples seroit de quelques années, il se proposoit de louer une maison de campagne avec un jardin spacieux, où il rassembleroit toutes les plantes indigènes, tous les arbres et les arbustes des Deux-Siciles. Je veux, ajouta-t-il, en faire un jardin de botanique regnicole.

Le peu de ressentiment que témoigna Salis relativement à la scène de l'impudente Marie-Caroline, avoit fait penser aux courtisans que c'étoit un jeu concerté entre elle et lui afin de la justifier dans l'esprit du public. Mais la suite fera voir qu'elle seule étoit coupable.

La cour et la ville informées de ce qui s'étoit passé la veille au bal, se permettoient d'en raisonner assez haut. Le baron de Salis, malgré sa modération et l'indifférence apparente avec laquelle il avoit reçu cette injure, en fut assez affecté pour offrir la démission de tous ses emplois. Il imagina d'abord avoir obligation de cette scène à un ennemi secret; cette idée le porta à le démasquer quoiqu'il l'eût épargné jusqu'alors, et qu'il n'eût pas même fait semblant de l'avoir connu. Nous dirons ce qu'étoit cet ennemi.

Il desira d'avoir une explication avec la reine, et ne put l'obtenir; mais le roi lui accorda deux longues audiences et le ministre Acton un entretien, ce qu'il dut à l'intervention de l'ambassadeur de France, et sur-tout à la femme de ce ministre qui possède au souverain degré les talens de l'intrigue. Brissac, qui étoit la cause de cette scène, fut arrêté par ordre du roi, renfermé au château de l'OEuf dont il ne sortit que pour être conduit aux confins du royaume de Naples.

Le roi se conduisit très-bien dans toute cette affaire et marqua la plus grande fermeté. Il fit venir le ministre Acton ; et prenant le ton absolu, lui ordonna d'écrire au baron de Salis, et de prendre garde, sous peine de son indignation, de changer un seul mot à ce qu'il lui dicteroit. Voici le billet adressé au baron.

Excellence,

J'ai présenté au roi les deux mémoires que votre excellence m'a remis le 5 et le 10 du courant ; et j'ai ajouté verbalement tout ce qui convenoit aux circonstances, afin que sa majesté fût exactement informée de ce qui vous est arrivé. J'ai aussi mis sous les yeux de la reine ce que votre excellence a jugé à propos de me dire pour la détromper relativement à ce qui lui avoit été rapporté, comme entiérement opposé à la vérité. Le roi m'a ordonné d'assurer votre excellence par cet écrit, servant de réponse aux deux mémoires présentés en son nom, qu'elle a été singuliérement étonnée en apprenant les discours fort éloignés de la vérité qui ont été tenus, ainsi que le désagrément qu'ils vous ont causé. Le roi veut que je renouvelle à votre excellence les témoignages les plus assurés de son estime la mieux sentie, que rien jusqu'ici n'a pu altérer dans son cœur; ainsi que la satisfaction qu'il éprouve des services que vous avez commencé à lui rendre avec autant de zèle que d'activité, et dont sa majesté attend la continuation.

Par ordre du roi, j'ajoute les sentimens particuliers de sa majesté la reine, avec sa déclaration expresse qu'elle est complétement détrompée des impressions fausses qu'on lui avoit données sur le compte de votre excellence. Mon auguste souveraine desire que votre excellence oublie le passé, et veuille bien être persuadée qu'elle a pour M. le général les mêmes sentimens qui animent le roi.

Mon souverain m'ordonne de prévenir votre excellence que les auteurs des imputations calomnieuses dont il s'est plaint avec justice seront punis. Les ordres les plus précis sont donnés à cet égard. Je fais profession d'être avec beaucoup de respect,

de votre excellence,

le, etc. JEAN ACTON.

*Caserte, ce 14 février 1788.*

La publicité de ce billet, qui fut inséré

dans toutes les gazettes, en alimentant la curiosité des oisifs, ne servit qu'à réveiller la haine et le mépris que la reine s'étoit déjà attirés par sa conduite scandaleuse. La détention de Brissac, l'une de ses créatures les plus affidées, son émissaire secret et son amant connu, lui causa une douleur bien vive. Elle lui écrivoit tous les jours, et le combloit de présens. Il tenoit table dans sa prison, et c'étoit la reine qui en faisoit la dépense. Ferdinand, instruit de cette conduite, frémissoit de colère. Il envoya chercher le ministre de l'empereur, et le pria de faire sentir à la reine jusqu'à quel point elle portoit le déshonneur dans sa maison. Je sais que ce ministre, homme prudent et sage, répondit à quelqu'un qui le prioit de mettre toute la chaleur possible dans ses représentations : « vous ne pouvez vous former une idée juste de l'obstination et de la tenacité de cette femme. Elle ne veut rien entendre ; toutes les furies qui l'entourent, et qui mériteroient d'être fustigées publiquement, ont seules le droit de s'en faire écouter ; elles lui répètent sans cesse que la condescendance est une foiblesse, et que la fermeté légitime tous les caprices, toutes les actions ».

La reine se renferma chez elle pendant quelques jours, et refusa de voir le roi. Il y eut pendant ce temps des pourparlers, où le ministre de Vienne joua le plus pénible rôle. Avant que le billet, que j'ai inséré, parvînt au baron de Salis, Acton passa chez la reine et le lui montra, en l'assurant qu'il étoit prêt à désobéir au roi et à donner sa démission. Les confidentes de ce couple méprisable la déterminèrent à permettre qu'Acton envoyât le billet; elles lui dirent que s'il quittoit le ministère, il pourroit arriver que son successeur fût moins dévoué à ses volontés. Elle se rendit enfin ; Acton eut permission d'obéir à son souverain.

Cet effort augmenta la fureur de Marie-Caroline, qui s'enferma de nouveau avec ses confidentes, et ne reçut personne. Le roi se présenta, et n'eut pas le privilège d'être admis. Alors ce monarque, justement indigné, donna des ordres pour que les portes fussent enfoncées ; mais les courtisans le fléchirent à force de prières. Cependant ils ne purent empêcher que dans la véhémence de sa colère il ne s'écriât pas assez haut pour être entendu de la chambre où se tenoit la reine : « Malheur à la mémoire de ta mère lorsqu'elle accoucha de toi, monstre infernal ! Malheur, malédiction à ton perfide frère ! tous deux sont la cause de mon déshonneur et de la ruine de mes pauvres sujets. Ce n'est point une reine, une épouse, une mère que l'Autriche nous a donnée, c'est une furie, une mégère, une messaline qu'elle a vomie dans sa colère et lancée parmi nous ».

Acton sentit alors qu'il falloit servir la reine malgré elle. Il introduisit le ministre de l'empereur; et l'on parvint enfin à convaincre cette princesse qu'elle devoit faire ouvrir au roi. Cette obéissance tardive et forcée parut appaiser le foible monarque, qui n'entra point chez sa femme.

## Eclaircissemens.

La reine n'avoit jamais aimé les corps privilégiés des armées napolitaines. La résidence de leurs officiers à la cour lui faisoit ombrage, et les conseils qu'ils osoient donner au roi dont ils avoient su gagner la confiance, lui déplaisoient souverainement. Ce motif ne fut cependant pas le seul qui détermina leur suppression, et moins encore les réformes dans les armées. Une cause plus prochaine lui en fit naître l'idée.

Campitelli, officier autrichien, neveu du général de ce nom, étoit à Naples en 1782. Il alloit souvent à la cour. La reine, prévenue en faveur de son pays, voulut être informée dans le plus grand détail du changement que l'empereur Joseph II avoit fait dans le militaire. Campitelli la satisfit, et fortifia le desir qu'elle avoit déjà eu d'imiter son frère. Le ministre Acton consulté entra dans toutes ses vues. Il fut aussitôt décidé dans ce conciliabule que les troupes napolitaines seroient mises dans le même ordre, sous la même discipline, et auroient la même tactique que les troupes autrichiennes. La même économie devoit y être introduite. On commença par décider l'abolition de tous les corps privilégiés, cette mesure étant nécessaire pour l'exécution des vastes projets de Marie-Caroline. Dès que ce plan fut ébauché, on nomma des généraux, des officiers supérieurs, et des officiers subalternes pour aller au camp de l'empereur, afin de s'instruire des manœuvres ordonnées par la cour de Vienne. Ces officiers partirent en effet pour l'Allemagne, où ils séjournèrent jusqu'à ce qu'on les crût assez instruits. Leur retour à Naples convainquit la reine de l'inutilité de ses soins. Le zèle ne peut pas toujours suppléer le talent.

Obstinée dans sa résolution, elle prit le parti de demander à l'empereur deux généraux, et un nombre d'officiers de tout grade pour introduire à Naples la discipline et l'exercice de son pays. A peine eut-elle écrit à son frère qu'elle s'en repentit. Elle pensa que l'arrivée de tant d'officiers allemands déplairoit à la nation, et ne feroit qu'accroître le mécontentement qui existoit déjà entre le roi d'Espagne et Ferdinand. Cherchant à concilier les intérêts de l'état avec son projet favori, elle imagina de faire exécuter la réforme par le moyen de deux officiers espagnols qui s'engageroient à ne rien changer au plan venu d'Autriche. Les deux généraux furent demandés; ils arrivèrent, et ne firent rien de ce que l'on attendoit d'eux. Cela devoit être; une idée aussi folle ne pouvoit entrer que dans une tête aussi mal organisée que celle de la reine de Naples. Las Torres de Viesa demanda son rappel, et fut nommé gouverneur de Cadix; son collègue, D. Antoine de Rochas, eut le commandement d'une place en Sicile.

La reine et son digne favori, le ministre Acton, cherchoient à quelle puissance ils pourroient s'adresser pour l'exécution de ce plan si mal conçu et si sottement commencé, lorsque le baron de Salis, connu pour avoir été l'un des confidens du réformateur Saint-Germain, parut à la cour. Quoique les opérations de Saint-Germain n'eussent pas eu le succès que l'on s'en étoit promis, Salis étoit bien vu par la cour de France, au service de laquelle il étoit attaché. D'ailleurs il étoit né Grison, cela suffisoit pour le faire accueillir.

Salis s'étoit procuré une lettre de recommandation du frère d'Acton, maréchal-de-camp dans les armées françoises. Comme cette lettre contenoit les plus grands éloges des talens militaires de Salis, elle fut cause que la reine et son favori jettèrent les yeux sur cet étranger pour l'exécution de leur projet. Il fut présenté, accueilli; il eut de fréquentes conférences avec la reine et le ministre qui lui confièrent le plan de réforme. Le baron de Salis vit tout, approuva tout, et trouva très-bon que l'on supprimât les corps privilégiés. On lui demanda s'il vouloit se charger de cette commission; Salis répondit qu'il ne pouvoit accepter cet honneur sans la permission du roi de France dont il ne vouloit point quitter le service. La reine se chargea de la négociation dont Salis vint attendre le succès à Paris.

La reine, après avoir prévenu son époux et avoir arraché son consentement, écrivit à Marie-Antoinette sa sœur. Marie-Antoinette parla au foible Louis XVI; et ce monarque nomma le baron de Salis pour réformateur des troupes napolitaines avec plein pouvoir de choisir les officiers qu'il croiroit pouvoir le seconder dans l'exécution d'une réforme aussi importante. Salis eut bientôt fixé son choix; et cette cargaison de novateurs arriva à Naples vers la fin de 1787. Son entrée fut brillante, mais elle excita un murmure général parmi les officiers nationaux.

Salis débuta par tenir des assemblées auxquelles assistèrent les principaux d'entre les officiers supérieurs napolitains. Il leur intima les ordres de leur souverain relativement à la formation nouvelle des troupes; et leur présenta les officiers qui l'accompagnoient. Son choix étoit tombé sur des officiers étrangers, ce qui le rendit moins odieux aux regnicoles qui n'auroient pas vu tranquillement les françois s'emparer de tous les grades militaires et leur dicter des loix au sein de leurs foyers.

Dès que tout fut concerté entre la reine, Acton et Salis, ce dernier commença les réformes projettées; mais ayant reçu avant son départ de France des instructions particulières, il fit trouver bon à la reine qu'il unît l'esprit du service autrichien, avec l'extérieur des troupes françoises. Afin d'y parvenir, il fallut supprimer les corps privilégiés, donner à toutes les armées le même exercice, la même discipline et la même tenue; le même uniforme, et une égalité de rangs et de paie. Salis qui n'étoit en France que maréchal-de-camp, reçut le brevet de lieutenant-général; et les officiers qui devoient opérer sous ses ordres furent avancés en proportion.

*Anecdotes sur le Chevalier de Brissac.*

Ce moteur premier de la scène scandaleuse du 4 février 1787 mérite d'être connu.

J'en ai pris l'engagement, je tiens parole.

Brissac, ancien gentilhomme de la province de Bourgogne, et cousin du ci-devant comte de Saint-Priest, vint à Naples en 1775. Il y parut en aventurier, conduisant avec lui une jeune personne très-jolie qu'il avoit enlevée des bras de sa famille et qu'il épousa dans la suite. Breteuil étoit alors ambassadeur de France en cette cour. Brissac manquant de tout et n'ayant pas même de linge, fut revêtu par les soins officieux de la signora Amici, célèbre chanteuse, qui se sentit atteinte d'une pitié fort tendre pour un aussi joli garçon. Dès qu'il fut en état de paroître, on le présenta à l'ambassadeur de France qui lui accorda sa protection et lui procura de l'emploi dans le bataillon des cadets que le roi de Naples venoit de créer. Les motifs qui engagèrent Breteuil à protéger Brissac ne sont pas connus; mais on croit généralement qu'il lui trouva des talens pour l'espionnage et qu'il l'honora de cette fonction, bien digne du protecteur et du protégé.

Peu de temps après la duchesse de Chartres, actuellement citoyenne *Egalité*, vint à Naples, et protégea Brissac dont les manières insinuantes lui plurent. L'ayant recommandé à la reine, il obtint un brevet de lieutenant-colonel, et ne tarda pas à manifester un orgueil révoltant. Des officiers qui le détestoient le démasquèrent ; mais aidé de sa femme qui s'étoit liée avec les caméristes de la reine, il échappa pour lors à la disgrace. Cependant un nouvel orage le menaçant, il le conjura en demandant un congé de six mois qu'il alla passer à Constantinople près de son cousin Saint-Priest, ambassadeur de France à la Porte.

Sa conduite dans la capitale de l'empire du Croissant ne fut pas meilleure qu'à Naples. Il ne s'y occupoit qu'à semer de faux rapports, à porter la désunion parmi les diplomates françois, et à calomnier son parent et son bienfaiteur. Saint-Priest le chassa, et Naples le revit escorté de tous ses vices. Son retour en cette ville fut marqué par une intrigue nouvelle. Il manégea et fit résoudre le mariage de la signora Wolesdorf, nièce de la camériste Bohem, avec le fils du comte de Ludolf, Poméranien, envoyé de Naples près la cour de Constantinople. Mais ne s'étant pas trouvé assez grassement payé, il essaya d'empêcher la conclusion de ce mariage qui, dans le fait, étoit son ouvrage. Madame Bohem instruite de toutes ces menées se plaignit vivement; Brissac fut prêt de succomber; il auroit été relégué dans l'île Palmaria s'il n'eût, à force de bassesses, désarmé la colère de Madame Bohem, qui eut encore la foiblesse d'intercéder pour lui auprès de la reine.

Jusqu'alors Brissac n'avoit paru qu'un intrigant subalterne; mais à cette époque il prit un vol audacieux et s'élança dans les intrigues majeures, où il pût déployer à son gré les talens dont il étoit pourvu. Sa fortune ne consistoit alors que dans ses appointemens de lieutenant-colonel et dans une pension d'environ 1800 liv. argent de France. Il résolut de l'accroître à quelque prix que ce fût.

Prévoyant que le général Acton s'élèveroit au plus haut degré de faveur, il lui fit une cour assidue, lui donna des conseils utiles, et prit sur lui l'ascendant des ames fortes sur les ames foibles. Acton devenu ministre ne tarda point à s'occuper du projet de former une marine. Pour y parvenir il suggéra au roi de refuser à la France de lui vendre les bois de construction qu'elle avoit coutume de tirer de chez lui. Ce refus déplut à la cour de Versailles; mais on avoit su le colorer de motifs si plausibles qu'elle parut ne s'en pas ressentir. Quelques mois après arriva le désastre de la Calabre; et la France à cette nouvelle s'empressa de faire partir une frégate chargée de bled pour aider le roi de Naples à secourir les malheureux habitans de cette contrée. Le compliment qui accompagnoit ce présent auroit dû le faire accepter. La relation de parenté autorisoit l'attention de Louis, et Ferdinand ne devoit pas rougir qu'un prince de sa famille s'intéressât au malheur de ses peuples. Mais Acton ne fut pas de cet avis; un refus net troubla l'harmonie qui jusqu'alors avoit subsisté entre les deux cours.

Le roi d'Espagne informé de cette conduite sentit redoubler sa haine pour Acton. Il écrivit à son fils, et lui enjoignit d'éloigner de lui un ministre corrompu et indigne de sa confiance. Mais Acton, créature de la reine et devenu son favori, vendu d'ailleurs à la cabale autrichienne, redoutoit peu le courroux du roi d'Espagne. Il fit agir la reine ; et l'influence de cette femme adroite sur un époux foible, rendit nuls les ordres de Charles III.

Il y avoit déjà deux ans que des mécontentemens réciproques aigrissoient de plus en plus les cours de Madrid et de Naples, lorsque la mésintelligence dont on vient de parler eut lieu entre cette dernière et celle de France. L'abbé Galliani mécontent du cabinet de Versailles, et croyant avoir à se plaindre d'une froideur marquée pendant la dernière année de son séjour à Paris, cherchoit à s'en venger ; le hasard lui en fournit l'occasion.

Le docteur Gatti se trouvant un jour chez Calzabiggi avec M. Augustin vice-consul de France, la conversation roula sur la politique. Le docteur soutint que le roi avoit eu raison de refuser à la France la vente des bois de charpente. M. Augustin répondit avec vivacité, la dispute s'échauffa, les personnalités s'en mêlèrent, et le vice-consul se permit de dire : *voilà ce que c'est que de tirer ses ministres des cafés de Livourne*. Ce trait lancé contre Acton fut rapporté le lendemain à Brissac qui en instruisit sur-le-champ le ministre.

Acton n'étoit pas le seul qui entretînt la division entre le père et le fils ; la reine, occupée des intérêts de l'Autriche et voulant jetter son mari dans le parti de l'empereur, y contribuoit de tout son pouvoir. Cause première de cette mésintelligence, elle n'oublioit rien pour l'aggraver, et elle étoit secondée en cela par la princesse des Asturies qui ne pouvoit lui pardonner quelques propos injurieux tenus sur elle. Il est des injures qu'une femme pardonne rarement. Depuis cette époque le cabinet de Madrid avoit fait plusieurs demandes que celui de Naples n'avoit pas cru devoir lui accorder. Ces refus multipliés avoient aigri Charles III, et des rapports fidèles l'ayant instruit que Brissac étoit l'un des boute-feux, il demanda son éloignement auquel la cour de Naples ne voulut point souscrire. Le vicomte d'Eraria et Las Casas, successivement ambassadeurs en cette cour, avoient essayé de ramener la confiance entre les deux rois ; ils échouèrent et furent rappellés. La cour de Naples demanda aussi le rappel du vice-consul Augustin, sans pouvoir l'obtenir.

Les choses étoient en cet état lorsqu'Acton qui craignoit de devenir la victime de l'union des cabinets de Versailles et de Madrid, crut devoir conjurer l'orage en changeant de batteries. Il fit quelques tentatives pour adoucir la cour de France, et pour lui donner une espèce de satisfaction relativement à ce qui s'étoit passé chez Calzabiggi ; il fit défendre à ce dernier de tenir chez lui des assemblées.

C'en fut assez pour que le comte de Lemberg, envoyé de l'empereur, et l'ennemi personnel du premier ministre, prît Calzabiggi sous sa protection. Cet Italien méprisa la défense d'Acton, et sa maison fut comme à l'ordinaire ouverte à tous ceux qui se présentèrent.

Acton croyant avoir ébauché la réconciliation avec la France, pensa que Brissac alors en faveur, devenu colonel et gentilhomme de la chambre, pourroit lui être fort utile. Il le fit partir pour Versailles, et la négociation réussit, graces aux talens du médiateur, qui, à force de bassesses, calma le ministère françois. Brissac reparut à Naples en vainqueur. De prétendues lettres du comte de Vergennes et de plusieurs autres ministres, fabriquées dans l'ombre, donnèrent une haute idée de ses talens et de son habileté. On crut qu'il avoit traité cette affaire avec la dignité convenable, et la vanité napolitaine fut satisfaite. Un succès si marqué lui valut le grade de brigadier et une pension de 1500 ducats. Cette mission avoit été précédée d'une autre, mais secrète; messager clandestin près de la reine de France, il avoit noué quelqu'intrigue entre les deux sœurs qui l'en avoient récompensé par des présens et par une pension de 500 ducats.

Ce fut pendant la négociation publique de Brissac à la cour de France, qu'il connut le baron de Salis. Celui-ci le pénétra bientôt. Témoin des humiliations auxquelles il étoit descendu, il ne put s'empêcher de laisser entrevoir le mépris qu'il lui inspiroit. Un démêlé qu'ils eurent le fit éclater. Salis lui reprocha d'avoir rampé à Versailles, d'avoir avili la personne du monarque et compromis sa dignité. Il ajouta qu'il étoit certain que Ferdinand n'avoit pu lui donner de tels ordres. Brissac insulté, menacé par Salis, n'osa répondre.

Il paroîtra singulier que le baron de Salis, qui pour lors n'avoit aucune relation avec la cour de Naples, surveillât la conduite d'un François envoyé par elle; mais la jalousie s'attache à tout. Salis aimoit une demoiselle qui payoit ses soins d'une indifférence désespérante. Brissac parut et lui plut. Salis voulut savoir ce qu'étoit ce rival redoutable. Il prit des informations, et acquit des preuves de la bassesse du personnage.

Ces deux rivaux s'étant retrouvés à Naples semblèrent ne pas se connoître. Brissac, qui avoit ignoré ce qui s'étoit passé à la cour pendant le premier séjour qu'y avoit fait le baron, fut étonné de le voir reparoître pour effectuer des projets d'une réforme complette dans le militaire. Il traversa ses opérations autant qu'il put; mais s'appercevant qu'il ne pourroit en venir seul à bout, il fit jouer tous les ressorts de l'intrigue pour les rendre inutiles. Comblé des faveurs de la reine, confident de ses plaisirs et de ceux des femmes qui l'entouroient, spectateur et quelquefois acteur des scènes plus que voluptueuses qui se passoient dans l'intérieur du palais, il peignit Salis des plus noires couleurs. Il fit accroire à Marie-Caroline, qu'ennemi de tous les plans de l'empereur, il s'étoit permis de révéler à Paris les réformes méditées à Naples par elle, et qu'il l'avoit fait connoître comme auteur des nouveautés qu'il n'exécutoit que malgré lui. Il parla de Salis au ministre Acton comme d'un homme connu en France pour un ambitieux à qui rien n'est sacré ; et lui dit qu'il n'avoit accepté la commission de réformateur qu'afin de s'en faire un degré pour le supplanter dans le ministère.

Ce furent là les vrais motifs de la froideur que la reine laissa paroître pour l'homme qu'elle avoit demandé à la France avec tant d'instance. En falloit-il davantage pour exciter à la vengeance une femme dont les passions ne connoissent point de frein ? En perdant un ennemi, elle se disculpoit dans l'esprit des officiers indignés des réformes que l'on avoit commencées et que l'on vouloit compléter. Du moment que Salis fut craint, sa perte fut jurée. Le public méprisoit
Brissac,

Brissac, mais il ignoroit qu'il fût l'ame de cette intrigue qui alimentoit sa curiosité, et n'avoit garde d'imaginer que les agitations de la cour dussent leur origine à la querelle de deux particuliers.

## *Dialogue.*

Je rends compte d'un entretien dont j'ai été témoin et qui me paroît devoir être inséré dans ces anecdotes. Cet entretien eut lieu en 1788, et je lui ai donné la forme du dialogue comme étant plus commode pour le lecteur, et parce que cette forme est conforme à la vérité.

Je dînois un jour chez l'ambassadeur de France, M. de Taleyrand-Périgord. La maison de ce diplomate étoit l'antre de Comus, présidé par l'ambassadrice. Cette femme, nièce du trop célèbre Calonne, est consommée dans l'art du jeu et dans celui de l'intrigue. Dès que ses enfans commencent à distinguer ce qui les entoure, elle se charge de leur éducation, leur met des cartes dans les mains et les exerce jusqu'à ce qu'ils sachent les escamoter aussi adroitement que le Grec le plus habile. Po'nt d'être inutile dans cette famille ; tous ceux qui la composent ne s'occupent qu'à grossir la masse de ses richesses. Tous les jeux, même ceux de combinaison, leur offrent une ressource certaine. La première question que faisoit l'ambassadrice à celui qu'on lui présentoit, étoit : *quel est le jeu que vous préférez, monsieur?* et quelque fût en effet celui que l'on choisît on étoit sûr de perdre. L'ambassadeur, moins adroit que le reste de sa famille, perdoit quelquefois ; dès que cela arrivoit, il prétextoit une affaire, donnoit les cartes ou les dés à sa femme qui savoit en un clin-d'œil rétablir la chance ; et la bourse de l'adversaire passoit tout doucement et sans retour dans celle de son excellence.

Miladi Kamelford dînoit un jour dans ce coupe-gorge privilégié. Dès que l'on fut revenu dans le sallon, l'ambassadrice entama une conversation qui fut soutenue par miladi de la manière suivante.

L'AMBASSADRICE.

Il faut avouer que le **jeu** est la plus belle des institutions sociales.

MILADI.

C'est une découverte des plus dangereuses et que l'on doit à quelque frippon.

L'AMBASSADRICE.

C'est pourtant l'amusement le plus en usage parmi les princes et les grands.

MILADI.

Pensez-vous, madame l'ambassadrice, que tout ce que font les princes et ceux qui les approchent doive être admiré?

L'AMBASSADRICE.

Non; mais vous m'avouerez, miladi, que le temps qu'ils consacrent au jeu est bien employé puisqu'il n'en résulte aucun mal.

MILADI.

Aucun mal! ah! madame.....

L'AMBASSADRICE.

Mais quel est donc le mal qui résulte de cet amusement?

MILADI.

La perte d'un temps précieux qu'ils pourroient employer à des choses plus utiles : l'abandon de leurs affaires et des intérêts du peuple confiés par lui à leurs soins.

L'AMBASSADRICE.

Ah! vous me rassurez, le mal est moins grand que je ne le craignois. Les potentats n'ont-ils pas des ministres qui travaillent d'après leurs ordres ? Peuvent-ils s'asservir à entrer dans des détails souvent aussi ennuyeux que puériles ? A eux seuls appartient la décision, et pourvu qu'ils décident bien, ce qui n'est ni long ni pénible, je ne vois pas en quoi l'habitude du jeu peut nuire aux intérêts de l'état. La machine une fois montée, le reste va de suite ; il n'est pas besoin de s'en inquiéter.

MILADI.

Et nous voyons ce qui résulte de ce genre d'occupations. Les exemples sont trop connus pour que je les rappelle.

L'AMBASSADRICE.

Il m'a paru que miladi ne parloit pas

d'une espèce de mal, seulement sa censure s'étendoit plus loin.

### MILADI.

Cela est vrai, madame. Les maux qui résultent de la fureur du jeu sont incalculables. Cette passion rapproche l'honnête homme du frippon, comble la distance immense qui existe entre le prince et des sujets indignes de paroître à ses yeux. Le jeu confond tout. L'amour du gain assimile l'ame la plus noble à la plus vile. On prend les habitudes de ceux que l'on admet dans sa société; les mœurs s'affoiblissent, se dégradent, se corrompent. On corrige la fortune, et l'on finit par mettre dans les affaires les plus graves et les plus importantes autant de mauvaise foi que l'on en a mis au jeu. C'est au moyen du jeu que des aventuriers se faufilent dans de bonnes maisons, pénètrent dans les cours, s'y avancent; et pour s'y maintenir en écartent sans-cesse le mérite et les talens.

### L'AMBASSADRICE.

Penseriez-vous, miladi, que l'on ne pût

jouer sans réaliser le portrait singuliérement drapé que vous venez de nous offrir?

MILADI.

Je n'ai jamais eu l'intention de calomnier personne, madame. Je pense seulement que le jeu, devenu une passion, ou même un besoin journalier, détourne de toute application aux choses utiles; qu'il fait contracter l'amour du gain, celui du bien d'autrui, et peut aisément rendre peu délicat sur le choix des moyens que l'on emploie pour s'en procurer.

L'AMBASSADRICE.

Mais comment passer le temps? On ne peut lire toujours, ni s'occuper sans cesse de choses sérieuses. Il faut un délassement. D'ailleurs le jeu accoutume à la réflexion. Il nous force à des combinaisons; il met dans les idées une sorte d'ordre très-propre à nous rendre capables de gérer les plus grandes affaires. Je pourrois, miladi, vous citer un grand nombre de jeunes gens qui se sont formés aux affaires par le moyen du jeu.

MILADI.

Et je pourrois, madame, vous en citer un plus grand nombre que le jeu a perdus. Nés honnêtes, l'amour du jeu en a fait des scélérats.

L'AMBASSADRICE.

Sans la ressource du jeu que deviendroit la société? Après avoir épuisé le chapitre du jour, que reste-t-il à dire?

MILADI.

Je conviens que si l'on rassemble une foule de personnes au cœur froid, à l'esprit stérile, il est difficile d'en obtenir une conversation intéressante et suivie. Le jeu devient alors une ressource parce que le sot figure autour d'un tapis verd, et même sait y éclipser l'homme de mérite. Il est bien plus facile d'apprendre à placer une carte à propos, que d'acquérir des connoissances utiles à soi et aux autres. Sans le jeu, combien de gens ne pourroient être admis dans les cercles; et s'ils s'y glissoient à la faveur du nom qu'ils traînent, qu'y feroient-ils?

L'AMBASSADRICE.

Ah! miladi, voilà de la morale.

MILADI.

Madame l'ambassadrice, lorsque la morale est pure, elle est le cachet des mœurs.

Ce dialogue finit là. L'ambassadrice (1) ne pouvant répondre à l'atteinte de miladi Kamelford, ordonna que l'on préparât les tables. Miladi garda le silence, et sortit peu après.

Cette dame, qui réunit toutes les qualités du cœur et de l'esprit, jouit, ainsi que son mari, de l'estime générale tant dans sa patrie que par-tout où le désir de s'instruire l'a conduite.

―――――――

(1) On ne peut se refuser de faire connoître la dégradation des principes où étoit tombée madame de Taleyrand. Au jeu de la reine, femme de Louis XVI, un homme qui perdoit beaucoup s'aperçut qu'elle avoit corné sa carte à faux. C'est un paroli de campagne, lui dit-il avec humeur : est-ce que M. ne les tient pas? lui répondit-elle avec une impudence qui révolta jusqu'aux courtisans.

On sait quel rôle a joué milord dans le ministère. Peu d'hommes possèdent autant que lui des talens aussi variés, un esprit meilleur et plus étendu. Sa franchise fait l'éloge de son cœur.

Pendant le séjour qu'il fit à Naples, lors de son premier voyage en Italie, il fut invité à dîner chez un ministre. Les convives étoient au nombre de 42 parmi lesquels se trouvoient 27 Anglois de la première distinction, et dont plusieurs étoient du parti de la cour. On s'entretint des qualités personnelles de plusieurs des souverains de l'Europe, et sur-tout de celles du roi d'Angleterre et de l'impératrice des Russies. Kamelford étoit alors du parti de l'opposition. Il dit : *l'impératrice de Russie honore le trône par ses vices même, et notre roi le déshonore par ses vertus.*

---

### Reliques.

Toutes les relations des voyages d'Italie sont remplies des farces ridicules que se permettent à Naples un clergé et des moines dont l'ignorance, l'impudeur et l'avidité forment le caractère distinctif. On connoît la liquéfaction du sang de Saint Janvier, patron et protecteur de la capitale des Deux Siciles. La foi des crédules Napolitains est si robuste qu'elle leur fait digérer les absurdités les plus inconcevables. Parmi une foule d'exemples qui justifieroient mon assertion, j'en choisis un seul arrivé lors de la dernière éruption du Vésuve.

Le volcan jettoit des flammes effroyables et lançoit par intervalles des pierres et d'autres matières embrasées ; la lave s'avançoit, et la terreur la précédoit. Le peuple s'assembla, courut à l'archevêché et demanda la procession de Saint-Janvier. L'archevêque hésitoit ; mais bientôt redoutant plus la fureur de la populace que l'explosion du volcan, il sortit accompagné de son clergé régulier et séculier, et porta, suivi de tout le peuple, la sainte relique du côté indiqué. Dès que la procession fut parvenue en face du Vésuve, un lazzaroni leva son doigt index et le dirigea vers le volcan, et se tournant avec prestesse, l'apostropha par ce peu de mots très-énergiques parmi les Napolitains : *Vésuve, tu penses me donner du nez* (1) ; *apprends que nous ne te craignons plus à présent. Voilà ton maître*, ajouta-t-il, en lui montrant du doigt la sainte relique ; *il te mettra bientôt à la raison.*

J'ai vu dans quelques-unes des églises de Naples, des prêtres et des moines vendre de petites idoles de l'antiquité, qui n'étoient autre chose que des Priapes, auxquelles ils donnoient le nom de reliques de Saint-Côme. Lorsque les femmes enceintes approchent de leur terme, elles suspendent ces prétendues reliques à leur cou, et se croient à l'abri de tout accident. Toutes s'empressent d'acheter de ces amulettes.

Les marchands détailleurs qui occupent des boutiques à Naples ont grand soin de se faire payer un sou, ou un demi-sou de plus que ne vaut la marchandise qu'ils livrent. Cet argent est mis dans une boîte, et sert à faire l'aumône aux ames du purgatoire. Naples est rempli de confrairies qui quêtent

---

(1) Lorsqu'un Napolitain veut faire entendre à quelqu'un qu'il ne le craint pas, et qu'il se moque de lui, il fait semblant de placer son doigt à l'anus comme pour l'inviter à y mettre le nez.

continuellement pour les ames en peine. Leurs préposés vont de porte en porte, entrent chez tous les marchands, et malheur à celui qui refuseroit de donner. Le peuple le regarderoit comme un athée, l'accableroit d'insultes, et le pilleroit au nom des ames qu'il auroit refusé de soulager. Ainsi, pour éviter des avanies multipliées qui causeroient leur ruine, les marchands sont forcés de prélever un impôt sur l'acheteur, et de rendre aux confrairies et aux moines mendians ce qu'ils ont su excroquer à leurs pratiques.

Les collectes faites par ordre des confrairies et des couvens sont d'un si bon rapport que le produit en est affermé. Plusieurs personnes vivent de ces sortes d'entreprises et se font payer avec autant de rigueur que si c'étoit un droit légal. Ils avancent leur argent et sont intéressés à le faire rentrer; aussi livreroient-ils sans scrupule à la fureur de la populace, le mécréant qui auroit eu l'audace de les éconduire.

Quoiqu'il règne dans toute l'Italie un grand nombre d'abus, on peut cependant assurer que la ville de Naples en est plus infectée que toutes les autres. En Lombardie, à Gênes, à Turin même, on n'en connoît point d'un genre aussi absurde.

Plusieurs voyageurs ont observé que la statue de Saint-Pierre, qui est en bronze et placée au vatican, dans la superbe église dédiée au prince des apôtres, est un Jupiter que l'on a transformé en saint. D'autres divinités du paganisme ont eu le même sort. Naples en possède une très-grande quantité, les autels en sont surchargés ; le crédule Napolitain se prosterne devant ces idoles, et croit pieusement marcher dans la voie du salut.

Lorsque l'on parcourt les royaumes de Naples et Sicile, on remarque par-tout de ces objets de scandale. J'ai vu dans plusieurs églises de mauvais tableaux représentant des sujets fabuleux, sur la tête desquels on avoit mis des auréoles ou des couronnes ; ces saints, de nouvelle édition, étoient enfumés de l'encens qu'on leur offroit journellement. On peut assurer que Naples et la Sicile sont plongés dans des ténèbres épaisses qui ne sont pas prêtes à se dissiper. Cependant, au milieu de cette foule d'ignorans, il existe quelques êtres privilégiés par la nature. On doit les révérer, car il leur a fallu surmonter de grands obstacles pour oser seulement penser au sein d'une nation qui pense si peu. Il faut que l'ame d'un Napolitain instruit ait reçu de la nature dix degrés d'énergie de plus qu'il n'en est besoin à celui qui reconnoît l'Angleterre pour sa patrie.

*Parallèle entre Charles III, Roi d'Espagne, et Ferdinand IV, Roi de Naples, Fils de ce Monarque.*

Aucun prince n'a porté si loin la passion de la chasse que Charles III, roi d'Espagne. Elle le rendit souvent inhumain. Ayant destiné l'isle de Procida pour la chasse aux faisans, il rendit un édit qui ordonnoit l'extinction totale de la race des chats. Posséder un de ces animaux, c'étoit un crime capital qu'une peine afflictive et infamante devoit expier.

*Un chat*, a dit le Pline françois (1), *est un animal nuisible fait pour en détruire de plus nuisibles encore.* Un particulier

(1) M. de Buffon, histoire naturelle.

sentit cette vérité sans pouvoir l'exprimer. Il garda son chat, fut trahi, arrêté, convaincu, condamné à être fustigé par le bourreau, à être promené dans toute l'île, portant à son cou la preuve de son crime, et enfin envoyé aux galères.

Qu'arriva-t-il? que l'adage du naturaliste françois fut justifié par le fait. Les taupes, les rats, les souris multiplièrent si prodigieusement que des enfans au berceau devinrent leur pâture et furent dévorés par eux. Les habitans désespérés prirent les armes, et réunis en corps, résolurent de se retirer chez les puissances barbaresques, plutôt que de vivre sous un gouvernement aussi inique. Charles, surpris et effrayé, comprit alors l'absurdité de son édit, et le révoqua d'une manière positive. Héliogabale n'auroit pu en donner un plus insensé; mais je crois que si cette folie lui eût été suggérée, il auroit fait exterminer les malheureux habitans de Procida plutôt que de retirer son édit.

Un officier du régiment des gardes italiennes étoit de poste à Caserte. Il étoit vêtu de son uniforme de *gala*, et ce n'avoit pas été sans effort qu'il s'étoit procuré ce vêtement. Charles III passa. Il revenoit de la chasse et s'arrêta pour parler à quelqu'un. Sa meute le suivoit. L'un des chiens, couvert de fange, sauta sur l'officier pour le caresser et gâta son habit. Sans égard pour l'intention du chien, mais piqué de ses caresses brusques qui alloient lui coûter un uniforme, l'officier écarta cet ami inconsidéré en le frappant assez fort pour lui faire quitter prise. Le chien fit un cri qui attira l'attention du roi. Ferdinand se retourna, regarda l'officier, examina le dégât, et lui dit en jargon de lazzaroni : *ne sais-tu pas, race de punaise, que l'animal que tu as eu l'indignité de frapper m'est plus cher que cinquante de tes pareils ?* L'officier changea de couleur ; le tremblement le saisit, la fièvre succéda : il mourut le lendemain. Il faut cependant avouer que si Alexandre eût eu de pareils guerriers à sa suite, il n'auroit pas conquis l'empire des Perses.

Ce même prince avoit assigné quatorze mille ducats par mois pour la bâtisse de Caserte. Il alloit souvent voir les ouvrages que l'on y faisoit, et s'étonnoit qu'au bout de plusieurs mois ils fussent très-peu avancés.

cés. Il s'en plaignit vivement à l'inspecteur. Cet homme lui représenta la modicité de la somme et le supplia de jetter un coup-d'œil sévère sur ses comptes ; qu'il y verroit l'emploi exact des sommes reçues. Le roi lui répondit d'un ton aussi brusque que méprisant : *ce n'est pas cela que je vous demande,* et lui tourna le dos avec mépris.

Plusieurs traits de même genre ne font pas honneur au caractère de Charles III. S'il protégea les lettres, s'il les encouragea, c'est au marquis Tanucci que l'on doit en avoir obligation ; autrefois professeur à l'université de Pise, il ne se montra point ingrat, et son ministère fut un bonheur pour les sciences.

Lorsque l'on annonça au roi d'Espagne la nouvelle du désastre de la Calabre, il y parut insensible ; le moment où le courier arriva étoit précisément celui que Charles avoit fixé pour son rendez-vous de chasse, que rien ne peut jamais suspendre ou interrompre. La ruine des provinces qu'il avoit gouvernées pendant si long-temps méritoit-elle le sacrifice de ses plaisirs ? Forcé d'offrir quelques secours au roi son fils, il les restreignit à des bagatelles.

Traçons maintenant l'effet que la même nouvelle fit sur l'ame de Ferdinand. C'est dans les occasions extraordinaires et subites que le caractère se développe tout entier. Ferdinand, attéré de ce coup, fut quelques temps sans proférer un seul mot. *Dieu!* s'écria-t-il enfin après un très-long silence, et avoir versé une abondance de larmes: *Dieu! Messine est donc détruite, et la Calabre presqu'entiérement ruinée! Que je suis malheureux!* Il s'appuya contre un lit et y resta pendant deux heures aussi agité que s'il eût été en délire. La reine entra dans sa chambre, à son retour de la promenade, et se moqua de sa douleur. Elle lui dit qu'il étoit un enfant, un homme sans énergie. *Quel est donc le sujet d'un si grand désespoir? Notre existence tient-elle à celle de Messine et de la Calabre?* Le roi ne répondit rien, envoya chercher tous les ministres, leur parla en particulier, et donna les ordres les plus positifs pour que l'on secourût les malheureux dont la vie avoit été épargnée. Ensuite, se retirant dans une chambre, il s'y enferma à double teur, et pendant vingt-quatre heures consécutives, se livra à la plus extrême douleur. Il n'ouvrit que lorsqu'on lui annonça l'arrivée de nouveaux couriers.

Les détails contenus dans ces dépêches étoient déchirans. Cette confirmation jetta le roi dans un véritable délire. Il s'agitoit et parcouroit ses appartemens, les remplissant des éclats de son désespoir. La reine s'offrit encore à ses regards, et surpassant, s'il est possible, l'infernale Catherine de Médicis qu'elle a prise pour modèle, se permit de recommencer ses plaisanteries. *Que feriez-vous*, ajouta-t-elle, après s'être livrée à des plaisanteries indécentes, *que feriez-vous donc si vous perdiez un de vos enfans ?* Ferdinand retrouvant alors sa raison, et se tournant vers elle avec majesté, lui lança un regard où se peignoit l'indignation. *Sachez*, lui dit-il, *que j'aurois préféré la perte de ma famille entière à celle d'une de mes provinces. Tant de milliers d'hommes que la mort a frappés, ne sont-ils pas aussi mes enfans ?*

Cette réponse, si digne d'un bon roi, rendit à la reine toute sa fureur. Elle se retira chez elle où elle exhala sa rage dans les bras de ses méprisables favorites. Lorsque l'on eut rapporté au roi la manière dont elle s'étoit conduite. *Ah!* s'écria-t-il, *avec quel plaisir ne rachèterois-je pas la vie de mes infortunés Calabrois et Messinois au prix de celle de toute ma famille ! Quel est le prince barbare qui pût hésiter à offrir ses six enfans pour rendre la vie à cent mille sujets ?*

On sait que dans ce même temps Marie-Caroline, au lieu d'envoyer de l'argent en Calabre pour soulager la misère de tant d'infortunés, affecta de distribuer trente mille ducats aux femmes corrompues qui partagent ses plaisirs et l'entretiennent dans sa turpitude.

J'ai déjà rapporté plusieurs traits qui caractérisent la bonté du cœur de Ferdinand, très-supérieur à son père dans cette partie si intéressante pour l'humanité. Non-seulement Charles III n'est pas plus instruit que le roi de Naples, quoiqu'il ait reçu une éducation moins mauvaise, mais il le surpasse en préjugés, et a le ridicule de prétendre au savoir.

*Des Gens de Lettres.*

L'un des savans dont la connoissance m'a été la plus utile, c'est don Léonardo Pauzini. Il est connu en Italie par un éloge de Giannone, écrit avec autant de vérité que de goût, et avec tant de prudence qu'il ne déplut pas, même à la cour de Turin. Le comte Lascaris, ambassadeur du roi de Sardaigne à Naples, eut communication de ce manuscrit avant qu'on l'imprimât.

Don Léonardo Pauzini voyagea en Allemagne, en Hongrie, dans la Transilvanie, dans la Valaquie, et s'arrêta dans ce dernier pays, où il fut chargé par le prince Ipsilandi de l'éducation de ses enfans. Le conseiller aulique Raychowitz étoit alors secrétaire d'état de cette principauté. Le marquis de la Sambuçca, qui avoit eu occasion de connoître Pauzini, l'appella ensuite près de lui; et lorsqu'il fut nommé ministre des affaires étrangères, le plaça dans la chancellerie où il rendit des services essentiels, et fut chargé des affaires les plus délicates. Pauzini est instruit, a de l'esprit, et sait allier les graces au savoir ; devenu homme d'état, il a su conserver une probité intacte, une délicatesse à l'épreuve des tentations. Lorsque Sambucca sortit du ministère, Pauzini demanda sa retraite. Il représenta que son frère ayant laissé trois enfans en bas âge, il se croyoit obligé de prendre soin de leur éducation. Le roi trouva cette raison si bonne qu'il reçut sa démission, et lui accorda une pension de vingt-cinq ducats par mois, à laquelle il joignit une abbaye, dont le revenu annuel montoit à quatre cents ducats. Supérieur à l'intrigue, remplissant exactement les devoirs de sa place, il sut s'y maintenir sans brigue, et la quitta de manière à prouver qu'il ne l'avoit acceptée que par considération pour Sambucca.

Pauzini est l'homme de Naples le plus instruit en fait d'histoire et de géographie. Il connoît bien les intérêts des princes ; et, nourri dans l'étude du droit public, il a su se préserver de ce vernis scientifique, si commun aux savans. Il a l'esprit juste, orné ; il connoît les hommes et les choses ; ce qui rend sa conversation extrêmement intéressante, c'est une foule d'anecdotes sur les personnes en place, dont on peut tirer d'excellens matériaux pour l'histoire de ce siècle.

Don Michel Rocco, auteur d'un ouvrage sur les banques publiques de Naples, a beaucoup plus d'érudition que d'esprit et de philosophie. C'est un savant, et l'on peut dire qu'il n'est que cela.

Le fils du célèbre Vico, auteur d'un ouvrage trop peu connu, rempli d'idées philosophiques, ayant pour titre : *della Scienza nuova*, est professeur de rhétorique au collège du vieux Jesus. C'est un homme de mérite.

Sorio est conseiller de la chambre de commerce et d'économie. Il est auteur de trois volumes sur le commerce des anciens. Des recherches, de l'érudition, point de goût, nulle espèce de discernement, voilà ce que l'on trouve dans cet ouvrage qui, réduit à un seul volume, pourroit devenir utile. Sorio jouit de la faveur d'Acton.

Audria est professeur d'agriculture. Cette chaire fut instituée par Barthelemi Intieri, né à Florence. Créature de Vairo, médecin et professeur de chimie, il s'éleva entr'eux une rixe scandaleuse qui donna matière à un procès. Il s'agissoit de plagiat, crime dont les auteurs se rendent quelquefois coupables, mais qu'ils ne pardonnent jamais. Audria avoit fait imprimer un ouvrage sur quelques objets de physique. Vairo prétendit que les faits et les principes contenus dans cet ouvrage, lui appartenoient ; qu'Audria les avoit écrits sous sa dictée lorsqu'il venoit chez lui prendre des leçons particulières, et que c'étoit mal récompenser l'affection qu'il lui avoit portée, que de lui ravir un bien qui n'appartenoit qu'à lui. Le monde littéraire prit parti dans la querelle, le monde léger rit, et le procès se termina par une composition qui fit peu d'honneur à tous deux.

Mauri, docteur en médecine, est réellement un homme du plus grand mérite. Ses connoissances physiques et chimiques sont égales à celles qu'il a acquises dans son art. Il a donné des leçons de cette dernière science dans le laboratoire de la piété, aux théatins. Son cours est divisé en vingt leçons ; et pour faciliter l'étude de cette partie si intéressante, si nécessaire même à la médecine, il fixa ses honoraires à vingt carlins, qui font à peu près onze livres de

France. Désintéressement rare et très-peu imité.

On connoît le mérite des ouvrages de Filangieri, mort depuis peu à l'âge de quarante ans. J'ai déjà eu l'occasion de louer la douceur et l'agrément de son caractère. Il étoit marié ; sa femme est camériste de la reine, et c'est la seule qui, parmi la suite corrompue de cette princesse, ait conservé une pureté de mœurs inconnue à la cour. Cette femme estimable est née en Hongrie. Elle a reçu une bonne éducation, et en a profité. Elle sait le hongrois, le latin, l'allemand, le françois et l'italien, et connoît les meilleurs ouvrages qui existent dans ces cinq langues. Elle élève fort bien ses enfans ; c'est l'unique famille de Naples où j'aie vu suivre un plan d'éducation sagement ordonné. Filangieri étoit du conseil des finances et économie, mais sans voix délibérative, et ne recevant que douze cents ducats d'émolumens ; tandis qu'un grand nombre d'imbécilles ont des appointemens de quatre, cinq et six mille ducats, et décident à leur gré les affaires du ressort de cette chambre.

Madame Filangieri est née à Presbourg,

de parens honnêtes et bien supérieurs à la foule de ces nobles qui font consister leur mérite dans leurs parchemins, et leur bonheur dans des jouissances déréglées. Chérie de son mari, adorée de ses enfans, elle a su s'attirer l'estime d'une famille nombreuse et distinguée; mais qui, aux yeux de la raison, tire son principal lustre de Filangieri.

La sœur de Filangieri est mariée au prince de Sutriano. Cette dame a des rapports très-marqués avec son illustre frère. C'est d'elle que je tiens la majeure partie des détails sur le désastre de la Calabre. Elle en a été témoin, puisqu'elle habitoit alors une terre dans cette malheureuse province. Comme ces détails appartiennent plus à la physique qu'à l'histoire proprement dite, je n'en ai inséré dans cet ouvrage que ce qui a trait au gouvernement napolitain.

Don Xavier Mattei, auteur d'une traduction des pseaumes en vers lyriques, de quelques drames, etc. est un des avocats les plus distingués du palais de la vicairie. Il réunit l'éloquence à la pénétration; et ne se bornant pas aux ouvrages de pure littérature, il s'est aussi fait connoître par quelques dissertations sur la philologie et la jurisprudence.

Le meilleur ouvrage sur le droit public et l'administration intérieure des Deux-Siciles, est dû à don Joseph-Marie Gallanti, avocat. Cette production n'a paru que long-temps après sa confection, et c'est une tache à la mémoire de l'abbé Galliani ; et malheureusement ce n'est pas la seule que la vérité nous force de faire connoître. Galliani haïssoit don Joseph ; il eut le crédit d'empêcher la publication de son ouvrage, quoique le roi en eût accepté la dédicace, et qu'il eût accordé la permission nécessaire.

Gallanti n'est pas le seul homme de mérite auquel le cinique Galliani ait déclaré la guerre. Sans doute Galliani étoit l'homme le plus spirituel qui, depuis long-temps, eût paru à Naples ; mais il étoit jaloux et envieux. Il ne pouvoit souffrir que l'on dît qu'il existât dans les Deux-Siciles un seul homme dont le mérite pût approcher du sien. Ainsi, au lieu d'être le Mécène des gens de lettres, au lieu de favoriser les progrès de la raison, il n'employa son crédit qu'à les retarder. Il avoit la manie de passer pour le patriarche des sciences, et il n'accorda jamais son amitié à aucun Napolitain, dès qu'il crut entrevoir qu'il pourroit un jour en être rivalisé. Ce caractère envieux, ce penchant à tous les genres de despotisme, et la morale dépravée qu'il s'étoit faite, le rendoient le fléau des arts et des mœurs, et l'ennemi-né de ceux de ses compatriotes qui cherchoient à se distinguer dans quelque genre que ce fût.

## Le Tableau.

Il y a quelques années que l'on fit circuler à Naples l'explication d'un tableau allégorique, dans lequel il y avoit beaucoup de vérité. On supposoit que ce tableau représentoit un cabriolet, dans le fond étoient assis la reine et le général Acton. Chacun d'eux avoit sur la tête une demi-couronne royale. Le roi, habillé en polichinelle, étoit placé sur le devant, et tenoit les guides. De temps en temps il se retournoit pour observer ce qui se passoit dans cette voiture, et sembloit écouter ce que l'on y disoit. Alors la reine faisoit signe à son royal conducteur de continuer son chemin, et lui indiquoit du doigt la route qu'il devoit prendre. Cette description d'un tableau, qui n'a existé que dans l'imagination d'un caustique, fit la plus grande fortune. On se l'arrachoit, et les copies se multiplioient à l'infini.

Cette plaisanterie déplut aux intéressés. Les recherches les plus sévères eurent lieu. Elles furent infructueuses ; et n'eurent d'autre suite que d'augmenter la publicité de cette facétie, que l'on placarda dans les rues, dans les églises et dans les théâtres.

Le roi eut aussi connoissance du prétendu tableau. Il lut la description, et dit, avec son ingénuité ordinaire, que l'auteur, quel qu'il fût, lui donnoit une excellente leçon, dont en effet il parut vouloir profiter. Il eut à ce sujet une nouvelle dispute avec sa chaste moitié, mais ce fut tout ; semblable au chanoine de Gresset, *il se soulève avec effort, ouvre les yeux, bâille, retombe et s'endort.*

―――――

*Le Pédantisme héréditaire.*

Les princes de la maison de Lorraine

entée sur celle d'Autriche, sont tous entichés d'une pédanterie aussi rebutante que ridicule. Joseph II ne donnoit à personne le temps de lui répondre ; il passoit d'un document à un autre, avec autant d'empressement que Sancho-Pança en mettoit à débiter ses proverbes.... L'archiduc Ferdinand étant à Paris, donna des leçons sur le change à quelques banquiers qui, par respect pour son rang, avoient l'air de l'écouter très-attentivement, et se pressèrent de s'en moquer dès qu'ils furent hors de sa présence. Léopold, véritable maître d'école, ne se plaisoit qu'à entrer dans les détails les plus minutieux ; il eût mieux figuré une férule à la main, qu'il ne pouvoit le faire tenant le globe impérial qui, graces au temps où il fut imaginé, représente l'univers chrétien. Lorsque Joseph entroit dans les hôpitaux, il s'entretenoit de médecine avec les médecins, de chirurgie avec les chirurgiens, quoiqu'il n'eût sur ces sciences que les notions les plus légères. C'est ainsi que ces princes ont long-temps fatigué leurs peuples dont ils vouloient régler jusqu'à la manière d'écrire et de compter. Leurs édits se ressentent de cette manie. On y remarque un style et des citations plus dignes de rhéteurs que de législateurs ; et peut-être le temps n'est-il pas éloigné où les peuples, lassés d'un joug impérieux et devenu très-dur, prouveront aux descendans de cette maison orgueilleuse, que la pédanterie ne fait pas le savoir, que la multiplicité des réglemens est une marque assurée de leur insuffisance ; ils leur diront : assez long-temps vous nous avez réduits au silence, gardez-le maintenant ; et sachez que les derniers d'entre ceux que vous avez depuis tant de siècles appellés vos sujets, et qui n'étoient que vos esclaves, vont à leur tour vous donner une leçon qui doit à jamais effrayer vos pareils.

L'abus du savoir, ainsi que la manie de paroître instruit, est encore plus révoltant chez les femmes. Cependant toutes les archiduchesses en sont infectées plus ou moins. La femme de Louis XVI est moins insupportable sur cet article que ne le sont ses sœurs ; parce qu'amenée très-jeune en France, elle s'est, en partie, dépouillée de cet air de famille que le François n'a jamais aimé : de plus, Antoinette a senti que pour influencer les affaires, elle devoit se rapprocher en apparence de l'aménité et du ton d'aisance qui caractérise la nation qu'elle vouloit enchaîner. Mais la reine de Naples, liée par le sort au monarque qui seroit le plus ignorant de tous ceux qui existent, si son père ne le surpassoit encore, s'est fort bien trouvé de ce ton dogmatique. C'est par ce moyen qu'elle en a imposé à son mari qui, sur sa foi, l'a long-temps regardée comme la fontaine de Sapience. Elle s'est accoutumée à se regarder elle-même sur ce pied, et il n'est pas rare de l'entendre les jours de cercle parler seule et long-temps ; alors le plus profond silence règne dans l'assemblée, et des éloges, aussi outrés qu'ils sont peu mérités, lui succèdent. Ce babil continuel, cette fureur d'expliquer sans cesse ce qu'elle n'entend pas, fait redouter sa conversation presqu'à l'égal de ses autres passions.

Lors de la maladie du prince royal, on appella les plus célèbres médecins, et l'on fit de fréquentes consultations sur le genre de cette maladie que la mort termina enfin. La reine y assista toujours ; mais au lieu de s'occuper des soins qu'elle devoit au jeune malade, elle s'amusoit à disserter avec les médecins qu'elle réduisoit au silence, et qui supportoient avec peine cette corvée. Elle les étourdissoit, ainsi que le malade, par des citations d'ouvrages qu'elle n'entendoit pas, qu'elle appliquoit mal, et même qu'elle ne connoissoit que sur le rapport d'autrui. L'un des médecins, moins patient que ses confrères, ne put tenir à une dissertation sur la goutte; et prétextant une indisposition subite, quitta l'appartement, et courut s'enfermer chez lui.

Tandis que la reine argumentoit ainsi contre tout venant, Ferdinand étoit désolé de l'état de son fils. Il ne pouvoit s'accoutumer à l'idée de perdre l'héritier présomptif de sa couronne. Excédé de la continuité du caquetage de sa royale épouse, qui l'empêchoit de s'entretenir autant qu'il l'auroit voulu de l'état alarmant de son fils, il s'étoit permis de l'interrompre par des gestes qui n'avoient échappé qu'à elle seule, ou qu'elle avoit feint de ne pas entendre, afin de s'enivrer des louanges que lui prodiguoient avec impudence des élogistes gagés. Ferdinand, outré de dépit, le cœur navré des souffrances du jeune prince, ne put se contenir davantage, et

*Tome I.* R

s'écria : « au diable soit ton importunité continuelle, ne veux-tu pas cesser ce caquet ennuyeux ? Pense-tu que quelques lectures faites au hasard aient pu te rendre l'égale des savans qui t'entourent ? Ne sens-tu pas qu'ils se moquent intérieurement des prétentions que tu ne cesses d'afficher ? Crois-tu que la couronne donne la science ? Va, mes yeux s'ouvrent, et je m'apperçois que cet étalage scientifique sur un objet qui ne doit pas t'être familier est une manie qui s'étend sur beaucoup d'autres choses. Laisse ces hommes instruits s'entretenir du sujet qui les rassemble ; sors ». Il la prit par la main, la conduisit jusqu'à la porte qu'il ferma, et ne put s'empêcher de l'apostropher tout haut dans le costume des *lazzaroni*.

*Projet atroce presqu'incroyable, mais vrai.*

La reine de Naples ressemble à ses sœurs. Elle chérit la famille dont elle descend, méprise son mari et déteste le pays sur lequel il a la foiblesse de la laisser régner.

Le projet qu'avoit formé Marie-Antoinette de redonner à son frère la Lorraine et l'Alsace, n'est que trop prouvé, et si l'assemblée nationale constituante eût continué d'agir avec l'énergie qu'elle avoit déployée dans le commencement, elle auroit épargné bien des larmes, de l'argent et du sang à la France.

Plus hardie que sa sœur, ou plus favorisée par les circonstances, Marie-Caroline foulant aux pieds tout respect humain, étouffant dans son cœur la voix de la nature, conçut dès son avénement au trône de Naples, l'infernal projet d'aggrandir la puissance de la maison d'Autriche aux dépens de son propre sang.

Il n'est point ordinairement de joie comparable à celle d'une princesse lorsqu'on lui annonce qu'elle vient de donner le jour à un héritier de l'état; elle oublie en ce moment les douleurs dont le rang qu'elle tient n'a pu l'exempter, pour réunir tous les sentimens d'une mère à celui d'une ambition autorisée par la série des siècles. On a vu des reines, victimes de ce sentiment devenu trop exclusif, payer de leur vie la joie que leur avoit causé ce sexe de leur enfant; on en a vu d'autres traîner des jours devenus languissans, par la privation de ce bonheur de convenance. Il étoit réservé à Marie-Caroline de fournir une exception à cette règle ; toutes les fois qu'on lui annonçoit un prince, elle s'abandonnoit à la plus excessive douleur. Elle n'a paru véritablement mère qu'à la naissance de ses filles.

Catherine de Médicis, la honte, le fléau et l'effroi des François du seizième siècle, est l'unique modèle que s'est choisi la reine de Naples. Aussi ambitieuse que Catherine et la surpassant en lubricité, elle lui est fort inférieure du côté de l'esprit, des talens acquis, et sur-tout dans celui du gouvernement. Médicis vouloit régner ; Médicis sacrifioit tout à cette passion, la seule qui la tourmentât véritablement : pour la satisfaire elle oublia qu'elle étoit mère, et ne vit dans ses fils dont elle éternisa l'enfance que le bonheur suprême d'une régence prolongée. On prétend que l'influence de Marie Stuart, nièce des Guises, coûta la vie à son jeune et foible époux François II, et l'on sait que le réveil moral de Charles IX après le massacre de la Saint-Barthelemi, fut le signal de sa maladie aussi subite que singulière.

La vie entière de cette furie est un tissu de crimes ; mais du moins ils lui étoient personnellement utiles, et jamais elle ne s'en permît qui ne fussent commandés par la soif de régner. Mais Marie-Caroline, mère affectueuse, tendre à l'égard de ses filles, leur prodigua les soins les plus soutenus, et s'occupa de leur éducation comme l'auroit pu faire la mère et l'épouse la plus attachée à ses devoirs.

Il n'en a pas été de même pour les princes ses fils. Dure, capricieuse, dominée par une humeur qu'elle ne prenoit pas même la peine de cacher, elle ne leur passoit rien, et ne savoit point se prêter à la foiblesse et aux défauts de l'enfance. La plus légère étourderie étoit punie comme auroit dû l'être un crime. Mère dénaturée, marâtre impérieuse, elle les voua aux peines dès l'instant de leur naissance.

Son mari lui inspira un dégoût marqué dès le moment qui les unit, et cependant Ferdinand IV est un des hommes le mieux fait que je connoisse. Mais renfermant dans son cœur ce sentiment injuste, elle s'empressa de gagner sa confiance, en se rendant utile. Ses soins ne furent pas infructueux, elle acquit en peu de temps sur lui un ascendant qu'elle conserve malgré la publicité de ses désordres, et les chagrins réels qu'elle lui cause.

Son projet favori est assez généralement connu, et le roi même a laissé échapper dans des momens de colère, des expressions qui ne permettent pas de douter qu'il ne soit instruit de ce qu'elle machine depuis si long-temps. Elle a imaginé de faire en sorte que le royaume de Naples rentre sous la domination de l'Autriche, ce qui ne peut avoir lieu que par l'extinction de la branche mâle des Bourbons de Naples. L'amitié dont elle a donné constamment des preuves aux princesses ses filles, et la haine qu'elle a manifestée pour les jeunes princes ne peuvent recevoir d'autres interprétations. Si le hasard ne lui eût donné qu'un enfant mâle, on auroit pu, non pas excuser la rigueur avec laquelle il étoit traité, mais lui supposer pour cet enfant une antipathie que l'on peut appeller une des erreurs de la nature. Mais plusieurs enfans détestés au moment de leur naissance, c'est-à-dire, avant que l'on pût rien préjuger contr'eux. . . . . .Ah! j'aime à penser que Marie-Caroline est l'unique monstre de cette espèce.

Croira-t-on que ces mains si caressantes pour les jeunes princesses s'appesantissoient avec fureur sur ces enfans formés du même sang, et dont le seul crime étoit un sexe qui eût fait la félicité de toute autre femme? Ces corrections, ou plutôt ce supplice infligé avec fureur et réitéré souvent contraria le but de la nature, arrêta ses développemens. Foibles de complexion, froissés par les souffrances, ces jeunes princes languissoient dans un abattement continuel, et sujets à des terreurs qui ne justifioient que trop la barbarie de leur mère. Jamais le sourire n'entrouvrit leurs lèvres décolorées: l'œil humide, tremblant au moindre bruit, ils ne connurent point cette joie si pure, si intéressante qui anime et vivifie l'enfance. Le prince royal avoit été maltraité si souvent qu'il frissonnoit à la voix de sa mère; avant même qu'elle s'adressât à lui, il couroit se jetter dans les bras du roi, asyle qui ne fut pas respecté toujours.

Lorsque ce jeune infortuné mourut, le roi se livra au chagrin le plus amer, quoique le dépérissement graduel de ce fils chéri eût dû le préparer à sa perte. La reine, au contraire, marqua une indifférence si entière qu'elle surprit ceux même qui avoient été témoins de sa conduite. S'élevant au-dessus de tous les préjugés elle ne daigna pas feindre une douleur qu'elle ne ressentoit pas. Loin de s'efforcer de consoler son époux, elle ne prenoit la parole que pour le railler; et imitant pour un moment le ton d'une Spartiate, elle lui disoit : *lorsque je l'ai mis au monde, je savois qu'il étoit condamné à mourir un jour.* Le dernier des Napolitains parut sensible à cette perte : il n'est dans ce royaume qu'une Marie-Caroline.

Les deux autres princes n'ont pas été traités avec plus d'indulgence ; la mort hâtive de leur aîné n'a rien changé à leur sort. Ils vivent, mais dans quel état ? Peu formés au physique et au moral, leurs jours s'écoulent dans une langueur, dans une apathie qui ne laisse augurer rien de favorable pour les peuples auxquels ils pourroient commander un jour, ni pour eux-mêmes dont l'esprit et le cœur ont été négligés à un point peu croyable.

Les moyens que Marie-Caroline emploie

pour retenir son époux dans sa dépendance sont petits, et proportionnés à la foiblesse, et le dirai-je? à l'excellence du cœur de ce monarque. Avec tout autre ils ne pourroient réussir. Catherine de Médicis avoit à sa suite un essaim de jeunes beautés qu'elle formoit au grand art de séduire les princes et les courtisans dont il lui importoit de connoître les projets; Marie-Caroline accoutume ses femmes-de-chambre à caqueter, à médire, à inventer de petites nouvelles, à semer de faux bruits pour inquiéter le roi, l'agiter, et l'amener par des récits mensongers à se conduire ainsi qu'il plaît à sa souveraine; ces créatures, moins viles cependant que celle qui les met en œuvre, n'acquièrent de faveur près d'elle qu'autant qu'elles savent intriguer, mentir et calomnier. Le but de ces petites et basses menées est d'aveugler le roi sur les sottises journalières que l'on fait, et de lui inspirer pour l'empereur une confiance que détruit quelquefois un retour de bon sens.

Joseph II, pour qui la reine faisoit tant de choses ne faisoit rien pour elle et la méprisoit souverainement. C'est le sort ordinaire de tous ceux qui servent les passions d'autrui, et leur sacrifient l'observance de leurs devoirs. Cet empereur avoit promis à la reine de faire épouser une de ses filles à l'archiduc François, il lui manqua de parole, et choisit la princesse de Wirtemberg. Non-seulement elle fut trompée dans son attente, mais il fut cause que l'aînée des princesses n'épousa point le prince de Saxe qui l'avoit demandée, et qui peu après se maria à la princesse de Toscane. L'espérance dont Joseph II avoit si long-temps bercé sa sœur fit manquer encore un autre mariage entre une de ses filles et le fils aîné du prince de Parme. Rien cependant ne put dessiller les yeux de la reine; elle continua de travailler pour ce frère ingrat avec un zèle, une tenacité qu'elle n'eût pas eue pour une cause meilleure.

Il est impossible et il seroit à coup sûr ennuyeux de faire le recensement de toutes les sottises que cet amour fraternel inspire à la reine de Naples. Pour faire sa cour à cet empereur, elle refusa d'acquiescer au mariage de l'une de ses filles avec le prince royal de Prusse. Le roi avoit donné sa parole, la reine avoit consenti à ce traité, mais Joseph arriva à Naples en 1786; il se plaint, il parle si haut que tout est rompu, et la Prusse essuie le refus le moins ménagé. Et c'est ainsi qu'une reine, une épouse, une mère se conduit !

D'après ces faits qu'aucun motif ne m'a fait exagérer, il n'est pas surprenant que la reine soit haïe des peuples de Naples et de Sicile. Elle ne l'ignore pas et n'en est point affectée. Elle disoit à ce sujet à la princesse de Dietrichstein : *je sais que les Napolitains me haïssent tellement que si je venois à mourir ils feroient des réjouissances publiques comme pour l'événement le plus heureux qui pût leur arriver.* Ce propos ne peut être tenu avec cette tranquillité que par la persuasion intime d'avoir mérité cette haine.

## *Température de Naples.*

Beaucoup d'étrangers prévenus en faveur de la température de Naples y viennent et y séjournent pour respirer un air sain. Le climat peut convenir à ceux qui ont besoin d'une transpiration abondante ; mais il n'est pas également bon pour tous les tempéramens. J'ai connu plusieurs étrangers qui s'en plaignoient avec raison. J'ai moi-même éprouvé pendant le séjour que j'ai fait dans cette ville que mes digestions étoient laborieuses et ma tête souvent pesante. Les exhalaisons continuelles du sel ammoniac produisent ordinairement cet effet ; de même que la variation perpétuelle de la température est cause que les productions de la terre n'ont point autant de saveur que celles des pays plus froids, mais où le climat est plus uniforme.

Le territoire de Naples est d'une fertilité extrême et même surprenante. En examinant avec soin la nature du sol, en réfléchissant à l'ardeur du soleil même dans la saison où par-tout ailleurs la terre est couverte de neige, on pourroit croire que les légumes et les herbages devroient y croître avec la plus grande abondance et atteindre à un point de maturité supérieur ; la terre y est assurément fertile, les récoltes y sont généralement bonnes, mais elles n'ont rien d'extraordinaire quant à la qualité. Les exhalaisons du sel ammoniac altèrent la saveur, sans nuire à la quantité. J'ai vu en hiver des pêches d'une grosseur extraordinaire, des prunes et des melons. Tous les fruits à noyau y sont de la plus grande beauté. Les légumes frappent les yeux par leur grosseur qui annonce la force de la végétation ; mais cette végétation trop précipitée influe sur les productions à peu près comme le feu dans les serres chaudes. Les particules d'ammoniac répandues dans l'air, s'identifient avec l'athmosphère, hâtent la croissance des végétaux et leur donnent une apparence sur laquelle il ne faut pas juger de la bonté du fruit. La terre voudroit tout faire ; mais l'air imprégné, ainsi que je l'ai dit, la contrarie dans ses opérations.

## Le Tabac.

Cet objet, devenu pour la majeure partie de nos contemporains, un besoin de première nécessité, et pour le trésor des potentats une mine d'or, m'a suggéré quelques réflexions que je soumets au lecteur.

D'où vient que les souverains, dont les cabinets sont remplis de boîtes qu'ils distribuent aux personnes qu'ils veulent gratifier, ne font aucun usage de cette poudre dont ils encouragent le débit?

Fréderic, roi de Prusse, étoit peut-être l'unique souverain qui prît du tabac. Il s'y étoit accoutumé et en usoit avec un excès qui auroit dû en dégoûter ceux qui l'approchoient, par la mal-propreté de ses vêtemens. Le roi et la reine de Naples n'en font point usage. Les princes et princesses de la maison d'Autriche, la cour de Portugal, l'impératrice de Russie, le feu roi de Suède, laissoient à leurs sujets le plaisir de savourer le parfum de cette poudre enivrante, et se sont réservés celui de faire entrer dans leur trésor le produit de ce besoin factice.

Je crois que les puissances font du tabac ce que les prêtres faisoient de la religion. Ils en prêchoient l'observance, et savoient très-bien se dispenser de l'observer eux-mêmes.

Peut-être aussi leur a-t-on dit en secret que cette plante réduite en poudre nuit aux facultés intellectuelles, et ils ont la modestie de sentir que leur restant peu à perdre de ce côté, ils ne doivent point s'exposer à un danger aussi imminent. A la vérité, les médecins ne sont point d'accord sur les facultés nuisibles du tabac; il en est même qui l'ordonnent en certains cas; mais ces cas sont rares; et il n'est point encore décidé si elle est salutaire, ou non; la seule chose qui soit prouvée, c'est que sous Louis XIV, Fagon, premier médecin, reçut cent mille livres des fermiers généraux, et la ferme s'établit; et la mode en porta successivement le revenu à des sommes immenses.

Je connois quelques souverains qui ne prennent point de tabac parce qu'ils ont lu, je ne sais dans quel misérable pamphlet, que l'usage du tabac abrége la vie. Dans ce cas, ils devroient sacrifier le produit qu'ils retirent de cette denrée pour procurer à leurs sujets l'avantage dont eux-mêmes sont jaloux; mais ce soin paternel n'entre pas dans la liste de leurs devoirs, et ils ne sont point tentés de la grossir.

Je crois cependant que l'habitude du tabac n'influe point sur la durée de la vie, ni sur la conservation des facultés intellectuelles. Fréderic en est un exemple. L'amour de la bonne chère le perdit, et jusqu'à son dernier moment, il conserva une liberté d'esprit, qui donne beau jeu aux preneurs de tabac.

Quoique les souverains ne prennent point de tabac, le roi d'Espagne leur fait des présens annuels de celui qui croît dans ses vastes états; et l'on assure qu'il est moins bon que celui que l'on se procure dans les villes où on le manipule. Il seroit possible qu'il s'affoiblît en route. Les cadeaux de vins que se faisoient respectivement plusieurs princes, et particuliérement l'empereur et le roi de France, n'arrivent pas toujours en bon état.

---

### *Le Comte Sckabrouski.*

C'est le nom de l'ambassadeur de Russie près la cour de Naples. Cet homme se ressent des folies de sa jeunesse; il a vécu en si bonne compagnie qu'il ressemble à un squelette ambulant. Il exhale une odeur fétide qui, se mêlant à celle du musc dont ses vêtemens sont imprégnés, rend sa rencontre aussi insupportable que dangereuse. Lorsqu'il paroît au spectacle, les loges qui avoisinent la sienne deviennent désertes. Plus d'une fois, des personnes de l'un et de l'autre sexe n'ont pu supporter son approche,

proche, et ont perdu l'usage de leurs sens. Enfin, digne émule du maréchal de Richelieu, mais moins aimable que cet épicurien pour qui la nature avoit transgressé ses loix, l'envoyé de Russie est dans un état de marasme qui ne lui laisse qu'un souvenir bien amer des crapuleux plaisirs qui l'ont plongé, jeune encore, dans le dernier degré de décrépitude.

Sa manière de vivre est digne de lui. Il sort peu, est continuellement entouré de trois ou quatre nymphes, assez grassement payées pour se prêter à ses fantaisies et respirer le venin qu'il exhale. On l'a vu se livrer avec elles au badinage le plus indécent, et en recevoir des caresses qui semblent ranimer sa frêle existence. On prétend que cette manière d'exister tient à l'habitude qu'il a formée d'imiter l'exemple de sa souveraine, et que ses instructions les plus fidélement observées l'obligent à professer, malgré son éloignement, le culte institué par l'impératrice des Russies.

Sckabrouski fait beaucoup de dépense, et vit avec splendeur. Il en agit très-généreusement avec ses odalisques et les proxénètes qui les renouvellent à temps fixe.

On prétend qu'il se sert des premières à plus d'un usage et qu'elles sont ses espions. Ce fait n'est pas sûr; mais on a vu plus d'une fois des diplomates avoir recours à de pareils moyens. Le régent, et son ministre le cardinal Dubois, s'en sont servis avec succès. Sckabrouski donne des repas, des bals, des assemblées toutes les fois qu'il peut se tenir debout, et faire, pendant quelques momens, les honneurs de chez lui.

L'éducation, les voyages, les emplois, tout ce qui ordinairement forme les hommes, n'a pu influer sur le caractère de ce ministre. Né Russe, mais Russe comme on l'étoit avant le règne de Pierre I$^{er}$, il se comporte plus en Tartare qu'en homme civilisé.

Une des personnes qui composent sa maison étant tombée malade, il envoya chercher le célèbre Cottugno. Celui qu'il chargea de cette commission partit avec une voiture et ne dit point au docteur que le malade pressoit. Cottugno se servit de l'équipage qu'on lui avoit envoyé, pour faire quelques visites, et n'arriva à l'hôtel que deux heures après. A peine fut-il descendu que l'ambassadeur l'apostropha avec toute la grossiéreté qu'auroit pu employer un valet ivre. Il falloit être Sckabrouski pour se permettre de traiter un homme tel que Cottugno d'une manière aussi indécente. Plusieurs personnes choquées de cette incartade en portèrent des plaintes, et lui firent sentir que ce ton ne lui réussiroit pas, malgré le caractère dont il étoit revêtu. Quelques traits de ce genre l'ont fait connoître et ne lui ont pas mérité l'estime publique. Il est vrai qu'il a senti la nécessité de se modérer, et qu'il s'est efforcé de sauver au moins les apparences.

Ce ministre a un secrétaire de légation, qui semble lui avoir été donné pour faire ressortir ses défauts. C'est le comte Italinsky, homme aimable et du meilleur ton. Je n'ai connu aucun Russe qui eût autant d'esprit, et qui ait pris autant de soin de le cultiver. Sorti de sa patrie dès l'âge de seize ans, il a constamment vécu dans les pays étrangers. Il commença ses premières études à Utrecht, et les acheva dans les universités d'Hannover et de Gottingue. Il connoît personnellement les hommes illustres d'Allemagne; leurs ouvrages lui sont familiers; les belles-lettres, les sciences, les arts trouvent en lui un amateur éclairé. Il s'énonce facilement en plusieurs langues, et n'a point oublié la sienne, quoiqu'il y ait vingt-six ans qu'il soit sorti de son pays.

Le comte de Sckabrouski ne manque pas d'instruction ; il a fait d'assez bonnes études ; mais ne s'étant pas formé par les voyages, il n'a pu se défaire du caractère national qui porte les Russes à l'inertie, malgré les efforts constans du gouvernement qui ne ménage rien pour les civiliser. Je crois même qu'on ne parviendra jamais à ce but, à moins que par une révolution soudaine la verge du despotisme ne soit brisée. Comment espérer qu'une nation qui compte ses richesses par le nombre de ses serfs, puisse acquérir des idées justes des droits et des devoirs de l'homme dans l'état social! Et cependant c'est sur cette base que reposent les mœurs ; et ce n'est qu'au moyen des mœurs que l'on peut adoucir la férocité des individus qui la composent.

*Conseil d'État extraordinaire.*

Au mois de février, on tint à Naples un conseil d'état extraordinaire. Il remplit plusieurs séances ; et le sujet en fut ignoré des cours de S. James, de Berlin, de Copenhague, et du ministère de Hollande. Il s'écouleroit plus d'un siècle avant que l'on pût comprendre comment deux majestés et plusieurs ministres ont pu s'assembler et traiter gravement un sujet de la nature de celui que nous allons faire connoître. Il ne s'agissoit ni de paix, ni de guerre; ni de mariages, ni de traités d'alliance ; enfin , ni de conquêtes, ni d'aliénation de domaines.

L'archevêque de Tarente avoit fait insérer dans le rituel de son diocèse un office qu'il avoit pris la peine de composer en l'honneur de Saint-Castaldus, patron de la métropole. C'est déjà un grand sujet de surprise que de penser qu'il y ait un saint de ce nom, ignoré de la France. Il a été un temps où nous aurions sans-doute gémi de ne pas voir notre calendrier orné de ce nom, et nous nous serions empressés de l'y placer afin de nous mériter une intercession de plus près la Majesté divine. La foi robuste de nos ancêtres eût été alimentée; mais tout dégénère. Un de mes amis, excellent homme, quoique dévot, consulté par moi sur Saint-Castaldus, rêva long-temps; et, pour aider sa mémoire, compulsa un catalogue où sont inscrits les noms des habitans de l'*olympe*, vulgairement nommé le *paradis*. Le nom desiré ne s'y trouva point, quoique les Napolitains soient infiniment instruits dans cette science qui fait le bonheur et la prospérité des états.

C'étoit donc pour examiner la requête que les chanoines de la métropole avoient présentée à leur archevêque, à l'effet d'obtenir de lui la suppression de cet office qui surchargeoit leur bréviaire, que le conseil s'assembla extraordinairement. Ils représentèrent que les fonctions du sacerdoce, déjà si multipliées, si compliquées, ne leur laissoient pas le pouvoir de remplir ce surcroît d'obligations; que le leur prescrire, c'étoit les accabler, et les forcer à négliger d'autres devoirs consacrés par la série des siècles.

Après quelques débats aussi ridicules que l'objet même, le conseil n'osa décider entre l'archevêque et les chanoines. Il y eut ordre d'assembler les interprètes des volontés du Très-Haut, pour savoir d'eux si le nouvel office de ce saint ignoré devoit subsister.

Les confesseurs de la cour furent priés d'examiner cette affaire, que l'on soumit aussi à la decision des plus fameux théologiens des Deux-Siciles. Un vrai philosophe, un souverain tel que Fréderic-le-Grand, eût bientôt décidé la question, et l'archevêque eût été le but des plaisanteries générales, ou plutôt il n'eût osé étourdir son souverain d'un incident aussi puérile. Mais le roi de Naples, aussi minutieux que les empereurs grecs, sacrifia son bon sens naturel à la crainte d'errer dans la foi, ne voulut s'en rapporter qu'au sentiment de la faculté théologique qui décida unanimement que l'archevêque avoit le droit, sans consulter le saint-siege, de faire insérer dans le rituel général, l'office des saints particuliers à son diocèse.

Ferdinand IV, par cet acquiescement, donna une preuve sans replique de cette foiblesse qui nuit plus à ses sujets que ne le feroit vingt traits de despotisme. Les malheureux chanoines furent réprimandés, on les traita de rebelles, et il ne faut pas demander si l'archevêque conserva dans son cœur le ressentiment dû à l'audace qu'ils avoient eu d'appeller de sa volonté à celle du monarque.

J'eus occasion de voir celui d'entr'eux qu'ils avoient fondé de pouvoirs pour soutenir, en leur nom, ce procès ridicule. Cet homme me demanda ce que je pensois de l'importante affaire qui l'appelloit à Naples : je lui répondis que si j'étois à sa place, j'aurois bientôt pris mon parti, et que je ne lirois rien de toutes les misères qui remplissent le bréviaire. Ah! monsieur l'étranger, monsieur l'étranger! me répondit-il ; et l'ame, que deviendra-t-elle?

Il faut espérer que la philosophie suivant la marche des sciences, fera, ainsi qu'elles, le tour de l'Europe, et s'arrêtera quelque jour dans cette île. Le peuple détrompé, se lèvera dans sa force, et secouera le joug que les moines lui ont imposé depuis tant de siècles. Malheur alors à ceux qui l'ont trompé!

## Observations sur la Science de quelques Personnages.

Lors de mon dernier séjour à Naples, on m'a fait des récits fort plaisans de la profonde science du premier ministre, grand amiral des royaumes des Deux-Siciles, l'incomparable Acton. On verra que cet homme, chef de la marine, n'est fait que pour occuper celle d'un simple armateur.

L'homme qui est à la tête de la marine d'une nation doit avoir les connoissances relatives à cette partie, et savoir distinguer le mérite des sous-ordres qu'il emploie. Le choix des mathématiciens est un objet très-important, et la partie méchanique y est essentiellement liée. On va faire connoître de quels hommes Acton s'est entouré pour la direction des écoles de marine.

Si l'on demandoit à un Anglois, encore dans les derniers grades de la marine, si l'astronomie et la météorologie sont la même science, il regarderoit avec surprise le questionneur et ne daigneroit pas l'honorer d'une réponse. C'est qu'en Angleterre on a coutume de s'instruire de toutes les parties d'un art que l'on exerce, et que la marine royale et la marine marchande rougiroient également de confondre toutes les parties d'une science qui fait la prospérité de l'état.

Acton, moins difficile, confond tout, parce qu'il ne sait rien; il gouverne l'état au gré de son caprice et se croit un grand homme sur la foi des parasites qui l'entourent. La reine, à laquelle il a plu par sa forme athlétique, n'a jamais pu lui enseigner à manier le timon de l'état. Elle s'est prudemment bornée à lui donner des leçons de volupté, les seules qu'il soit capable de comprendre et de mettre à profit.

Fortiguerra, capitaine de frégate, revenoit de Londres en 1788, et en avoit rapporté plusieurs instrumens utiles à la marine. Parmi ces instrumens étoit un fort télescope du célèbre Herschel, premier astronome de notre siècle.

Le curé Toaldo, professeur en météorologie dans l'université de Padoue, se trouvoit pour lors à Naples. Sa réputation est connue, et il n'est pas au dessous de sa réputation, quoique ses ennemis lui aient imputé de s'être adonné à la chimère de l'astrologie.

Dès que Fortiguerra eut débarqué son télescope, Acton pria Toaldo d'examiner cet instrument, d'en observer tous les procédés ainsi que les dimensions, et de lui en faire un rapport détaillé.

Une quantité prodigieuse de monde devoit assister à cet examen. J'ignore si le roi fut du nombre des curieux. Ce qu'il y a de certain, c'est qu'il a le desir de s'instruire, et que l'unique chose qui puisse l'empêcher d'en saisir l'occasion, c'est un temps favorable pour la chasse. Alors, chagrins, devoirs, curiosité, tout est oublié par le foible monarque. Quoi qu'il en soit, la présence de Ferdinand n'eût fait qu'ajouter à l'embarras et à la honte du ministre et du professeur.

Toaldo étoit âgé de 78 ans. On plaça devant lui le télescope, et Fortiguerra lui-même avoit pris ce soin. Il examina cette machine, la tourna en tout sens et ne put réussir à la faire mouvoir.

Acton voulut s'en mêler, mais l'instrument rebelle fut tout aussi désobéissant à ses ordres qu'aux efforts du professeur de Padoue. Alors Fortiguerra reçut ordre d'approcher ; et le télescope devenant souple dans ses mains, fut démonté, et chacun put admirer la beauté de cet ouvrage, ainsi que son utilité.

***

*Visites intéressantes.*

Je reçus dans une matinée la visite de trois personnes bien remarquables. Comme ce n'est pas un sentiment de vanité qui me porte à en rendre compte, je dois prévenir le lecteur, qu'à Naples les principaux seigneurs de la cour rendent assez ordinairement aux étrangers les visites que ceux-ci leur ont faites. L'unique singularité est de les avoir reçues toutes trois dans l'espace de quelques heures.

Le premier étoit le duc de Termoli. Il descend de la famille Cataneo dont l'origine est génoise. Ses ancêtres se sont établis à Naples depuis long-temps. Ce seigneur est grand écuyer du roi, et fils du prince de Saint-Nicandre, de ce scélérat qui, pour le malheur de la Sicile, fut nommé gouverneur de Ferdinand IV. Il jouit des titres dont son père étoit revêtu, mais il préfère le nom de Termoli afin de n'être pas confondu avec l'homme dont la mémoire est en exécration à tous ceux qui aiment leur patrie. Termoli gémit des maux incalculables que Saint-Nicandre a causés à sa patrie en trompant l'espoir des Napolitains, et donnant à leur roi, confié à ses soins, l'éducation d'un lazzaroni. Il étoit cependant aisé de faire de ce prince l'un des souverains les plus accomplis. Il ne falloit que seconder la nature, diriger vers un but utile sa curiosité et le desir qu'il marquoit de s'instruire. Doué dès son enfance d'une conception facile et d'une mémoire excellente; si cet indigne gouverneur eût pris, pour le former au bien, le quart des peines qu'il s'est donné pour étouffer en lui le germe des connoissances, Ferdinand eût été heureux, et ses peuples n'eussent pas croupi dans l'ignorance la plus incroyable. Plus d'une fois ce monarque a dit, dans l'amertume de son cœur, au duc de Termoli : « *ton père est cause de mon malheur et de celui de mes sujets ; cependant je t'aime beaucoup, parce que je sais que tu es bien loin de lui ressembler* ».

Le duc de Termoli se conduit très-bien envers ses vassaux. Il est le plus doux des seigneurs, et s'il dépendoit de lui, le régime féodal seroit bientôt détruit. Il a des vertus. Il protège le mérite par-tout où il le découvre ; et sa réputation est si bien établie, qu'on a peine à se persuader qu'il soit le fils du prince de Saint-Nicandre.

Le marquis del Vasto descend en ligne directe de cet homme célèbre, connu dans l'histoire de France, sous le nom de Duguart, général de l'empereur Charles-Quint. Ce fut à del Vasto que François I$^{er}$, fait prisonnier à la bataille de Pavie, remit son épée. On sait que ce monarque, aussi imprudent que vaillant, refusa de la rendre au connétable de Bourbon qu'il regardoit comme la cause de ses malheurs, et qu'il traita avec autant de fierté qu'il auroit pu le faire au milieu de sa cour. Le marquis del Vasto est de la maison d'Avalos, l'une des plus considérables de toute l'Italie. On assure que son revenu s'élève à cent mille ducats, argent de Naples, ce qui revient à cinq cent mille livres de France, et, vu le bas prix des comestibles, peut être comparé à un million de rentes annuelles.

L'un de ses ancêtres, gouverneur du Milanois, mérita l'offre de la couronne de Sicile, et s'en rendit veritablement digne en refusant de l'accepter. Charles-Quint, qu'il avoit bien servi, et à qui, dans cette occasion, il donnoit encore une preuve éclatante de son désinteressement, l'en récompensa en le faisant empoisonner. Il ne voulut point compter au nombre de ses sujets un homme dont la gloire éclipsoit celle qu'il croyoit avoir acquise; et si quelque chose put affoiblir la trahison du connétable de Bourbon, c'est sans doute la conduite de Charles-Quint envers l'infortuné del Vasto. Ce martyr de la fidélité étoit neveu de Duguart, dont on a parlé plus haut. L'epée de François Ier est conservée dans le trésor de cette maison.

La troisième visite que je reçus fut celle du comte Lemberg. De tous les ambassadeurs que la cour de Vienne a envoyés à celle de Naples, Lemberg est celui qui a le plus de mérite, l'ame la pus noble, et le plus de vertus acquises. On lui reproche un peu de hauteur, et peut-être ce reproche est-il fondé à quelques égards. Mais qu'il est loin de cette morgue que tant d'atomes diplomates prennent pour la vraie grandeur ! Je n'ai jamais vu d'homme de son rang plus honnête et plus prévenant que lui pour ceux qu'il connoît. Tous les étrangers s'en louent. Mais Lemberg a réellement un grand défaut aux yeux des Napolitains, c'est de ne point aimer les courtisans, de ne point se lier avec eux, et de ne les voir qu'autant que les devoirs de sa place l'y condamnent.

Lemberg méprise sur-tout le premier ministre. Il s'est plusieurs fois permis de parler de lui d'une manière à faire sentir combien un tel choix déshonore ceux qui l'ont élevé à une place aussi éminente. Il ne lui accorde aucun talent, et dit : *cet homme eût été bon corsaire, et c'est tout. Il a les talens et l'encolure d'un pirate, et c'est précisément à cela qu'il doit son élévation.* Au reste, il le méprise, et ne néglige aucune occasion de le lui faire sentir. Il le croit incapable de gérer aucune des affaires relatives aux deux places qu'il tient de la foiblesse du monarque et de la préoccupation de la reine. Il s'est même permis de dire

dire à sa majesté : *qu'il ne préjugeoit rien contre les facultés occultes de ce ministre, qu'il les ignoroit et ne desiroit point de les connoître ; mais que celles qu'il déployoit dans le ministère ne convenoient pas aux emplois dont on l'avoit honoré.* Les témoignages du mépris de Lemberg augmentèrent en raison de sa faveur près de leurs majestés; et comme le marquis de la Sambucca perdoit en proportion celle que lui avoient acquise des services réels, Lemberg crut devoir redoubler de marques d'estime et d'attachement pour sa personne.

Un ambassadeur de l'empereur est à plaindre dans les cours où règnent les princesses autrichiennes, parce qu'il se voit forcé d'entrer dans des intrigues peu séantes à son ministère, et que les affaires de ruelles s'y traitent avec beaucoup plus d'importance que celles de l'état. L'ame trop élevée pour se plier à ces vils manèges, Lemberg se refusa toujours aux sollicitations de la reine, et ne lui répondit que pour la conjurer de ne pas déshonorer un rang aussi auguste que le sien par des menées indignes de sa naissance.

Les querelles fréquentes qui s'élèvent

*Tome I.* T

entre le roi et la reine ne se terminent jamais sans que l'ambassadeur, qui est plus celui de l'empereur qu'il n'est celui de l'empire, n'y entre comme médiateur. On vint un jour avertir Lemberg de se rendre sur-le-champ à Caserte. Le message venoit de la part de la reine ; et le comte, en quittant la table, ne put s'empêcher de s'écrier : *que ces maudites femelles sont insupportables !*

La reine exige des envoyés de l'empereur qu'ils parlent toujours haut lorsqu'ils s'adressent au roi. Lemberg ne voulut jamais s'y assujettir ; et comme elle insistoit avec autant de chaleur que d'humeur, il répondit que *ses instructions ne l'obligeoient point à donner tort au roi tandis qu'il avoit raison.*

Dans un des démêlés qui ont existé entre les deux époux pendant la mission du comte de Lemberg à la cour de Naples, la reine devint si furieuse, qu'elle exigea absolument que Lemberg menaçât le roi de l'indignation de l'empereur son frère ; mais Lemberg opposant à cette fureur momentanée un sang-froid imperturbable, lui répondit : *mon devoir est d'entretenir la paix entre votre majesté et le roi votre époux.* La reine s'emporta de nouveau ; et l'ambassadeur, excédé de ses cris, lui dit d'un ton ferme : *votre majesté prétend-elle que l'empereur mon maître envoie à Naples une flotte qu'il n'a pas, une armée de terre qu'il faudroit tirer du fond de l'Allemagne et de la Hongrie ; et tout cela, pourquoi ? Votre majesté peut-elle m'en dire la raison ?*

### Les Toscans.

Le roi de Naples étoit fondé à demander à l'empereur Léopold, alors grand-duc de Toscane, combien il y avoit de Napolitains à son service ; et à lui dire qu'il y avoit un grand nombre de Toscans dans les Deux-Siciles.

Depuis la mort du dernier grand-duc de la maison des Médicis, la Toscane a éprouvé de fortes émigrations. Plus de trente mille familles ont été s'établir dans les royaumes de Naples et Sicile. Il y en a de toutes les classes. Ils vivent à la campagne ; ils se sont habitués dans les villes, se sont introduits à la cour où plusieurs occupent des emplois considérables. Acton, le superbe et vil Acton, est lui-même Toscan ; il a passé une partie de sa vie crapuleuse à la cour du grand-duc, à son service ; et pour le malheur des Napolitains, il fut vomi dans cette île, qu'il souille par ses débordemens.

Les Toscans ressemblent en un point aux Irlandois. Chez eux ils sont toujours prêts à fomenter des rixes, des troubles ; mais dépaysés, ils s'entr'aiment, se soutiennent et sacrifient tout pour les intérêts de la patrie. Ils forment à Naples une coalition très-forte, et qu'il seroit difficile de rompre. Ils se pressent, se serrent l'un contre l'autre comme des hommes qui ne peuvent résister au courant de l'eau, et en rompre le fil, qu'en formant une masse imposante. Pour parvenir à en expulser un seul, il faudroit s'attaquer à tous, et les frapper en même temps et du même coup.

Fins et astucieux, les Toscans savent que pour se conserver à la cour ils doivent s'entr'aider, et concilier l'avantage général avec celui de chaque individu. Ennemis à la cour de leur prince naturel, ils deviennent un peuple de frères à celle de Naples.

Ayant reçu de la nature un caractère insinuant, et se servant avec adresse de l'avantage que l'éducation et la culture de l'esprit leur donnent sur les Napolitains, ils brillent à Naples, quoique, dans le vrai, il n'y en ait pas un seul qui possède des talens distingués. Il faut une cour de Naples pour faire des fortunes rapides. On les voit remplir des places dans le conseil d'économie et des finances, dans les secrétariats, dans les départemens, parmi les troupes de terre, dans la marine ; par-tout enfin où l'on peut espérer de l'avancement.

On a dit que l'ignorance est le caractère distinctif des Napolitains, et l'on s'est aussi empressé de prouver qu'il y a parmi eux quelques personnes d'un mérite distingué. Il est nécessaire d'ajouter que ceux qui ont eu le bonheur de secouer les préjugés de leur pays, et de surmonter les difficultés en tous genres qui s'opposent à leur instruction, réussissent singuliérement bien, et vont beaucoup au-delà de l'imagination.

Acton n'ignore pas non plus cette vérité, mais il semble ne pas y croire ; parce qu'il s'est fait un plan dont il ne dévie pas ; c'est de préférer le Toscan le plus ignare au Napolitain le plus instruit. *Carus amor patriæ!*

Aussi entend-on retentir par-tout l'éloge des grandes qualités d'Acton. Sapience, génie, aptitude universelle, cet homme, s'il faut en croire ses protégés, ses parasites et ceux qui aspirent à le devenir, réunit tout ce qui constitue le grand ministre, l'homme d'état par excellence. Mais dès que l'on approche de ce prétendu phénomène, l'illusion se détruit, et la comparaison que l'on est forcé de faire entre les récits et sa personne, sont absolument à son désavantage. Jamais d'idée lumineuse, des tournures de phrases très-communes, point de diction, point d'élocution, rien enfin n'annonce en lui ce qui devroit être. Si l'on examine ses opérations depuis son entrée au ministère, on s'étonne que cet homme, fort au-dessous de la médiocrité, ait pu capter l'estime de ses souverains, et accumuler sur sa tête les places, les richesses et les honneurs. Si ces réflexions forcent à remonter à la source de cette réputation usurpée, on reconnoît qu'il la doit aux Toscans intéressés à l'éloger. Acton est en effet pour eux un protecteur zélé, puisqu'il ne s'occupe qu'à satisfaire leur ambition en leur procurant un avancement rapide dans la carrière qu'ils parcourent. Il n'est donc pas surprenant que ce ministre, escorté de ses créatures, vu seulement en perspective, passe pour un homme instruit ; mais il l'est beaucoup que ceux qui le voient de près n'aient osé jusqu'à présent imiter le comte Lemberg qui a su l'apprécier, et qui, sans doute, le feroit mieux connoître, si la dignité du représentant de l'empereur n'exigeoit de lui la plus grande circonspection.

Je dînois un jour chez un ambassadeur où il y avoit une foule de Toscans. Le chevalier Wilichini, capitaine de vaisseau dans la marine royale, et l'un des plus grands protégés d'Acton, y étoit. Il donna une preuve de sa modestie qui surprit tous ceux qui l'entendirent, quoiqu'ils fussent accoutumés aux exagérations de ce genre. Il osa, sans à propos, sans que la conversation préparât à cette saillie ; il osa dire que la Toscane avoit donné aux Deux-Siciles les plus grands hommes dont elle pût se glorifier ; mais il ajouta par réticence, *moi seul excepté*. Cet homme si modeste étoit placé près de moi ; il me jetta un regard qui quêtoit un compliment: mais je ne jugeai pas à propos de m'avilir à ce point.

J'ai eu occasion de voir souvent ce chevalier Wilichini, et rarement me suis-je apperçu qu'il eût du bon sens. Il ne voit qu'Acton, ne parle que d'Acton et des Toscans; mais c'est avec une impudence si marquée, qu'il nuit singuliérement au parti qu'il veut célébrer. J'ai eu la curiosité de m'informer si cet homme possédoit au moins les connoissances nécessaires à son état ; on ne m'a répondu qu'en me disant : *c'est une créature d'Acton.*

Ainsi, malgré tous les avantages des Toscans, il résulte que ce chevalier, l'un des meilleurs marins qui soit au service de Naples, n'est pas en état de se mesurer avec aucune des puissances maritimes, et peut-être encore moins d'aller au loin faire des découvertes. J'ai observé cet homme, je l'ai suivi, et je n'ai jamais pu recueillir de lui une seule idée, une seule expression qui méritât d'être conservée. Toujours le premier à parler sans savoir ce qu'il va dire, il lui échappe continuellement des forfanteries, ou des inepties qui font desirer d'éviter sa rencontre.

*Manière de voyager dans les Deux-Siciles.*

Il est impossible de voyager dans ces royaumes comme par-tout ailleurs. Les routes en sont extrêmement négligées et dangereuses, parce qu'il n'y a aucune police ; elles n'offrent d'ailleurs aucune des commodités que l'on trouve communément dans la plupart des pays de l'Europe.

La majeure partie des voyages se font à cheval ; et l'on se fait suivre par des chevaux ou des mulets pour porter le bagage et les provisions ; car il est nécessaire de s'en pourvoir si l'on n'est pas d'avis de se contenter de la chère la plus mauvaise et la moins saine.

Les auberges de ces royaumes ne méritent pas de porter ce nom. Après une journée ennuyeuse, après avoir beaucoup souffert dans une route peu frayée, peu sûre, et où la crainte d'être assassiné, ou du moins dépouillé de ce que l'on possède, ne laisse d'autre soin que de se garantir du premier de ces malheurs, on arrive dans un gîte détestable. On y trouve de l'eau, de mauvais vin et du pain plus mauvais encore, quoique ce pays fournisse du bled à plusieurs états voisins. Au reste, un grabat, du bois à brûler et quelques ustensiles pour faire la cuisine, voilà sur quoi le voyageur doit compter. On doit avoir un valet au fait de la cuisine, sans cela il faut se passer de potage, de viande et des autres comestibles si nécessaires, si communs dans nos maisons. Il ne s'en trouve point dans ces endroits.

Il est donc indispensable de ne point dépasser les villes ou les bourgs un peu considérables sans s'informer du lieu où se tiennent les marchés ; il est également essentiel de s'approvisionner chez le premier vendeur, car il n'est pas sûr qu'un refus ne contraigne à faire le repas des anciens anachorètes. Avec de la patience et la précaution de s'informer de maison en maison, on parvient à se procurer l'à-peu-près des besoins urgens.

Si le voyageur est un peu délicat, s'il craint les divers insectes dont les lits de ces hôtelleries sont infectés, il doit se faire suivre par le sien ; alors il sera certain d'être passablement couché, parce que par-tout on trouve de la paille fraîche, que l'on fait porter dans le coin le plus isolé, et où l'on peut espérer un peu de tranquillité.

C'est ainsi qu'il faut se conduire dans tout le royaume des Deux-Siciles, lorsque l'on veut le parcourir en détail, et se procurer une connoissance certaine de ses habitans sans trop communiquer avec eux. On se pourvoit aussi d'un guide, et c'est ordinairement un soldat qui s'acquitte de cet emploi. Il conduit les étrangers d'un lieu à un autre, et tous les jours il faut en changer. Le prix de ces guides est fixé, et jamais l'on n'est trompé sur cet article. Cet homme est chargé de vous accompagner et de présenter votre passeport dans l'endroit où il doit être relevé de cette espèce de garde. Quelquefois le même vous guide deux jours de suite, mais cela n'arrive que lorsqu'il n'y a point sur la route de villes où il y ait garnison. On prend ordinairement deux de ces guides à la fois ; et la cavalerie y est employée ainsi que l'infanterie.

Cette manière de voyager est extrêmement incommode. On souffre beaucoup, et l'on manque souvent le but que l'on s'est proposé en voyageant. Il n'est pas aisé de prendre des informations sur l'histoire naturelle ou l'antiquité, parce que les habitans, semblables aux sauvages, ne connoissent que leurs cabanes, leurs maisons et leurs champs. Si l'on s'arrête chez un ecclésiastique, ou que l'on entre dans un couvent, il est assez commun de n'y trouver personne qui soit en état de satisfaire la curiosité si naturelle aux voyageurs. Cependant presque dans tous les endroits il y a des personnes qui, sans être instruites, peuvent être fort utiles à un étranger ; mais il s'agit de les rencontrer, et si on les rencontre, de les décider à prendre cette peine.

Cependant Naples et la Sicile attirent l'attention des voyageurs qui s'y rendent avec empressement. Voici comment il faut s'y prendre pour tirer parti de ce voyage. Il faut se procurer à Naples une petite provision de lettres de recommandation. Il suffit de s'en munir pour les premiers endroits où l'on veut s'arrêter, parce que les personnes à qui elles sont adressées s'empressent de vous donner les directions nécessaires pour continuer le voyage ; et de proche en proche on est reçu par-tout et l'on visite tout. Avec cette précaution on fera bien d'y joindre celle de se faire recommander aux personnes les plus distinguées des endroits où l'on se propose de s'arrêter et de prolonger son séjour, afin de ne laisser échapper aucun des objets qui méritent l'attention de l'observateur.

Cette précaution ne dispense pas de prendre un passeport et un ordre aux guides de vous escorter de station en station ; sans cela on risque d'essuyer des désagrémens à l'infini, sur-tout dans les lieux où il y a garnison. Ces passeports s'obtiennent très-facilement ; et pour peu que l'on soit connu, ils sont conçus en termes honorables, faits pour attirer à celui qui y est dénommé les égards les plus flatteurs de la part des commandans et habitans des lieux où il passe.

Parmi les lettres de recommandation, il ne faut pas négliger celles des couvens. On doit se faire présenter aux supérieurs qui résident à Naples, et s'informer s'il s'en trouve de leur ordre dans la route que l'on se propose de tenir. Mais avant tout, il est bon de prendre dans la capitale des renseignemens sur les lieux où l'on doit s'arrêter aux heures des repas et du repos ; ce qui sauve beaucoup de fatigues, d'ennui et quelquefois de dépenses.

Quoique cette manière de visiter les Deux-Siciles soit absolument préférable à la première, elle n'est cependant pas sans inconvénient. Il est mieux de ne faire qu'un seul repas, de ne s'arrêter que le temps nécessaire pour changer de chevaux, et de poursuivre sa route jusqu'au soir, en prenant garde d'arriver de bonne heure au gîte, et sur-tout avant la fin du jour.

Quelques étrangers ont ajouté à toutes ces précautions celle de faire écrire leur arrivée aux personnes pour lesquelles ils avoient des lettres de recommandation, afin d'éviter le plus grand désagrément qui puisse arriver à un voyageur, celui de ne pas trouver les personnes à qui on l'a recommandé. Le seul inconvénient attaché à cette précaution, est d'être reçu avec un cérémonial qui devient bientôt importun. En outre, les Napolitains ont conservé tant de respect pour l'hospitalité, que si la personne à qui l'on écrit pour lui annoncer l'arrivée d'un étranger, est absente, les parens et les amis à l'ouverture de la lettre s'empressent de l'attendre, et se disputent à qui obtiendra la préférence pour remplacer l'absent.

Il est impossible d'être plus cordialement reçu qu'on ne l'est par tous ceux à qui l'on a été recommandé. L'étranger est accueilli, est fêté, soigné. La meilleure chambre, le meilleur lit, et c'est presque toujours le lit nuptial, lui sont destinés. Une chère délicate, des vins précieux lui sont présentés. Il éprouve tant de marques de bienveillance, qu'il en est étonné; et l'on diroit, à voir l'empressement du Napolitain, que c'est un ami qui en trouve un autre après une longue séparation.

La famille à qui l'on est adressé ajoute, à la manière distinguée dont elle reçoit, l'attention de pourvoir le voyageur de guides et de montures pour le lendemain, en fixe le prix, et ne souffre jamais qu'il soit rançonné. Les Napolitains ne tournent jamais à leur profit l'hospitalité qu'ils ont exercée. Ils pratiquent cette vertu si renommée chez les anciens Grecs, et continuent à se faire honneur d'avoir conservé, au milieu de tant de changemens, cette partie si intéressante des mœurs de leurs ancêtres. Nobles, bourgeois, prêtres, moines, militaires, marchands, artisans, tous ont le même esprit, le même désintéressement en ce qui concerne l'exercice de la vertu qu'ils prisent le plus. Après avoir bien réglé leurs hôtes, ils leur procurent le même avantage à la station suivante. Ils chargent les bêtes de somme de fruits, de vin et de pain, afin qu'ils puissent se rafraîchir en chemin. Souvent ils les accompagnent l'espace de plusieurs milles, et quelquefois jusqu'à la station suivante.

Alors on est certain de ne rien échapper de ce qui mérite d'être vu ; et ils savent procurer à ceux qu'ils accompagnent les renseignemens les plus détaillés sur ce qui attire leur attention. S'il existe des ouvrages qui fassent mention de ces choses, ils les leur indiquent, et leur en font même présent.

Cependant tous ces avantages sont balancés par des désagrémens. Arrivé le soir après une journée fatigante, excédé de lassitude, le voyageur harassé ne desire que du repos. Les routes et les montures, également mauvaises, le lui rendent nécessaire, et c'est pour lui le premier des besoins. Ce besoin ne peut être satisfait. Le Napolitain

Napolitain qui a le bonheur de recevoir un étranger, qu'il suppose toujours être un grand homme, parce que, comme on l'a dit plus haut, les louanges les plus exagérées remplissent toujours la pancarte nommée passeport, et les lettres que l'on s'est procuré. Le maître de la maison, dis-je, invite ses parens et ses amis afin de le recevoir avec plus de solemnité, et de lui marquer plus de considération. Aussi-tôt le voyageur est entouré, assommé de questions auxquelles il faut répondre bien ou mal. On n'a point d'idée de ce tourment, à moins de l'avoir éprouvé. Il faut décliner le nom de son pays, ce que l'on a vu, ce que l'on a remarqué ; et ces questions sont quelquefois si singulières, qu'il est bien difficile de ne pas éclater de rire. Le peuple même, informé que telle personne reçoit un étranger, accourt, l'examine, le toise avec des marques de respect et de vénération. Un étranger qui s'arrête dans un endroit écarté, et par conséquent peu fréquenté, est pour ces gens-là un spectacle. Ils accourent pour voir cet animal si rare, et peuvent à peine en croire leurs yeux. On est certain de faire pendant long-temps la matière de leurs entretiens, et sur-tout de ceux des personnes qui ont logé, parlé et bien fatigué l'objet de leur vénération.

Mais si l'on a le courage de surmonter toutes ces fatigues, si l'on est doué d'un tempérament assez robuste pour soutenir les désagrémens des routes mal entretenues, des montures détestables, on peut s'attendre à en être en quelque sorte dédommagé par le plaisir d'observer des mœurs si différentes de celles des autres pays de l'Europe.

J'ai parcouru une partie de la Capitanate et de la Pouille, et j'ai été témoin et acteur des scènes que je viens de décrire. Il n'existe pas sur la surface du globe une nation plus hospitalière et meilleure que celle-ci. En examinant ce peuple si simple et si bon, on gémit et l'on s'indigne de voir qu'il n'est pas favorisé par le gouvernement, dont le premier soin devroit être de contribuer à son bonheur. Les Napolitains qui habitent les campagnes me semblent mériter la préférence sur ceux des villes, et surtout de la capitale. C'est-là que l'on trouve le caractère originel des Napolitains, et que l'on apprend à les apprécier. On découvre en eux un esprit naturel, du bon sens, et même du discernement. Cette nation me paroît en général avoir d'heureuses dispositions pour les sciences, les arts et les lettres. L'instruction seule lui manque; il seroit si aisé de la lui procurer.

## La Police.

Point de villes en Europe qui en ait un besoin plus pressant que Naples, et cependant point de villes où il n'y en ait davantage. Elle n'en connoît pas même le nom. Sans égard pour la foule des piétons dont les rues sont toujours remplies, parce que la population de Naples est plus forte que celle de Paris et de Londres, en raison de son étendue; sans égard, dis-je, pour les piétons, les cochers courent à bride abattue, et ne crient que lorsqu'ils les ont roués ou jettés dans la boue. Il est inutile de se plaindre, parce que l'on n'obtient aucun dédommagement; il est même dangereux, à quelques égards, de rompre le silence, parce que les cris ou les plaintes n'obtiennent que des railleries, suivies quelquefois d'injures. Il n'est pas rare de voir des personnes blessées, estropiées et même tuées par le choc des voitures ; mais il est incroyable, et cependant vrai, que le gouvernement ne prend aucune mesure pour prévenir ces désordres. Il traite ces malheurs de bagatelles qui ne méritent point que l'on s'en occupe.

Je ne conseille pas aux personnes qui ont l'ouie un peu dure d'aller à pied dans les rues de Naples, et quant à ceux qui l'ont trop sensible, ils peuvent être assurés de courir le plus grand danger, parce que les cris du bas peuple de Naples sont si perçans, qu'ils se confondent avec le cri tardif des cochers et voituriers, et qu'il est presqu'impossible à un étranger de les distinguer. Il n'y a qu'un long séjour à Naples qui puisse les familiariser avec ces glapissemens ; et lorsqu'ils s'y sont accoutumés, ils peuvent parcourir Naples sans encourir plus de danger que les Napolitains même.

A Naples, les filoux sont extrêmement adroits. Leurs talens sont très-supérieurs à ceux des gens de leur ordre dans quelque pays que ce soit. L'unique précaution que l'on doive employer contr'eux, c'est de ne rien porter sur soi lorsque l'on veut aller à pied dans les rues. Pendant les quinze premiers jours de mon arrivée à Naples, on me prit constamment mon mouchoir. Après en avoir perdu quinze, je n'ai trouvé d'autre moyen que de l'attacher à mon bras. Malgré le défaut de police, on vole rarement dans les maisons ; ce sont les rues qui deviennent constamment le théâtre où les athlètes de ce genre font usage et trophée de leur adresse.

Il y a dans cette ville une quantité d'équipages, et les calèches d'une forme singulière y sont encore en plus grand nombre. La plupart de ces calèches ne contiennent qu'une personne, et sont attelées d'un seul cheval. C'est un triangle fort incommode qui repose sur une planche très-étroite ; elles ont deux roues, et sont entièrement découvertes. Les paneaux sont dorés et ornés de peintures assez mauvaises. Au moyen de ces voitures, on parcourt aisément dans une matinée un espace de dix-huit à vingt milles. Le guide, appellé *calescher*, est derrière la voiture et debout : c'est delà qu'il tient les rênes. Si la personne qui est dans la calèche veut avoir le plaisir de conduire, le calescher n'est plus responsable des événemens ; et s'il arrive, ce qui n'est pas rare, que la voiture soit heurtée, brisée, ou les peintures gâtées, les frais de réparations s'élèvent très-haut, et sont à la charge de celui qui a loué. Mais toutes les fois qu'on laisse au guide le soin de conduire la voiture, l'exercice de son fouet, on ne doit plus s'inquiéter des événemens; et réellement il n'en arrive aucun, parce que ces gens-là sont si fort exercés qu'ils se fourrent par-tout sans qu'il en résulte le plus léger danger. Les rênes sont attachées à un cavesson sans frein; plus on les tire, plus le cheval accélère son pas; si on les lui rend, il s'arrête. Ces conducteurs se servent aussi de la voix pour hâter, ralentir le pas du cheval. On préfère ces voitures à celles qui ont quatre roues, même pour parcourir la ville.

Une ville telle que Naples, où la population est immense, relativement à son étendue, où les préjugés sont en proportion de l'ignorance, où la police est aussi négligée que l'éducation, devroit présenter chaque jour l'affreux spectacle du brigandage. Mais le défaut d'administration est compensé par la douceur de caractère des habitans. Ce qu'il y a de singulier, c'est qu'il se commet plus de crimes dans les campagnes que dans les villes, et qu'ils sont plus fréquens dans les villes de province que dans la capitale, toujours en proportion de leur population respective. Les grands chemins sont fréquemment infestés de voleurs. Les vols, les assassinats, tout ce que la fureur de la vengeance peut exécuter se commettent journellement; et ces horreurs, qui semblent contraster avec la bonté naturelle des Napolitains, s'y allient sans l'altérer. Pour sentir la vérité de ce que j'avance, il faut réfléchir que ces crimes ne sont pas réprimés, que la justice sommeille continuellement dans ce pays, que la police y est inconnue, que les passions y règnent comme par-tout, et qu'enfin le Napolitain, plongé dans l'ignorance, tient ses vertus de la nature, et ses vices de l'état demi-social où il languit.

―――――

*Quelques Diplomates.*

Après le chevalier Hamilton dont on a parlé avec éloge, le plus ancien ministre étranger est le comte de Sa, ambassadeur de Portugal près le roi de Naples. Depuis sa nomination à ce poste, il n'est retourné qu'une fois dans sa patrie, d'où il est revenu le plus promptement qu'il a pu. Il y a quelques années que le cabinet de Lisbonne forma le projet de ne plus envoyer d'ambassadeur ordinaire à Naples. C'est pour cette cour une dépense fort inutile, parce qu'il n'y a point de liaisons d'affaires entre ces deux cours, et que s'il en survenoit, il seroit tout simple d'en charger l'ambassadeur qui réside à Rome. Ce ministre pourroit la gérer très-aisément, parce que la communication de la capitale du monde chrétien à Naples est très-facile depuis la confection des belles chaussées des Marais-Pontins. M. de Sa craignoit son rappel ; mais la reine actuelle qui a succédé à Joseph I$^{er}$, s'est décidée à laisser ce ministre à Naples. Il n'y a point au monde de poste qui convienne mieux à M. de Sa que celui de ministre plénipotentiaire de la cour de Portugal à celle des Deux-Siciles. N'ayant autre chose à faire que de donner les nouvelles courantes, rarement intéressantes, et que son secrétaire est chargé de rédiger, ce ministre peut suivre en liberté le genre de vie qui lui est le plus agréable. Il ressemble à ces chevaux de parade que l'on prend soin d'engraisser dans de superbes écuries. Il aime la table, et en tient une fort bonne; il dort long-temps, et se réveille pour voler dans les bras des houris qui composent son paradis. La promenade est le seul travail qu'il s'impose. Il va aussi régulièrement à la cour, et s'y rend sans peine, parce que l'unique chose qu'il ait à y faire, c'est de recevoir les honneurs dus à la couronne qu'il représente. Quoiqu'il soit à Naples depuis plus de trente ans, il ne sait que très-peu d'italien, encore moins de françois, et n'en a pas moins oublié en grande partie sa langue maternelle. On demandera quelle langue parle son excellence. Je répondrai que, quoiqu'il soit de la caste des *fidalgues* dans laquelle le babil passe en hérédité de génération en génération, la nature avare envers lui l'a privé de ce don heureux. Il n'est pas muet, mais il ne parle que très-peu; et ce défaut en Portugal est une qualité précieuse à Naples, où l'on aime beaucoup à discourir.

Cet homme est grand; il a les épaules fort larges, et la taille d'un buffle, à qui d'ailleurs il ressemble un peu. D'après ce que j'ai dit de son genre de vie, toute question sur ses talens seroit superflue.

Un autre atome diplomatique, d'où il sort continuellement des exhalaisons méphitiques, au moral comme au physique, c'est le signor Bonecchi, consul impérial et agent de Toscane.

Très-petit, très-vieux, excessivement laid, parlant toujours, espionnant sans cesse, cet homme est à charge à tout ce qui l'environne. A son extérieur, on juge qu'il doit appartenir au grand duc. Toujours à l'affût des nouvelles, on le voit l'œil fixe, le cou tendu et l'oreille découverte pour ne rien perdre de ce qu'il peut voir, entendre et rapporter. Comme il est bon courtisan, et que ses dépêches sont rarement intéressantes, il y supplée en faisant passer à son maître une série d'anecdotes scandaleuses, dans lesquelles figurent pêle-mêle le ministère, la cour et la ville. Léopold, très-curieux, avoit pris un excellent moyen pour tenir en haleine le signor Bonecchi; c'étoit de ne le payer qu'en raison du nombre de ses nouvelles et de leur importance. Bonecchi ajoute à des devoirs si bien remplis, l'honorable fonction d'espion en titre de la reine et du ministre Acton. On croit que

Léopold avoit consenti à ce traité, afin de n'être chargé que d'une partie des gages dus à de si rares talens. Marie-Caroline et son favori Acton s'en servent pour être instruits, par son rapport, des minuties qui occupent le corps diplomatique, dont il fait partie intégrante.

Bonecchi possède l'art de s'introduire dans les meilleures maisons, afin d'être de tous les dîners, de toutes les fêtes; mais surtout il n'oublie rien de ce qui peut lui ouvrir les cabinets des ministres étrangers. Attentif à saisir le biais du caractère des personnes qui le reçoivent, il sait gagner leur confiance en flattant les uns par des éloges, alimentant la curiosité des autres par des récits mensongers, et se prévalant de leurs défauts pour les mieux subjuguer. De retour chez lui, il ajuste ce qu'il a entendu, en tire des résultats, ajoute, retranche, altère, et fait régulièrement passer à son souverain une chronique qui l'amuse. La reine et le général lui font souvent des cadeaux qu'il reçoit comme le juste tribut d'une reconnoissance bien méritée, et qui le dédommage de la parcimonie de son souverain.

Si l'on se propose de vivre tranquille à Naples, il faut éviter l'approche de cet être aussi dangereux que méprisable. Heureux celui qui en est ignoré ; car quiconque en est connu, doit s'attendre aux traits de la calomnie, et à ceux plus aigus encore de la médisance. Couvert du mépris général, il est cependant invité par-tout ; on le connoît, mais on le craint ; et cette crainte est assez forte pour n'oser l'éconduire. On se comporte envers lui comme le font envers le diable certaines hordes de sauvages qui croient enchaîner sa méchanceté en lui offrant de continuels holocaustes. Lorsque l'on se permet de lui faire quelques reproches relativement à la fausseté démontrée des nouvelles qu'il débite, et qui ont été forgées dans son antre, il répond : cette nouvelle a été apportée chez M....... ou madame...... par M..... Il cite, il nomme effrontément, et rejette sur autrui la honte dont il est couvert.

---

*Aventures d'un Homme Célèbre.*

J'avois, lors de mon séjour en Suisse,

fait connoissance avec le professeur Felix qui résidoit dans la jolie petite ville d'Yverdun, où il avoit monté une imprimerie complette. Les ouvrages de ce littérateur sont plus connus que ses aventures. On savoit cependant qu'il avoit été moine, qu'il avoit jetté le froc, mais on ignoroit les particularités de sa vie et les circonstances qui l'avoient rejetté dans le monde. Comme j'ai eu occasion, pendant mon séjour à Naples, de savoir au vrai son histoire, et que personne n'a, du moins je le crois, tenté d'écrire sa vie, je vais le faire connoître tel qu'il fut, et mes lecteurs m'en sauront peut-être quelque gré.

Né dans une des petites villes qui composent l'état de l'église, Felix devint à dix-huit ans amoureux de la fille d'un riche particulier, mariée dans la suite au signor Panzul, établi dans la ville de Naples. Felix pauvre et naturellement timide, n'avoit osé déclarer à cette jeune personne la flamme dont il étoit dévoré, et moins encore se présenter comme aspirant à sa main. Ainsi son amante ignora pendant long-temps la conquête que ses charmes avoient faite.

Felix ne connoissant plus de repos, consumé par une passion dont l'absence de l'objet aimé redoubloit encore la violence, imagina enfin un moyen qui, avec le temps, devoit lui procurer quelque soulagement. Il se fit récolet, parce qu'il savoit que les supérieurs de cet ordre envoyoient les jeunes profès, qui s'étoient distingués dans leurs études, remplir à Naples des chaires de belles-lettres et de théologie.

Animé par l'espoir de revoir sa maitresse, Felix redoubla d'ardeur pour le travail. L'amour développa en lui les talens dont la nature lui avoit donné le germe. Il se distingua, et fut effectivement choisi pour aller professer à Naples. Dès qu'il y fut arrivé il prit des informations, et apprit, avec une satisfaction égale à son amour, que l'objet de sa tendresse étoit séparée de son mari, qu'elle plaidoit contre lui, et que la réussite de cette affaire dépendoit d'un des conseillers de la vicairie. Il s'informa ensuite quels étoient les lieux que fréquentoit l'homme qu'il avoit tant d'intérêt de connoître, et sut qu'il passoit tous les momens que ses occupations lui laissoient de libres, dans la boutique d'un libraire nommé Torres, et dans deux autres endroits du même quartier. Alors les occasions de rencontrer ce magistrat devinrent fréquentes, et Felix qui en profitoit avec soin, s'offroit en tout lieu à ses regards et ne manquoit jamais de le saluer. Quoiqu'il desirât de se lier avec lui, il évitoit de laisser paroître un empressement qui eût pu le rendre suspect. Le conseiller qui le trouvoit toujours sur ses pas s'accoutuma à s'entretenir avec lui ; il le questionnoit, et Felix lui répondoit avec un respect qui le flattoit infiniment. Enfin, le conseiller ayant pris de l'amitié pour le moine, il l'invita de venir dans sa maison.

Felix, au comble de la joie, sut néanmoins la renfermer et se contenir de manière à laisser croire qu'il n'avoit d'autre dessein que de céder aux sollicitations obligeantes qui lui étoient renouvellées chaque jour. Felix avoit des talens et des qualités qui le rendoient intéressant en société. Il parloit avec grace, avec énergie, racontoit parfaitement, et savoit assaisonner ses plus graves discours d'une plaisanterie fine. Il plut au sénateur qui, bientôt, le regarda comme faisant partie de sa maison.

Six mois s'étoient écoulés sans que Felix eût osé prononcer le nom de *la dame de ses pensées*. Mais de quoi n'est pas capable un moine amoureux, et moine récolet? Cette patience prouve la ténacité de son caractère. Le magistrat l'entretenoit souvent des affaires du tribunal où il siégeoit; et enfin, dans le nombre de ses cliens, il nomma l'amante de Felix, qui se trouva aussi être devenue l'objet de son culte secret. Felix hasarda quelques questions, et sut, par les réponses ingénues de son ami, quelle étoit la nature des dissensions qui s'étoient élevées entre les deux époux, et le couvent où la belle plaideuse avoit été demeurer par ordre du tribunal. Felix garda pendant quelques momens un silence affecté, et dit ensuite du ton le plus naturel : *si ma mémoire me sert bien, cette dame doit être fille du signor tel, et il me semble que c'est la même dont j'ai reçu ordre de mes parens de m'informer. Cependant je n'en suis pas certain.*—*Rien de si facile que de vous en éclaircir*, répondit le le sénateur, *quoiqu'il soit défendu d'introduire personne près d'elle; je vous donnerai, mon cher Felix, une permission de la voir et de lui parler aussi souvent que vous le voudrez.* Le moine, au comble de ses vœux, accepta cette offre avec une indifférence apparente, et sut en profiter avec toute l'habileté d'un homme de son état.

Les Napolitains ont une déférence si entière pour le froc que Felix ne trouva aucun obstacle. Il vit son amante, lui déclara sa passion et l'informa de tout ce qu'il avoit fait pour parvenir jusqu'à elle. La robe monacale n'est pas dans ce pays une exclusion pour celui qui la porte. Les femmes préfèrent même ces sortes d'amans aux cavaliers les mieux faits; et les femmes savent bien pourquoi. Elles ont le tact sûr. Felix étoit jeune, aimable, spirituel, robuste et passionné; en faut-il davantage pour plaire ? Il plut, on le lui avoua ; il voulut être heureux, et la suite prouve qu'il le fut.

Lié intimement avec le magistrat rapporteur du procès de son amante, connu de lui pour un de ses compatriotes, il servit beaucoup à rapprocher les deux époux qui,

Tome I. X

par des raisons très-différentes, lui surent un gré infini des soins qu'il se donna pour les raccommoder. Dès lors, il devint l'ami de toute la famille.

Felix, au dégoût de son état, ajoutoit depuis long-temps un profond mépris pour les institutions qui privent un être né libre de la prérogative que la nature lui accorde en le formant. Il regardoit le célibat comme une dégradation civile, comme un crime de lèse-société ; il s'étoit formé des idées saines de la liberté individuelle, du juste, de l'injuste, des droits et des devoirs de l'homme. Il conçut le projet de changer d'état, et de rendre à son amante une liberté que l'on avoit engagée malgré elle. Ils s'enfuirent ensemble, et ils eurent le malheur d'être arrêtés. Plus irrités qu'abattus par ce contre temps, ils tentèrent une seconde fois de s'échapper, et ne furent pas plus heureux. Felix ne pouvant supporter l'état qu'il n'avoit embrassé que pour parvenir à contenter sa passion, ne perdit cependant pas l'espérance. Il avoit de l'argent, il se procura des vêtemens séculiers, les endossa, quitta l'Italie, traversa comme il put un coin de la France, et après de nouvelles aventures arriva enfin à Berne.

Comme il s'étoit procuré quelques lettres de recommandation et qu'il avoit un extérieur agréable, il fit connoissance avec le célèbre Tscharner, auteur du dictionnaire de la Suisse, et quelque temps après bailli d'Aubonne. Tscharner le secourut, et fonda à sa considération, une société typographique à Yverdun, où Felix s'établit.

Les premiers temps de cet établissement furent heureux pour le nouveau typographe qui gagna beaucoup d'argent au moyen d'une nouvelle édition *in*-4º. du dictionnaire encyclopédique, où il inséra plusieurs articles de sa composition. Mais trop de cupidité le perdit, il éprouva des revers, il essuya des pertes; il connut enfin que chaque état a ses peines.

Felix eut trois femmes, et chacune lui ayant donné des enfans, sa famille formoit une petite tribu dont il étoit le chef. Il passoit une partie de l'année à Villars sur les bords du lac de Neufchâtel, entre cette ville et Yverdun. Felix, devenu père, mena une vie plus retirée; il se communiquoit peu, et consacroit tous ses momens à l'éducation de ses enfans qu'il élevoit très-bien, et selon les mœurs du pays qu'il habitoit. Plus utile à la société que s'il fût resté dans son cloître, il jouit de l'estime de ses contemporains et mérita les regrets qu'ils donnèrent à sa perte.

## La Crèche singulière.

Lorsque l'on se trouve à Naples dans le mois de décembre ou de janvier, on ne manque jamais de visiter les crèches qui sont pour les Napolitains l'objet d'un luxe aussi extravagant qu'excessif. Cette mode existe encore dans plusieurs pays catholiques, mais elle est modifiée dans chacun selon le plus ou le moins des préjugés qui les dominent. En Espagne, c'est un objet d'amusement pour la famille royale. La cour de Lisbonne y prend le même plaisir. On est plus modéré en Allemagne, mais j'ai vu néanmoins de très-beaux simulacres à Vienne ainsi qu'à Munich.

C'est particuliérement à Naples que se trouvent les plus belles crèches du monde catholique-apostolique-romain. Ce jeu de chapelle excite la cupidité; et les dépenses qu'on fait pour cet objet, loin d'être perdues, rapportent de très-gros profits à l'entrepreneur.

Ceux qui ont établi des crêches dans cette vue, les conservent avec soin, et ne font que varier les ornemens qui les décorent. Les mêmes matériaux servent; mais distribués d'une manière nouvelle, ils présentent des objets d'optiques très-variés, et offrent chaque année les graces de la nouveauté.

Si cette invention n'avoit pas pour unique but celui de rappeller la naissance du Christ, on pourroit en tirer parti pour offrir à l'œil étonné du spectateur, l'imitation de la nature embellie par les efforts de l'art. Mais la superstition étouffe le génie. Les crêches ne servent qu'à alimenter celle des Napolitains; il s'y passe des scènes qui excitent l'indignation d'un esprit philosophique.

J'ai vu plusieurs crêches à Naples. Celle qui m'a frappé le plus appartient au signor Torres, libraire, dont il a été parlé dans le sommaire précédent. Comme cette crêche est un vrai tableau parlant, je vais en donner une idée.

Tous ces monumens de la crédulité de nos pères tiennent au caractère de la nation. Ils font connoître les mœurs, les coutumes, les opinions, les costumes et les penchans des habitans de la ville de Naples, qui allient involontairement la gaieté à la tristesse, le profane au sacré, la polissonnerie à la dévotion, la gravité à la bouffonnerie la moins ménagée.

Cette crèche offre des points de vue très-bien ménagés. On y voit des figures d'hommes, de femmes, d'animaux; et malgré les disparates inséparables de tout ce qui, chez les Napolitains, tient à l'invention, ce spectacle plaît et peut faire passer quelques momens agréables à l'homme le plus raisonnable.

Mais lorsque l'on s'apperçoit que l'objet représenté n'a aucun rapport à l'objet qu'il doit rappeller; lorsqu'au lieu d'offrir la saison de l'hiver et les frimats qui l'accompagnent, on repose ses yeux sur la nature embellie des charmes du printemps, sur les dons de Cérès et ceux de Pomone, l'illusion se détruit et le plaisir s'envole.

On voit de superbes cascades, des ruisseaux argentins qui serpentent dans des prairies emaillées, ou prêtes à céder à la faulx, de riches moissons en état de maturité. Plus loin, des montagnes et des plaines couvertes de neige, des étangs glacés, des arbres dont les branches sont dépouillées de feuilles, tandis qu'à côté sont des arbres touffus, et des fruits prêts à être cueillis. Cette déviation du bon sens révolte au premier coup-d'œil; mais comme l'exécution de chaque morceau est une imitation de la nature aussi ingénieuse que l'esprit humain peut la concevoir, ces crêches sont partiellement précieuses aux yeux de l'amateur.

Les disparates ne se bornent pas au mélange des saisons, l'anachronisme s'en mêle. L'époque certaine de la naissance du Christ est connue, et cependant on se permet des rapprochemens qui rappellent les siècles de la plus profonde ignorance.

Des capucins paroissent revenir de leur quête. Ils s'approchent d'un couvent, sonnent; le frère lai leur ouvre, ils entrent. On observe au lecteur que ces figures sont mouvantes.

Un jacobin, suivi de son compagnon, sonne à la porte d'un couvent de religieuses. La tourière paroît et ouvre des parloirs. A travers la porte on voit plusieurs religieuses s'acheminer lentement vers le chœur où elles vont chanter matines.

L'archevêque de Naples paroît ensuite, précédé de son clergé et suivi d'une foule de moines et de peuple. Il porte respectueusement le sang de Saint-Janvier et s'arrête à la vue du Vésuve en éruption ; lui oppose la relique sacrée, et l'incendie cesse.

Des paysans moissonnent d'un côté, allument de grands feux de l'autre, et se chauffent en donnant toutes les marques d'un froid excessif. Plus loin, un prêtre célèbre la messe, servie par un enfant.

Les rois mages s'avancent la couronne en tête et portant au col l'ordre de Saint-Janvier. Un grand nombre de valets en livrée marchent à leur suite, et précèdent des carrosses de cérémonies drapés à la manière napolitaine. Enfin, paroissent des gardes-du-corps, vêtus en uniforme, et armés de fusils et de pistolets.

Sur une montagne s'élève un fort bâti à la moderne. Ses batteries sont pointées ;

les sentinelles sont postées et armées de fusils ; et derrière ce fort paroît un corps d'armée habillé à la prussienne, qui se prépare à commencer le siége.

Les vues les plus pittoresques des environs de Naples, son château, le Vésuve, la montagne de Some ; des vaisseaux portant pavillon napolitain, anglois, françois, turc, s'offrent à la vue du spectateur. Ces diverses choses sont très-bien exécutées ; mais à quelque distance on voit des montagnards habillés, les uns en paysans Suisses, les autres en Ecossois, descendre de leurs retraites ; ce qui détruit toute illusion.

A côté est la représentation d'une salle de spectacle. Les affiches placardées à la porte sont en lettres lisibles, et annoncent un opéra dont le compositeur est un Napolitain. Un abbé donne la main à une dame, une autre est conduite par un officier ; des seigneurs napolitains, décorés d'ordres, se présentent à cette porte gardée par un détachement de soldats.

Mais comme si ces disparates ne suffisoient pas, comme si elles n'offroient pas assez d'idées extravagantes, on se plaît à représenter des briguelles, des arlequins, des docteurs Pantalons qui dansent entr'eux, et ce n'est pas encore tout, car on voit des *paglietti* qui se disputent des polichinels; ceux-ci s'en moquent en mangeant des macaroni ; exemple qu'imite une troupe de lazzaroni : les lazzi ne sont pas oubliés.

Enfin, on voit des boutiques remplies des diverses marchandises qui se débitent à Naples.

Les Napolitains ne sont point révoltés par ces compositions déréglées. Au contraire, plus on entasse d'objets disparates dans ses crêches, plus elles deviennent intéressantes. On court les voir, on s'y presse, et la plus admirée est toujours la plus compliquée. Celle de Torres offre des urnes, des vases étrusques, et des statues antiques.

Le roi de Suède, qui a voulu la voir, a fait présent à Torres de plusieurs médailles. L'électeur palatin a suivi son exemple. A la manière dont il parloit de ces présens, il paroissoit desirer que j'en augmentasse le nombre ; mais comme le hasard ne m'a point donné de couronne, je me suis borné à des remercîmens et des complimens que réellement on ne peut refuser à cet amas indigeste de choses curieuses chacune dans leur genre.

---

## *La Source des Nouvelles.*

On sait que les ambassadeurs qui résident dans les cours étrangères sont obligés par état d'envoyer à chaque courier une relation de ce qui se passe à la cour, à la ville, et généralement dans l'état des puissances près desquelles ils sont envoyés. On sait aussi que la cour de Naples n'ayant qu'une influence très-précaire dans les tracasseries politiques de l'Europe, ne fournit souvent rien qui doive intéresser les cabinets. Il faut alors que ces ambassadeurs suppléent par des vétilles au manque absolu de matières importantes, parce qu'ils ne peuvent donner à leurs maîtres d'autres preuves de l'attention constante qu'ils apportent à remplir leurs fonctions.

Je vais essayer de donner une idée des dépêches que les charlatans diplomates envoient aux ministres de leurs cours. Je ne puis y parvenir qu'en faisant connoître le personnage soudoyé par ces graves diplomates pour aller recueillir au milieu des boues de Naples de petites nouvelles clandestines, les revêtir de l'authenticité, et les orner de manière à être présentées aux maîtres du monde sublunaire.

Je fus un jour invité par un ambassadeur à assister à une lecture que devoit faire ce célèbre nouvelliste. Je m'attendois bien à n'y rien trouver qui ressemblât au sublime, et n'espérois pas même que mon attention pût être fixée ; mais voulant connoître la manière dont ces nouvelles étoient faites, je m'y rendis avec empressement.

Avant de parler de cette séance anti-académique, je crois devoir rendre justice à ceux qui ont su se préserver de l'infection générale. Les ambassadeurs d'Angleterre et de l'Empire n'ont jamais coalisé avec leurs collègues pour ce travail ridicule, ils n'assistent point aux séances, et ne s'avilissent pas jusqu'à soudoyer le coryphée de leurs confrères.

J'étois donc chez l'un des ambassadeurs coalisés, faisant partie d'un cercle nombreux, lorsque l'on annonça D. Juan Loffaro. Je ne me rappelle pas dans quelle contrée de la Lombardie ce mot a une signification grotesque (1), mais je puis assurer que jamais il n'y eut d'application plus juste ni mieux méritée.

Je vois entrer un homme *au ventre rebondi, à l'échine convexe,* taille ramassée, face large, sourire niais. Cette machine informe se traîna parmi nous ; et quoique je me tienne en garde contre les préjugés, je ne pus m'imaginer qu'il dût sortir de cette bouche hébétée aucune expression raisonnable.

On dîna très-gaiement, très-long-temps ; on causa, et Loffaro eut le loisir de se préparer à l'importante fonction dont il étoit chargé. Il ne parla point et répondit très-laconiquement au peu de questions qui lui furent faites.

Après le café, on fit asseoir l'homme par excellence dans un immense fauteuil qu'il remplit avec une dignité comique. Enfin, la scène commence. D. Juan Loffaro tire de sa poche un tas de paperasses, salue les

---

(1) Ce mot est un dérivé du substantif *Loffa* que l'on rend par *vent inférieur,* ou moins poliment *vent du derrière.*

excellences avec lesquelles il venoit de dîner, et s'apprête à commencer sa lecture. Cependant elle fut retardée par des questions que l'on hasarda sur la lecture faite dans la séance précédente. Il y répondit d'une manière ignoble, se servit du langage des lazzaroni qu'il accompagna des gestes réservés à cette classe d'hommes à qui cependant il seroit bien fâché d'appartenir. Un paysan nouvellement sorti du fond de la Calabre, et qui jamais n'auroit entendu discourir que ses pareils, ne pourroit s'exprimer plus mal. Me voilà, pensai-je, à la torture, il faut y rester ; et ce qu'il y a de pire, affecter d'avoir du plaisir.

Enfin la lecture commença. D. Juan nous régala de tout ce qui s'étoit passé à la cour, à la ville pendant quatre jours.

Jamais je n'ai entendu rien de pareil. Comment est-il possible, me disois-je, que toutes ces personnes accoutumées à des conversations spirituelles, ou du moins supportables, puissent entendre une série d'absurdités, d'ordures aussi dégoûtantes ? Comment sur-tout peuvent-elles s'en occuper, et s'en prévaloir auprès de leurs souverains ? Je ne pus résister au dégoût, et prétextant une affaire chez l'ambassadeur de ma nation qui n'étoit pas du nombre des élus, je me sauvai.

Pour justifier mon assertion, il faut que je trace une esquisse légère des objets qui formoient cette lecture.

Don Juan Loffaro annonça, à la date du 14 février, la mort d'un curé présumé saint. Il tenta d'appuyer son dire par des argumens où la démence le disputoit à l'ignorance la plus grossière. Il termina cet article en disant que le vicaire-général avoit proposé de tirer du sang de ce *caput mortuum*, mais qu'il en fut empêché par un moine qui allégua des autorités pour prouver que l'existence du sang après la mort n'est pas toujours une preuve de sainteté : mais que le corps de ce curé offroit bien d'autres preuves plus fortes et plus incontestables que n'avoient pu réfuter Luther, Mahomet et Grégoire Leti. Cette relation étoit, tant par le style que par le sujet, digne de figurer à côté des chef-d'œuvres du quatorzième siècle. Le nouvelliste ajouta qu'il s'étoit transporté sur le lieu, et que s'étant approché du saint corps, il avoit observé qu'il exhaloit une odeur balsamique, ce qui, ainsi qu'on le sait, est une marque de sainteté. Il avoit même coupé un petit morceau du linceul qui, pour avoir touché le saint corps, jouissoit de la même prérogative; ce qu'affirmeroient sa femme et ses enfans. Ce Sancho-Pança est époux et père.

Croyant alors avoir charmé son auditoire, il s'arrêta, sans doute pour recueillir les applaudissemens auxquels il s'attendoit. Je me permis d'interrompre le silence général et lui demandai s'il étoit bien sûr de la date, et si l'époque ne remontoit pas au 14 février 1388. Ma question, faite du ton le plus grave, excita un rire général, mais sur-tout celui du chevalier Fortiguerra qui ne donnoit pas plus de créance que moi à cet absurde récit. D. Juan ne comprit pas le sens de ma question, reprit son cahier, et d'un ton prophétique nous lut : qu'il avoit appris que deux années ne s'écouleroient pas sans que le roi des Deux-Siciles ne parvînt à exterminer tous les Algériens, les Tunisiens et autres puissances barbaresques, ainsi que le Kan des Tartares; parce qu'à cette époque il mettroit en mer cinquante vaisseaux de ligne et cent mille hommes de débarquement.

On

On le questionna pour savoir de qui il tenoit une nouvelle de cette importance; il répondit qu'un seigneur de la cour, à qui il lisoit aussi ses nouvelles, lui avoit annoncé celle-ci, en lui disant : vous pouvez mander que notre roi exterminera les corsaires en moins de deux ans; mais que lui ( D. Juan ) ne garantissoit pas le fait. Il poursuivit de la manière suivante.

On fait présentement une neuvaine dans l'église du Mont-Olivet pour obtenir du ciel la santé de madame...... Le père tel donne la bénédiction à telle heure pendant neuf jours.

Le père...... capucin, a été mandé pour se rendre à la prison. Il y a apparence que c'est pour préparer un prisonnier à la mort.

Don Pierre Almarello, demeurant......... a dépensé hier neuf cents livres en glaces, sans y comprendre l'achat d'autres bonbons; le tout pour célébrer les noces de son fils.

Le roi étant tel jour à Venafio, a tué et pris........ suivoit une liste fort étendue des animaux quadrupèdes et ailés, aux dépens desquels Ferdinand avoit signalé sa valeur.

*Tome I.*                                     Y

Le roi est revenu très-fatigué, il s'est couché à telle heure, et le lendemain s'est levé à telle autre heure.

Les jacobins du couvent de ...... ont admis sept novices au rang des profès. Et leur âge, leur nom et leur vocation terminent cet article très-important.

Le confesseur de la reine a eu une conférence d'une heure avec l'archevêque. Cette conférence met en l'air tous les esprits. On a remarqué qu'après être sorti de chez l'archevêque, il s'est entretenu fort long-temps avec le père tel, théatin. On croit qu'il va devenir évêque.

La duchesse della Regina vient d'avoir un demêlé avec son sigisbé. Cette dame, pour faciliter la réconciliation qu'elle desire, renvoie le plus robuste de ses coureurs. C'est le père tel, barnabite, qui est médiateur dans cette affaire.

Telles étoient ces importantes nouvelles que cet homme moins imbécille encore que ceux qui l'écoutent et le soudoyent, nous lut dans cette séance unique en son genre.

Je me donnai le plaisir de prendre des informations sur la première de ces anecdotes, et je dois à la vérité d'affirmer ici qu'une partie de la ville donnoit dans ce panneau grossier, et croyoit bonnement à la sainteté du curé défunt. Des personnes de toutes les classes, je n'en excepte point les prélats, redisoient chacune à leur manière ce que don Juan Loffaro avoit lu. Le roi et la reine se sont procuré des lambeaux du linge et des vêtemens de cet homme. Tel est le degré où s'élève le thermomètre de la raison dans ce climat favorisé à tant d'égards par la nature.

Il est aussi très-vrai que le seigneur Loffaro est à la mode. Il va de maison en maison lire les impertinences dont on vient de voir l'esquisse.

*Faits relatifs au célèbre Médecin Cotugno.*

J'AIME à parler de ceux qui se distinguent dans l'art si difficile de traiter les maladies, et je ne puis terminer l'article Naples sans rapporter quelques-uns des faits qui caractérisent l'habileté singulière d'un médecin qui sait unir à la connoissance profonde de l'art qu'il professe, toutes les qualités et les vertus sociales.

Le vicomte d'Ereira, ambassadeur d'Espagne à la cour de Ferdinand IV, tomba en paralysie, et perdit pour un temps l'usage de tout le côté droit. Il fit appeler Cottugno et s'abandonna entiérement à ses soins. Cinquante jours lui suffirent pour guérir son excellence qui, néanmoins, continua pendant quelques semaines de porter le bras en écharpe. Cottugno fâché de ce que l'ambassadeur s'obstinoit à ne pas s'en servir, et persuadé que cette partie avoit, ainsi que les autres, repris sa force première, perdit enfin patience et lui dit un jour avec vivacité : *Excellence, faites donc agir le bras.* L'ambassadeur lui répondit que cela ne lui étoit pas possible. Cottugno laissa écouler environ cinq minutes, et recommença plus vivement sa première injonction : *Faites agir votre bras, M. l'ambassadeur, je le veux et l'ordonne.* Le convalescent surpris de ce ton répondit bien doucement, *je ne le puis.* — *Que votre excellence le pose sur cette chaise, qu'elle essaie à le mouvoir; je veux au moins qu'elle se défasse de l'écharpe qui le soutient.* M. d'Ereira frappé de ce ton impératif obéit sans repliquer, et s'apperçut avec autant de surprise que de joie que la guérison étoit parfaite.

Un paysan vint consulter Cottugno ; il se plaignit de la foiblesse de son estomac qui ne pouvoit retenir aucun aliment. Il dit qu'il éprouvoit des pesanteurs de tête, et presque des vertiges. Cet homme crachoit à chaque instant et avec tant d'abondance, que pendant une demi-heure qu'il passa dans l'antichambre du médecin il avoit inondé le plancher. Cottugno l'écouta tranquillement, et comprenant que l'habitude qu'il avoit formée de cracher sans cesse le privoit de la quantité du suc gastrique nécessaire à la trituration des alimens, lui répondit : *Je te défends de cracher jusqu'à ce que tu reçoives de moi un ordre positif de rejetter le superflu de ta salive.* Le paysan rempli de l'opinion la plus favorable pour le médecin qu'il venoit consulter, se retira bien résolu d'obéir et bien persuadé qu'il seroit délivré de ses maux. En effet, peu-à-peu il revint dans son état naturel ; son estomac se rétablit, les symptômes de la maladie disparurent en six semaines, il reprit son embonpoint. ses couleurs ordinaires, sans avoir eu recours à aucun remède.

Parfaitement rétabli il vint remercier son bienfaiteur. On l'annonce : il entre et demande à Cottugno s'il le reconnoît. Le médecin lui dit que non, mais qu'au reste cela n'étoit pas surprenant, parce que le nombre de ceux qui le venoient consulter tous les jours étoit si grand qu'il ne lui étoit pas facile de se rappeller quel il étoit. *Je suis, lui dit ce paysan, le pauvre diable à qui vous avez rendu la santé en quatre paroles. C'est à moi que vous avez défendu de cracher sans votre ordre. J'ai ponctuellement obéi, et j'ai, comme vous le voyez, rattrapé santé et vigueur. J'ai apporté quelques CASCI CAVALLI* (1), *ainsi que des jambons ; le tout est préparé avec soin ; je vous supplie, monsieur, de vouloir bien les accepter.* Cottugno flatté de la reconnoissance de cet homme, et s'appercevant qu'un refus le mortifieroit, reçut son présent. Je lui parlai un jour de cette aventure et lui demandai si elle étoit vraie. *Oui*, me dit-il, *je n'ai jamais tant gagné avec aussi peu de peine, et n'ai jamais reçu de cadeau qui m'ait fait autant de plaisir :* ces faits mériteroient d'être insérés dans l'histoire de la médecine.

---

(1) Fromages faits avec du lait de jument.

## Le Docteur Gatti.

Le chevalier Gatti, docteur en médecine, est très-connu en France, non-seulement comme médecin, mais par la quantité d'inoculations qu'il a faites à Paris. Il est homme d'esprit, aimable, et il a le meilleur ton. Tant de célébrité lui a mérité les égards de la cour de Toscane, qui lui a conservé la moitié des émolumens dont il jouissoit pour la chaire de médecine dans l'université de Pise.

Gatti eut dans sa jeunesse des goûts qui tenoient à un tempérament de feu ; et maintenant refroidi par l'âge, il a conservé tous ceux qui tiennent à l'imagination. Très-cinique dans ses expressions, il donne à chaque chose son nom primitif, et se permet des récits plus que graveleux, sans faire attention quelles sont les personnes qui l'écoutent.

J'ai cru devoir entrer dans ces détails pour faire connoître le chevalier Gatti qui, depuis son retour à Naples, joue un très-grand rôle dans cette cour. La série des événemens actuels rend cet homme intéressant pour les François, parce que leur nouvelle constitution n'a point d'ennemi plus déterminé que lui. Pendant le séjour que je fis à Naples, lors de mon second voyage d'Italie, j'appris qu'il avoit été le premier à se déclarer contre la révolution, et je n'en fus pas étonné, parce que je connoissois le penchant qui l'entraîne vers le despotisme.

Gatti a constamment élogé les grands, et ceux que la richesse ou les emplois mettent à portée d'entretenir une maison splendide. Parasite par choix, son estime est en proportion de la délicatesse et de l'abondance des mets dont la table est couverte. Après cette divinité qu'il encense bien constamment, la grandeur, la puissance a son hommage. Peu lui importe que celui qui jouit de ces frêles avantages sache y réunir l'esprit, la probité et la bonté du cœur, il ne s'en inquiète point, ne s'en informe pas. L'extérieur est tout pour lui, fixe son opinion qui dure autant que le faste continue de régner chez ceux qui le reçoivent.

Gatti pense qu'il n'y a d'heureux que les peuples dont les souverains s'occupent exclusivement de la chasse. Mais sous cette indifférence apparente pour tout ce qui se fait autour de lui, il cache un penchant très-décidé pour l'intrigue. Sa vanité lui a persuadé que le souverain bonheur consiste à paroître lié avec les personnes qui par leur célébrité dans les sciences et les arts se sont fait un nom, à devenir le confident de ceux qui ont du pouvoir ou de l'influence dans les affaires ; et il obéit constamment aux suggestions de sa vanité, ce qui n'est pas une petite occupation.

Gatti est de tous les dîners, de toutes les parties de plaisir, de tous les amusemens. Il fait régulièrement des visites à dix ou douze personnes de marque, soit regnicoles, soit étrangers. Il est l'ame de toutes les cabales de la cour, des intrigues des ministres. Quoiqu'il ait l'adresse de se tenir souvent derrière le rideau, il n'est pas moins le point central où aboutissent toutes les menées, et d'où partent toutes les convulsions qui agitent cette cour, très-fertile en petits événemens. Croyant voiler la part qu'il y a effectivement sous ces dehors d'indifférence que j'ai annoncés, il se condamne à faire ouvertement, et à tout propos, l'éloge de la paresse et du plaisir. Je lui ai entendu dire bien des fois qu'il préfère un plat fin, une glace délicatement travaillée à la bibliothèque la mieux choisie, au musée le plus riche, et aux superbes collections qui décorent les cabinets des savans ou des souverains; cela est vrai en un point. Il a cessé toutes études, il ne lit que des gazettes, ou des pamphlets, et cela doit être, parce que tout son temps est employé en intrigues ou perdu dans les amusemens qui peuvent l'y faire entrer. Nouvel Alcibiade, il a les vices de son modèle sans s'être soucié d'en acquérir les vertus.

Il continue cependant d'exercer la médecine, mais il ne s'abaisse pas à traiter les gens du moyen ordre. Les malades qui n'ont ni fortune, ni puissance, ni crédit, peuvent mourir ou guérir en paix; les ordonnances de Gatti n'influeront point sur le sort qui leur est destiné.

Gatti gagne beaucoup et dépense très peu. Malgré son âge, qui doit passer actuellement quatre-vingt années, il parcourt à pied la ville de Naples. Sa grandeur et la saleté de ses rues, les dangers que courent les piétons, rien ne l'arrête. Il préfère toutes ces incommodités au chagrin de se donner un carrosse, quoiqu'il pût aisément en entretenir trois ou quatre. Il n'entre que dans la voiture d'autrui; celle-là ne coûte rien, et c'est ce qu'il faut à Gatti.

Si l'on passe à Gatti son adoration constante pour les grands, sa passion pour les intrigues; si l'on peut oublier qu'il préfère le titre de pourceau d'Epicure à celui du moderne Anacréon; si l'on oublie les erreurs de sa morale, on trouve en lui l'homme dont la société est la plus agréable, parce qu'elle est à la fois instructive et amusante. La réminiscence des hommes et des choses, une foule d'anecdotes qui fournissent des comparaisons, des idées saines d'où peut jaillir la lumière, le rendent précieux pour l'observateur.

## Réponses inattendues.

PENDANT le séjour que le feu roi de Suède fit à Rome, il avoit couru sur ce prince des bruits qui ne lui faisoient point honneur. Les Romains n'étoient pas contens de lui parce qu'il ne donnoit pas de fêtes assez fréquentes, parce qu'il n'admiroit pas assez les chef-d'œuvres dont leur ville est remplie, parce que leur manière de voir et de sentir contrastoit avec la sienne; et que les Romains, fiers encore d'un nom qu'ils sont incapables de soutenir, se croient néanmoins en droit d'exiger de tous les étrangers une admiration qui aille jusqu'à l'enthousiasme. Enfin, la ville des Césars, devenue celle des prêtres, ne peut estimer que ceux qui oublient ce qu'elle fut pour idolâtrer ce qu'elle est.

Il est vrai que le roi de Suède s'étoit permis des imprudences impardonnables à un souverain, et qui auroient exposé un particulier à des avanies bien méritées. Un jour de vendredi saint, où le peuple de Rome ne s'occupe que de pieuses simagrées, qu'à représenter des farces religieuses et à gémir sur ses péchés avec une ostentation ridicule, pendant que l'on observe un jeûne rigoureux, et au moment où la longue procession défiloit le long du cours, le roi de Suède, dont les croisées étoient ouvertes, s'avance sur le balcon, entouré de ses courtisans, et, sans respect pour la solemnité du jour et les mœurs du pays, offre à cette multitude le spectacle d'un repas composé de toutes sortes de viandes. Cette insulte publique, aggravée par le rang de celui qui se l'étoit permise, est une tache à la mémoire de Gustave III. Sans doute l'ostentation avec laquelle les prêtres et les moines célèbrent les mystères de la religion catholique, mérite le mépris des personnes sensées, mais doit-on violer l'hospitalité ? Est-il juste, est-il prudent de saper ainsi les mœurs d'une nation chez laquelle on a été reçu, fêté; et ne se doit-on pas à soi-même de respecter jusqu'aux erreurs qui tiennent au culte et au gouvernement d'un pays sur lequel on n'a aucun droit ? Auguste II, roi de Pologne, électeur de Saxe, Charles XII et le czar Pierre I$^{er}$, se conduisirent autrement dans une occasion semblable.

Le bruit de cette incartade se répandit dans toute l'Italie. Les Napolitains en furent indignés et s'attendoient à voir ce prince marcher de sottise en sottise.

Enfin, il arriva dans la capitale. Quelque prévenu que l'on fût contre lui, comme il s'agissoit d'un roi, animal rare en tant que voyageur, il fut reçu avec éclat par-tout où il passa, et reçut des démonstrations de respect qui, réduites à leur juste valeur, annoncent l'effet des anciens préjugés plus que la considération personnelle. Ferdinand lui marqua un empressement flatteur, et l'on se conduisit de manière à satisfaire également son amour-propre et le décorum dont il ne faut jamais s'écarter.

Le roi de Suède se plaisoit à raconter la révolution qui, de président d'un sénat libre, l'avoit rendu le despote de son royaume. Leurs majestés napolitaines lui témoignèrent sur cet objet une curiosité obligeante qu'il satisfit au premier mot. Le récit fut commencé de manière à exciter le plus grand intérêt. Lorsque Gustave parvint au moment où, l'épée à la main, suivi de sa garde et de ses dragons, il s'avançoit vers l'arsenal de Stockolm, la reine l'interrompit pour lui demander ce que faisoit la reine de Suède pendant tout ce temps. *Madame*, lui répondit-il, *les reines de Suède ne s'immiscent jamais dans les affaires d'état;* et il continua son récit comme s'il n'eût pas été interrompu. Mais Ferdinand s'écria : *je vois bien que les rois de Suède sont plus sages que ceux de Naples. Ils ont raison. As-tu entendu, ma maitresse ?*

Ferdinand invita son royal hôte à une chasse superbe, et fixa l'heure du départ. Gustave ne parut point; l'heure s'écouloit; on fut obligé de lui envoyer message sur message pour l'avertir que le temps étoit passé depuis deux ou trois heures. Enfin, Gustave parut. Comme Ferdinand regarde la chasse comme l'affaire la plus importante de ce monde, il voulut lui faire sentir que celle-ci n'avoit été ordonnée que pour son plaisir. Le roi de Suède paroissant ignorer la passion favorite de Ferdinand, lui répondit gravement : *mon frère, vous avez mis trop d'appareil à un amusement qui, d'ailleurs, convient très-peu à un monarque dont les affaires sont assez multipliées pour ne pas perdre son temps à cet exercice frivole.* Ferdinand fut déconcerté, mais ne se corrigea pas pour cela.

Les deux rois se promenoient un jour à pied sur le rivage de la mer du côté de Portici. Le roi de Suède étoit dans l'enchantement. Ce point de vue est véritablement un des plus beaux de l'Europe. Après avoir long-temps examiné les divers objets qui s'offroient à ses yeux, il remarqua que Naples est situé de manière à rendre un bombardement très-facile, et même à faire craindre une invasion. *Je me fais fort*, dit-il, *de prendre votre capitale en moins de deux heures à l'aide de ma flotte, et de m'emparer de votre personne, de celle de la reine et de vos enfans.* Ferdinand, entraîné par l'habitude, fit un geste grossier accompagné d'un sifflement prolongé et dit: *vois-tu, mon frère, si je m'avisois de répéter ce signal trois fois de suite, tu verrois accourir cent cinquante mille hommes qui s'empareroient de ta personne royale, de tes troupes et de tes navires.* Ce fut ainsi que le roi de Naples, qui ne s'étoit point attendu à la gasconnade du monarque de la Suède, la lui rendit par une autre de même force.

Ferdinand entretint un jour le roi de Suède de la décision portée dans un conseil qui s'étoit tenu peu auparavant. Ce prince lui demanda quelles étoient les personnes qui composoient ordinairement le conseil. Entendant nommer la reine, il s'écria: *Eh quoi! la reine est aussi du conseil?* — *Elle y préside.* — *Courage! Il faut un sol tel que celui-ci, il faut que ce royaume soit bien favorisé de la nature puisqu'il subsiste encore malgré l'influence des femmes dans le gouvernement! Si cette foiblesse eût été de mode en Suède, il y a long-temps que l'état seroit subversé.*

Les

Les observations de ce prince, les réflexions qui lui échappoient, ses reparties,
tout étoit épié, saisi, recueilli et répandu
aussi-tôt. Elles servirent à changer en mieux
l'opinion première qu'on avoit conçue de
lui. S'il ne parvint pas à plaire à tout le
monde, on ne put s'empêcher de convenir
qu'il avoit du caractère, de l'esprit, et
qu'il falloit que les Romains l'eussent mé-
connu pour le juger aussi mal. Le roi de
Suède avoit effectivement beaucoup d'esprit;
aucun prince ne s'est exprimé avec plus de
force et d'élégance que lui. S'il eût pu modérer sa volubilité, il eût été supérieur en
ce genre. La reine, peu contente de lui,
reçut avec plaisir l'annonce de son départ.

## *Les Formalités judiciaires.*

Il n'y a point dans l'univers d'état où
l'administration de la justice, soit civile,
soit criminelle, soit aussi compliquée,
aussi embarrassée de formalités que dans le
royaume de Naples. En matière criminelle
on exige tant d'écritures, il faut réunir tant

de circonstances pour former une preuve, que la sentence n'intervient que deux ou trois ans après le délit qui, à l'exception de certains cas qui font époque, est effacé de la mémoire des hommes lorsque l'on en ordonne la peine.

On se plaint généralement de la manière dont la justice est administrée dans ce royaume ; plusieurs personnes ont présenté des plans de réforme qui tous ont été reçus et oubliés. Cela devoit être, et la raison en est simple. Il est impossible d'extirper des abus invétérés sans remonter à la cause qui les a produits, et sans détruire cette cause et toutes ses adhérences.

La multiplicité des loix, le nombre des formalités introduites dans les affaires sont extrêmement favorables à ceux qui ont de l'argent ou du crédit. En fait de procédure criminelle, la lenteur commandée par la loi laisse agir le temps et la protection. L'effet ordinaire du premier est de calmer les esprits, d'émousser le poignard de la vengeance, et d'amener l'oubli ou l'indifférence sur des objets que l'on n'apperçoit que dans un éloignement gradué et que l'on finit par perdre totalement de vue. L'autre sert à pallier le crime par des tournures qui en diminuent l'atrocité, et portent à l'indulgence contre laquelle personne n'est tenté de réclamer. Si le criminel est riche, ou s'il a des amis et des parens qui le soient, le procès se prolonge jusqu'à ce que l'action soit oubliée. Alors on intrigue dans les chancelleries, près des ministres qui, ayant perdu de vue l'affaire qu'on ne leur rappelle qu'en la colorant de teintes plus douces, signent la liberté du scélérat. Il rentre dans la société, reprend l'habitude du vice ; et, certain de l'impunité, commet froidement de nouveaux forfaits.

Ces abus sont connus généralement, sont avoués. La cour, le ministère en sont informés, mais ils ne font aucun effort pour les détruire.

Voici la cause de cette inertie. Les émolumens des simples juges sont médiocres : les progrès du luxe sont effrayans. Ils sont presque forcés d'avoir un train de maison, d'entretenir équipage ; sans cela les paglietti et leurs cliens n'auroient aucun respect pour eux. Ces paglietti sont des espèces d'avocats dont le gain se multiplie en raison de la quantité d'écritures, et les écritures, si utiles aux coupables par le temps qu'elles leur donnent pour faire agir leurs amis, le sont également à cette foule de robins de toutes les classes.

Il est donc de l'intérêt des juges, des assesseurs, et même des cliens de multiplier, autant que possible, le nombre des formalités, des conférences, des séances. Un examen réfléchi, une séance d'une demi-heure suffiroit souvent pour convaincre le prisonnier d'être l'auteur du crime dénoncé, mais alors point de profits ; il faudroit s'en tenir à des honoraires plus que médiocres, et ce n'est le compte d'aucun des intéressés.

Les affaires civiles éprouvent les mêmes lenteurs par des motifs semblables. Pour remédier solidement à ces abus, il faudroit que les juges ne pussent rien perdre à la prompte expédition d'une affaire, ni rien gagner en différant de la juger. Il faudroit que leurs émolumens s'élevassent à la hauteur de leurs besoins. Il faudroit ordonner que chaque procès qui n'auroit pas été jugé dans l'année emporteroit une diminution graduelle des honoraires du juge. Lorsque des coutumes barbares, abusives ou dangereuses existent dans un pays, il n'y a qu'une loi répressive qui puisse les détruire ; mais comme l'intérêt personnel est le grand mobile des actions humaines, et que peu d'hommes sont assez heureusement nés pour préférer à cet intérêt celui de la justice, il faut se servir de cet agent général pour forcer le dépositaire des loix à remplir ses devoirs. Le vice primordial qui, dans le royaume des Deux-Siciles, obstrue le cours de la justice, a fait naître ces réflexions que je ne crois pas devoir pousser plus loin, parce qu'elles ne sont pas du ressort de cet ouvrage.

## Soriento, ou Sorrente.

Pendant mon premier séjour à Naples, j'eus occasion d'aller plusieurs fois à Soriento, rendre visite à un Anglois dont j'avois fait la connoissance, et qui y resta quelque temps pour raison de santé.

L'air de Soriento est beaucoup plus sain que celui de Naples. Les exhalaisons du sel ammoniac n'y corrompent pas l'air comme dans la capitale et ses environs. On a fait plusieurs fois des observations avec l'aéromètre, et il est prouvé qu'il n'y a que très-peu d'endroits en Europe où l'air soit aussi pur que dans cet agréable séjour.

En partant de Naples pour aller à Soriento, on suit un chemin pratiqué entre le volcan et les Apennins; et l'on traverse une plaine fertile qui conduit jusqu'à Soriento. On trouve sur la route Herculanum, Pompeya, Stabia, villes qui furent détruites par Sylla, rebâties, et totalement ruinées ensuite par l'éruption du Vésuve arrivée l'an 79 de l'ère chrétienne. Lorsque l'on est à la hauteur de Stabia on plonge sur de vastes et superbes campagnes.

Après avoir dépassé les ruines de cette ville infortunée, on s'embarque vis-à-vis l'île de Reviliano, dont la situation charmante a mérité l'éloge de tous les voyageurs. On arrive bientôt à Castellamar, ville assez grande, située au fond d'une baie, environnée de montagnes du côté du midi.

On a établi à Castellamar un grand chantier où l'on construit par les ordres du premier ministre Acton des vaisseaux de plusieurs grandeurs. J'y ai vu un vaisseau de soixante-quatorze pièces de canon, et une frégate percée pour en contenir quarante de trente-six livres de balles ; tous deux étoient fort avancés.

A Castellamar je pris la voie de terre, et me rendis à Vico, petite ville assise sur un côteau charmant au pied d'un amphithéâtre formé d'une chaîne de montagnes de différentes hauteurs dont la plus élevée n'excède que de quarante toises le plan horisontal de la mer. On s'embarque de nouveau à cet endroit, et après avoir doublé les écueils qui bordent Vico, on entre dans la baie de Soriento, qui a trois milles de largeur. La plaine qui environne la ville est enfermée par un demi-cercle de montagnes ombragées d'une quantité d'arbres de plusieurs espèces.

La plaine sur laquelle est bâtie la ville de Soriento est très-riche, très-fertile, fort bien cultivée et remplie de petites maisons blanches et d'une forme très-agréable. Les montagnes qui l'enferment aboutissent à la mer et se terminent par une file d'écueils perpendiculaires, de couleur noire ; ce sont des laves, excepté du côté du levant, où l'on voit des pierres fort tendres nommées *pipérines*. Les montagnes formant le croissant sont composées de couches régulières et calcaires, dont ses habitans prennent des matériaux pour faire de la chaux qu'ils transportent à Naples.

Soriento, ou Sorrente est assise sur les écueils qui environnent sa baie. Sa situation est si pittoresque que je n'en connois pas de plus propre à nourrir le goût de la poésie. Cependant Sorrente, lorsque je l'ai visitée, ne pouvoit se glorifier d'un seul poëte. Elle contient quatorze mille habitans, l'air que l'on y respire est très-salubre, mais elle n'est pas belle parce que ses rues sont trop étroites.

Ce qui manque à Sorrente pour en faire un séjour de délices, c'est d'y trouver de la société. On ne peut rien voir de plus agréable que ses promenades. Elles sont toutes ombragées, et offrent des points de vue d'une beauté surprenante.

Les eaux de Sorrente sont les plus salubres que l'on puisse trouver. C'est le seul endroit du royaume où l'on trouve du laitage comparable à celui de la Suisse. La chair du veau y est excellente et très-recherchée. Les prairies sont couvertes de vaches qui trouvant des pâturages excellens, donnent du lait dont on fait de la crême et du beurre délicieux. Le vin, les fruits y sont de la meilleure qualité. Cet heureux pays réunit les productions de plusieurs climats ; et les montagnes qui l'entourent le garantissant de la chaleur incommode que l'on éprouve à Naples, contribuent à rendre sa température unique.

Soriento, ou Sorrente tire son nom des Sirènes. Le Tasse y prit naissance. Il ne faut pas s'étonner si doué d'une imagination vive, inspiré encore par l'aspect de ces lieux charmans, il parvint à faire les délices de l'Italie, à mériter l'admiration des nations et des siècles, et enfin à devenir un écueil contre lequel viennent se briser ses foibles imitateurs. Jamais les environs de cette ville n'attristent l'œil du voyageur par le spectacle de l'hiver, ou celui d'une aridité causée par des chaleurs brûlantes.

## *Le Fanatisme Royal.*

IL s'est trouvé des étrangers qui n'ayant parlé à la reine de Naples que deux ou trois fois, ont quitté ses états en emportant d'elle une idée très-avantageuse, et se sont empressés de la placer au rang des philosophes. Avant de juger une tête couronnée, il faut se bien pénétrer de la vérité suivante : celui qui a la puissance absolue, qui peut ce qu'il veut et se décide toujours pour ce qui est le plus nuisible au peuple sur lequel il règne, ne peut être compris au nombre des philosophes. Les historiens n'ont accordé cet honneur qu'à Marc-Aurèle qui, seul, eut le projet vraiment sublime de rendre heureuses les nations qui composoient son vaste empire, en leur redonnant la liberté, et faisant pour eux une constitution qui eût rendu leur bonheur permanent. Julien, si long-temps flétri du nom d'apostat, Julien reconnu enfin pour philosophe par des modernes qui l'étoient eux-mêmes, et ne prodiguoient pas ce titre, Julien doit être associé à cet honneur, qu'avoient aussi mérité Titus et Trajan.

Mais la reine de Naples!.... retranchons de ses défauts ce qui tient à la foiblesse humaine, portons l'indulgence jusqu'à les lui pardonner en considération de son rang qui l'expose à la flatterie de tout ce qui l'approche. Mais ressouvenons-nous, et rappelons à nos neveux, pour l'instruction de la postérité et l'effroi des potentats, les défauts de son caractère, ceux de son cœur et de son esprit. Elle seule a pu rassembler les vices qui ont souillé celles de son sexe qui, pour le malheur des peuples, ont occupé les divers trônes de l'Europe.

Est-il donc concevable qu'une femme qui au lieu des vertus de son sexe n'en a que les défauts, qui au lieu de raisonnement n'a que du babil, qui au lieu de remplir ses devoirs d'épouse, de mère, de reine, se montre indifférente et dédaigneuse envers son mari, marâtre envers ses fils, tyran envers ses peuples, puisse être philosophe dans l'acception que l'on donne présentement à ce mot ?

Marie-Caroline possède un petit manuscrit composé pour son usage, qui contient les diverses opinions des philosophes ; et lorsqu'elle doit s'entretenir avec des personnes dont il lui importe de capter l'estime, elle s'y prépare par une lecture de ce mémoire qui étant assez court, se place dans sa mémoire sans la surcharger. D'ailleurs comme elle est toujours prévenue, elle repasse sa leçon avant de la répéter. Telle est la cause secrette de l'admiration que plusieurs étrangers ont eue pour elle, admiration qui ne se seroit point soutenue s'ils eussent prolongé leur séjour à Naples, ou si l'enthousiasme leur eût permis de réitérer les épreuves.

La reine de Naples est si peu philosophe qu'elle fut une des premières à donner dans le panneau grossier de la prétendue sainteté du curé mort en 1788. Elle se procura de ses reliques, et les porta. Si l'on m'objectoit qu'elle a voulu par cette condescendance capter la bienveillance du peuple, j'observerai que ce n'est point en entretenant l'aveuglement des peuples que l'on doit chercher à s'en faire aimer. Une reine qui donne à ses sujets l'exemple de la superstition veut nécessairement perpétuer l'ignorance, l'éterniser pour s'en servir à les tenir dans l'abaissement. Ce n'est point là la marche de la philosophie; et s'il étoit possible que Marie-Caroline fût assez simple pour avoir ajouté foi à la fable absurde dont on a parlé, il n'en est pas moins démontré que l'absence du bon sens ne s'allie point avec le flambeau de la philosophie.

On a déjà vu que cette princesse a des

accès de dévotion qui ne se montrent que lorsqu'elle éprouve des chagrins. Les femmes de sa suite l'imitent dans cette ferveur passagère, comme dans les orgies licencieuses qu'elle se permet fréquemment. Elles s'occupent sérieusement à orner des statues, ou des images de saints allemands et italiens, se prosternent devant ces idoles, et récitent en chœur des *pater*, des *ave*, et d'autres prières toutes aussi raisonnables. Ces simagrées durent autant que le chagrin ou la douleur; et dès que la cause a cessé on reprend les anciennes habitudes, on s'y livre avec une ardeur nouvelle. Ce passage continuel et rapide de la licence la plus effrénée à la dévotion la plus outrée et du genre le plus absurde, tient nécessairement à la foiblesse des organes, et la foiblesse ne fut jamais le partage du philosophe.

Je sais que pendant le règne de la *sainte des pierres*, dont on a pris la peine d'éterniser le mensonge par un tableau, la reine lui envoya plusieurs fois des présens, et se recommanda à ses prières pour obtenir du ciel l'accomplissement de ses desirs; elle fut mécontente du soin que Cottugno prit de démasquer cette femme. Prêtres, moines, béguines, tous ceux qui savent fasciner les yeux du peuple, trouvent dans Marie-Caroline une protectrice; elle les soutient, leur fait du bien, les vénère, et finit toujours par leur demander leur intercession. Souvent on l'a vue ordonner des prières de 40 heures, des neuvaines dans les églises qui sont en possession d'opérer des miracles. Elle envoie des lampes d'argent, des ex-voto, des ornemens d'autels à quelques autres. Quel peut être son but en payant ce tribut à la superstition? Est-ce la protection du ciel qu'elle veut acheter pour la prospérité d'un état dont l'inertie est son ouvrage? Veut-elle par ces démonstrations publiques éterniser l'enfance d'un peuple docile, 1 on, et assez ignorant pour croire qu'il doit suivre l'exemple de ses maîtres? Quel que soit son projet, il décèle la foiblesse ou l'atrocité de son caractère, et peut-être l'une et l'autre y sont réunies. On sait que ces extrêmes se touchent. Clovis et Louis XI avoient aussi leurs accès de dévotion; mais aucun de ces princes n'ambitionna le titre de philosophe. Ils voulurent en imposer à la terre qu'ils surchargeoient de leurs crimes; ils voulurent y associer le ciel même : ils ont laissé une mémoire exécrable.

Il y avoit à Naples un minime fort âgé, et qui, je ne sais comment, étoit parvenu à se faire croire un saint. Cette opinion, très-profitable au couvent, étoit propagée par les religieux ses confrères. Ils avoient fait répandre le bruit que la calotte du vieillard avoit la vertu de faciliter le travail de l'enfantement. Tout ce qui, à Naples, portoit un nom, envoyoit chercher la sainte calotte. Les femmes s'en affubloient à l'approche du moment critique. Elles s'arrachoient ce précieux talisman devenu, pour les minimes, une mine d'or. On sait de quoi la foi est capable. Un seul petit grain de cette vertu cardinale suffit pour transporter des montagnes, ce qui est plus difficile à opérer que d'accoucher une femme ; on ne sera donc pas surpris d'apprendre que cette calotte fit des merveilles. Comme le plus grand nombre de celles qui s'en servirent se délivrèrent heureusement, la réputation de la calotte alla toujours croissant, et la guérison prompte des femmes bien constituées lui fut attribuée. Quant à celles qui succombèrent, c'est que la foi leur avoit manqué et qu'elles ne méritoient pas de vivre. J'ignore si cette facétie dure encore, mais je présume que la jalousie de métier l'aura fait passer de mode, et que la calotte aura été remplacée par le cordon de quelqu'autre moine.

Cette superstition, quelque absurde qu'elle soit, me semble pardonnable dans un pays où généralement on reçoit la plus mauvaise éducation; mais qu'une reine qui n'a point partagé ce manque de lumières, qui prétend avoir acquis toutes les connoissances humaines, ait cédé à l'engouement public, voilà ce qui révolte et ce qui prouve victorieusement la foiblesse d'esprit de Marie-Caroline. Lors de ses dernières couches, elle se fit apporter la miraculeuse calotte et la porta pendant plusieurs jours, au grand déplaisir de quantité d'autres femmes qui, étant dans les mêmes circonstances, ne purent se la procurer, parce que l'on n'osoit la redemander à sa majesté.

Ces traits ne sont pas les seuls qui peuvent donner une idée des contradictions qui se rencontrent dans le caractère de la reine de Naples; ceux que l'on a classés dans les précédens sommaires de cet ouvrage lui ont imprimé priné le cachet du mépris général. Mais si, malgré l'éducation soignée qu'elle a reçue, elle se laisse aller à des superstitions de ce genre, qui ne pourroient être atténuées que par la terreur secrette que justifient ses actions, doit-on s'étonner que Ferdinand, qui n'a pas eu le même avantage et ne doit point avoir les mêmes craintes, soit couvert de reliques? Il les porte lorsqu'il va à la chasse, où l'on sait que se rencontrent souvent de jeunes hamadriades; et enfin, dans les temps d'orage, il parcourt ses appartemens en sonnant une clochette qu'il a détachée du sanctuaire de Notre-Dame de Lorette; mais Ferdinand ne prétend pas aux honneurs de la philosophie.

*Course à Pestum.*

CE sommaire n'est pas destiné à faire connoître toutes les antiquités que j'ai visitées pendant ce voyage qui dura huit jours, et dans lequel j'étois accompagné par deux antiquaires. Je ne veux parler ici que des monumens qui ont quelque rapport au gouvernement intérieur et aux mœurs de ce pays.

En partant de Naples nous prîmes de ces petites calèches dont j'ai déjà parlé. Le prix de leur location, lorsqu'on sort de la ville, est de deux ducats et demi, ou tout au plus trois par calèche, deux chevaux, enfin tout compris, parce que les conducteurs se nourrissent eux-mêmes ; cela revient à 13 livres de France par jour. Il n'en coûte que 7 livres par jour lorsque l'on ne sort pas de la ville. On peut même louer ces voitures pour une demi-journée seulement.

Nous suivîmes le chemin de Portici, et passâmes par le village de Resina, qui est à deux milles de cette ville, et par *la torre del Greco* et *la torre della Nonciata*. La route est couverte de maisons de campagne, plus remarquables par leur situation charmante que par le goût et l'élégance de leur architecture.

J'ai visité dans la dernière de ces deux villes les manufactures d'armes blanches et d'armes à feu, et la fabrique de poudre à tirer. Comme l'on rencontre par-tout de ces objets, et que ces fabriques sont fort inférieures à celles de France, je ne fais que les mentionner.

A douze milles de Naples nous nous trouvâmes sur les ruines si renommées de la malheureuse ville de Pompeya, ensevelie sous les cendres du Vésuve par l'éruption de ce volcan arrivée en 79 de l'ère vulgaire. Elles furent découvertes en 1784 par des paysans qui remuoient la terre pour faire une nouvelle plantation de mûriers.

La cendre grisâtre qui couvre les villes de Pompeya, d'Herculanum, de Stabia, est mêlée de petites pierres-ponces blanches, de crystaux et de schorls blancs. Si le roi de Naples achetoit le terrein planté de vignes qui couvre l'étendue de ces villes, il pourroit les remettre en leur état premier sans beaucoup de dépenses. Les théâtres, les édifices publics, les maisons que l'on a découverts à Herculanum ont été dépouillés de ce qu'ils contenoient de remarquable, et on les a recouverts ensuite, à l'exception d'un seul théâtre. Mais plusieurs rues de Pompeya sont restées libres, et l'on s'y promène aujourd'hui. Ces rues sont pavées de laves comme la ville de Naples. Les maisons y sont encore en assez bon état, et pourroient avec très-peu de réparations être habitées.

Assez d'ouvrages sont remplis de descriptions des objets trouvés dans ces villes, et déposés dans la *délice royale* de Portici, où on les voit dans les appartemens et dans les cours. C'est avec peine que je résiste à l'envie de décrire de nouveau ce que renferme la ville de Pompeya ; mais je ne parlerai néanmoins que de ses casernes. Je desirerois qu'elles servissent de modèles à tous les bâtimens de ce genre. Deux murs parallèles forment un corridor ; ils ont environ cinq pieds de hauteur ; chaque côté est partagé en petites chambres qui ont dû servir de logement à un soldat ou à deux tout au plus. Cette distribution est infiniment plus saine et mieux entendue que celle adoptée par les architectes modernes.

Parmi la quantité d'antiquités que l'on a découvertes à Herculanum et à Pompeya, il y a un nombre assez considérable de rouleaux qui formoient ce que les anciens nommoient des livres. Ils sont aussi déposés à Portici. Si ces manuscrits appartenoient à une nation plus éclairée ou plus portée à s'instruire, il y a long-temps que l'on sauroit ce qu'ils contiennent ; et peut-être ces ouvrages célèbres, que l'on regarde comme perdus, en font-ils partie. Il n'y a qu'une seule personne qui, par ordre, s'occupe à les déchiffrer ; et à peine y en a-t-il un que l'on connoisse. Il traite de la morale.

On a aussi trouvé dans une maison de la ville de Pompeya un étui rempli d'instrumens de chirurgie, ce qui fait penser qu'elle appartenoit à une personne qui professoit cet art. J'étois désolé de ne pouvoir m'en emparer pour l'apporter à Paris. Je présume que, d'après la forme de ces instrumens, nos savans seroient en état de fixer avec précision en quoi consistoit cette science chez les Romains du temps des premiers empereurs. Comme cette maison est une des plus apparentes de la ville, elle a dû servir d'école pour cette partie, ou de logement à un homme célèbre dans cette profession, parce que nulle part on n'a trouvé un aussi grand nombre d'instrumens de ce genre. En considérant toutes ces choses, j'étois attristé de les voir posséder par des gens qui ne savent ni en apprécier la valeur ni en tirer parti pour le progrès de la science la plus utile et la plus nécessaire au soulagement de l'humanité souffrante.

Dès que nous eûmes quitté Pompeya, nous nous dirigeâmes à droite de la mer, d'où l'on découvre l'île de Caprée, où l'odieux Tibère se retiroit pour méditer dans le silence la perte de tous ceux qui joignoient à la vertu l'énergie que produit l'amour de la liberté. De l'autre côté on apperçoit la chaîne des Apennins parsemée de villages. Entre la route que nous tenions et les montagnes, est une plaine dont la largeur inégale varie depuis six jusqu'à dix-huit milles. Elle est cultivée, mais elle pourroit l'être mieux encore. Elle s'étend jusqu'à la ville de Salerne, qui est à vingt-huit milles de Naples.

Salerne est célèbre par l'école de médecine qui portoit autrefois ce nom. Elle en possède encore une, mais qui, comparée à l'ancienne, ne mérite pas que l'on en fasse mention. Cette ville a une population d'environ douze mille ames. Elle est très-fréquentée pendant la foire annuelle qui s'y tient ; beaucoup de marchands étrangers s'y rendent pour cet objet. Elle a quelques maisons de commerce ; mais elle est laide et mal-propre, et n'a de remarquable que l'église métropolitaine où l'on voit quelques morceaux rares. Nous y passâmes la nuit dans un logement fort incommode, et nos domestiques y firent un très-mauvais souper, selon la coutume décrite dans le sommaire intitulé : *manière de voyager dans le royaume des Deux-Siciles*. Nous en sortîmes avant le jour pour arriver à Pestum, qui est à vingt-quatre milles de Salerne.

Je ne ferai point la description des antiquités dont Pestum est rempli, parce que je me suis interdit cette satisfaction ; et je me contenterai d'assurer que les objets que contient cette ancienne ville sont les plus beaux et les mieux conservés de tous ceux qui existent en Europe. On y remarque surtout trois temples, dont la fondation doit être antérieure au beau siècle de Périclès.

Quoique les ruines principales de Pestum soient à deux milles en-deçà de la mer, quoique les monumens les plus entiers soient encore plus éloignés d'un demi-mille, on reconnoît aisément qu'elle étoit bâtie sur le rivage. On voit les vestiges du port, les anneaux qui servoient à amarrer les navires, et enfin tout ce qui peut indiquer que cette ville étoit maritime et fortifiée. Le père Paoli a beaucoup parlé des antiquités de Pestum; mais le plan de cette ville, fait en terre cuite, que j'ai vu à Rome chez le chevalier las Casas, est de la plus grande vérité, et mérite l'attention des connoisseurs.

Pendant que nous étions occupés à examiner le plus beau des trois temples anciens dont j'ai parlé, nous entendîmes un paysan, qui étoit assez près de nous, dire à un de ses camarades : *quel dommage que nous ayons pour roi un âne qui n'est jamais venu voir ces merveilles ! Je suis sûr que s'il venoit ici, tout âne qu'il soit, il donneroit ordre de relever cette ville et de la repeupler. Elle en vaut bien la peine.*

La réflexion de cet homme est juste par rapport à Pestum ; mais peu importe que Ferdinand répare cette ville et la peuple de nouveau. On desire seulement qu'il s'y établisse quelques auberges passables, ne fût-ce qu'une seule ; celui qui feroit cette entreprise en seroit bien dédommagé par la foule d'étrangers qui viennent examiner ces monumens. On ne trouve en ce lieu qu'une mauvaise écurie, point de logemens, point de lits ; nos domestiques y firent a cuisine avec les seules provisions qu'ils avoient apportées.

On ne sauroit assez blâmer la négligence barbare du gouvernement qui ayant en sa possession un lieu si fréquenté des amateurs de la belle antiquité, néglige d'en tirer parti. Ignore t-on à Naples que l'affluence de monde qui parcourt ces lieux redoubleroit si l'on y trouvoit tous les agrémens nécessaires à des voyageurs fatigués de la route, et souvent harassés à force d'avoir parcouru un espace considérable pour se pénétrer des beautés que l'on rencontre çà et là dans le sol de Pestum devenu aride ainsi que désert? Ceux que la curiosité attire en ces lieux sont forcés de s'arrêter à Salerne pour y attendre le jour, et de s'en retourner d'assez bonne heure pour y arriver avant la nuit, quoiqu'il y ait vingt-quatre milles de distance, et que l'on y soit aussi très-mal hébergé.

En partant de Salerne pour Pestum, on fait quinze milles par une très-belle route, mais les derniers neuf milles se font à travers un marais. A trois milles de distance, on est forcé de passer la rivière de Selle. Au-delà de cette rivière peu considérable, on trouve la chasse royale de Pressano. On y a bâti un château pour recevoir le roi lorsqu'il va chasser dans ces quartiers.

Sous les ruines de Pestum coule un ruisseau, dont les eaux salines et thermales pourroient rapporter beaucoup. Mais ce ruisseau, ou pour mieux dire la propriété de ses eaux, est ignorée du gouvernement. Des paysans vinrent nous offrir des médailles en argent, en bronze, en cuivre. On peut s'en procurer à bas prix, parce que l'on en trouve toujours en labourant. Si les étrangers trouvoient en ce lieu de quoi s'y arrêter plus long-temps, sans manquer du nécessaire, il est hors de doute qu'il en résulteroit un très-grand bien pour les habitans de cette contrée.

Je passerai sous silence ce que renferment la bibliothèque et les archives du monastère de la Cave, que j'ai visité en revenant à Naples. Il est bâti dans une petite ville assez laide, dont il porte le nom. Elle peut avoir quatre mille habitans, et a le titre d'évêché.

A treize milles de Salerne et quinze milles de Naples est située la ville de Nocera, ayant aussi un évêque dont le troupeau apostolique ne s'élève pas à plus de douze mille ames. C'est à cette ville que finit la province *citra*. En sortant de Nocera, on entre dans la province de Labour. Nous fîmes halte à Portici, où nous demeurâmes une journée pour voir en détail les objets renfermés dans le château.

Quoique l'on soit mal couché et mal nourri dans toute l'étendue de cette route, nous la parcourûmes avec plaisir, parce que le pays est de la plus grande beauté et très-peuplé. Depuis Naples jusqu'à huit milles en deçà de Pestum, on ne rencontre que villes, villages, bourgs, châteaux et maisons de plaisance. Les montagnes, les collines, les vallées sont couvertes de vignes, d'oliviers, d'orangers, de citronniers. Les points de vue y sont admirables, et ménagés avec autant d'art que dans la crêche de M. Torres. Plus on est frappé de la beauté du sol, plus le contraste de la profonde misère des habitans de la classe populaire attriste l'ame. Leurs vêtemens, leurs cabanes, tout en eux et chez eux porte l'empreinte d'une administration vicieuse.

*Les Edits.*

Pour se former une idée juste de l'étonnante fertilité des terres des royaumes de Naples et des Deux-Siciles, il suffit de jeter un coup-d'œil sur les édits désastreux qui accablent les diverses provinces de cette monarchie. Si, malgré les efforts continuels que l'on fait pour ruiner cet état, il existe encore ; s'il peut encore offrir une population assez nombreuse, quoiqu'elle ne s'élève pas à la sixième partie de ce qu'elle étoit il y a dix-huit siècles, il faut avouer qu'il en est redevable à la nature qui l'a gratifié d'un climat à l'épreuve de la méchanceté des hommes, qui semblent ne s'occuper qu'à le détériorer.

Si l'on excepte le gouvernement de Rome, il n'en est point dans le monde entier qui s'obstine à mettre autant d'entraves au commerce, à l'industrie, et sur-tout à l'agriculture.

Je ne parle point ici des droits absurdes et inhumains consacrés par le régime féodal. Par-tout où il y a dans ces royaumes des terres seigneuriales, l'agriculture languit, et la terre ne produit pas la dixième partie des récoltes que le cultivateur a droit d'attendre de la fertilité du sol et de la bonté du climat. Comme j'ai placé ailleurs ce qui concerne la féodalité, je ne parle ici que des édits qui ont force de loi, et qui émanent du gouvernement.

Ces édits très-bursaux sont connus à Naples, ainsi qu'à Rome, sous le titre d'annonces. Celles de Naples ne sont pas tout-à-fait aussi désastreuses, mais elles en approchent beaucoup. Quelque profondes que soient les plaies faites par le régime féodal dans ces malheureuses provinces, on peut assurer que si la cour de Naples, par un effort de raison, se portoit à supprimer l'annonce, la partie du royaume qui n'est pas sujette à ce fléau destructeur, refleuriroit en peu d'années, et doubleroit de population.

Les seigneurs fonciers ont le droit injuste de prescrire le prix de tous les comestibles. Le gouvernement s'en abstient; mais le mode qu'il adopte est au moins aussi arbitraire et peut-être plus dangereux encore. Il défend l'exportation d'une denrée, la fait acheter pour son compte, et la revend beaucoup plus cher, sans se douter que le gain illicite qu'il fait n'est que factice, et qu'il perd réellement en proportion de l'altération que produit dans la fortune des particuliers la défense d'exporter.

Cette manie d'accaparer n'est pas restreinte au bled seulement, elle s'étend tantôt sur les huiles, tantôt sur les soies, et dépend des spéculations des ministres et des personnes qui ont de l'influence dans les affaires. La marche du gouvernement n'est pas uniforme, ses opérations varient ; mais ce qui est fixe comme le destin, c'est que de quelque nature que soient ces opérations, elles ne tendent qu'à mettre des entraves nouvelles à la liberté du commerce, et qu'elles sont une lésion continuelle du droit naturel. On ne peut excuser ceux qui sont à la tête de ce gouvernement, qu'en disant que leur ignorance est telle qu'ils ne connoissent pas le mal qu'ils font, et sont encore plus incapables d'en calculer les résultats. Ils ne se doutent pas que la richesse nationale puisse consister dans les richesses partielles des individus. Ces idées si simples, si claires sont abstraites pour les ministres de sa majesté sicilienne. Ce qu'ils ne peuvent palper à volonté est nul pour leur entendement. Voici la méthode qu'ils emploient pour torturer le peuple.

Dans la saison des récoltes, les propriétaires ou ceux qui tiennent des métairies ou autres biens à loyer, doivent faire une déclaration précise de ce qu'ils ont semé et récolté. On fixe la quantité qu'il faut fournir au roi selon le prix courant, et celle qui doit être transportée dans les marchés; les commis du ministère et leurs sous-ordres profitent du recensement et de la vérification qu'ils sont obligés de faire, rançonnent les propriétaires des denrées, sans même qu'ils puissent se plaindre de cette vexation que l'on a soin de colorer.

Il n'existe pas un abus, pas une seule loi prohibitive dans les autres états de l'Europe qui ne soit aussi-tôt adoptée par le ministère, et exécutée à la rigueur; et jusqu'ici on n'a tenté aucun moyen d'alléger le fardeau qui est devenu insupportable, et qui ne peut être en effet supporté que par les Napolitains. Que l'on ouvre les ouvrages de don Melchior Delfico, de don Trajano Odazi, du marquis Palmieri et de tous les auteurs qui ont écrit sur l'administration économique du royaume de Naples, et l'on se convaincra que loin d'exagérer, je me suis tenu dans les bornes d'une modération peut-être outrée. Ces dignes citoyens ont plaidé la cause de la nation entière qui soupire après la répression des abus du despotisme; ils ont demandé la suppression du régime féodal; mais ils n'ont point été écoutés, et sans doute ils ne l'obtiendront qu'au jour marqué pour le réveil de la raison, et peut-être pour celui de la vengeance.

Les droits de douane sont excessifs, et l'administration en est si mauvaise, que le roi retire fort peu de chose du produit énorme des vexations qui s'exercent en son nom. Je n'ai pas entendu dire que le ministre Acton se soit jamais occupé d'une réforme si nécessaire; et dans le fait quelle justice attendre d'un chef de brigands? Cet homme, empressé d'accumuler des richesses, d'accaparer des honneurs, s'est-il jamais informé des devoirs attachés aux diverses places qu'il remplit? non, sans doute; ils seroient sa condamnation. Déchirons donc le voile qui cache la vérité, qu'elle se présente ici dans tout son éclat, et et que l'œuvre d'iniquité soit également exposée aux regards indignés et foudroyans de la postérité. Loin d'espérer qu'Acton se prête à la réforme des abus, il faut le regarder comme le principal auteur de tous les monopoles qui se commettent dans le royaume. Cet homme, qui déshonore à la fois le monarque foible qui le souffre, le ministère qu'il est indigne d'occuper ; cet homme, dis-je, est le premier, le plus cupide et le plus impudent des accapareurs de bled. Il trafique sans honte de la sueur de l'infortuné laboureur, et se repaît des larmes de la veuve désolée et des soupirs de l'orphelin indigent.

C'est aussi un vice dans l'administration des finances que la complication des impôts dont les divers comestibles sont grevés. On paie des taxes pour les entrées, les sorties des denrées. Il y en a d'imposées sur les boulangeries, les boucheries ; elles sont si multipliées qu'il faudroit avoir la mémoire de Haller pour en retenir la nomenclature.

Tous ces impôts retombent sur le peuple ; ils ont plusieurs fois été la cause des soulèvemens qui ont eu lieu dans la capitale, et ont alimenté des misérables qui n'ayant rien à perdre ne pouvoient que gagner à un changement de maîtres ou de gouvernement. La révolte arrivée à Naples en 1647, dont Mazaniello fut l'instigateur et le chef, et qui pensa opérer une révolution totale dans le royaume, n'eut point d'autre cause qu'un impôt établi par le gouvernement espagnol sur les fruits et les légumes qui, après les macaroni, font la partie principale de la subsistance du peuple.

Les repliques de Ferdinand à Léopold, et celles qu'il fit à l'empereur Joseph II, étoient plus piquantes que vraies, quoiqu'elles renfermassent cependant un grand sens. Mais alors ce monarque ignoroit qu'un grand nombre de Napolitains émigroit, et se réfugioit non en Toscane, mais dans plusieurs autres contrées. Il ne savoit pas que sa foiblesse lui ôtoit l'amour de ses sujets, qu'ils ne l'estimoient ni ne le craignoient; et qu'enfin ils lui reprochoient ses voyages dans les pays étrangers, parce qu'il auroit dû commencer par visiter ses propres états, dont il ne connoît ni les besoins ni les ressources. Quelle fut donc la cause de la répugnance que manifestèrent les Napolitains au départ de leur roi ? On peut présumer qu'au défaut de la perspicacité que donnent les lumières, ils furent mus par l'instinct; qu'ils sentirent que ces voyages étoient, en raison des dépenses qu'ils occasionnoient nécessairement, une surcharge aggravante pour eux, et sur-tout qu'ils seroient inutiles pour celui qui les entreprenoit sans s'être auparavant mis en état d'en tirer le fruit qu'on pouvoit en attendre.

## Sur l'Exportation des Denrées.

Le commerce des Deux-Siciles consiste dans l'exportation des productions du sol. Cette exportation seroit infiniment plus fructueuse si le gouvernement moins cupide et moins imbécille ne la gênoit par les entraves dont j'ai rendu compte dans le sommaire précédent. Le sol de ces royaumes est si fertile que les Siciliens pourroient à eux seuls approvisionner une grande partie de l'Europe en bled, en huiles et autres productions, qui n'attendent pour se multiplier à l'infini qu'une administration plus sage et plus conforme aux véritables intérêts du souverain.

Toutes les provinces de Sicile fournissent du froment, de l'huile, du vin, des légumes, un peu de bled de Turquie et d'orge, du chanvre, des cordages, du miel, de la cire, des fruits secs et frais, de la manne, du safran, de la réglisse, de la gomme, du tartre, des capres, des macaroni, du sel, des cendres propres aux fabriques de savon, du soufre, du nitre, des poissons, des bestiaux, du cuir, des oranges, des limons, des citrons, de l'eau-de-vie, du vinaigre, des métaux, des minéraux, du marbre, de la soie, du lin, du coton, des chevaux, mais en petite quantité, des ânes et des mulets. Il ne manque à ces objets de commerce extérieur que des marchandises confectionnées; mais dans un pays où le gouvernement est tel que je l'ai représenté, on doit penser que les manufactures y sont ou nulles ou d'un trop foible rapport pour ajouter un poids dans la balance.

Le seul royaume de Naples exporte, année commune, deux millions de tumols, en froment. La nation entière en consomme dix-huit millions, à raison de quatre tumols par tête pour pain, farine et macaroni. On ne compte que le tiers des terres qui soit consacré à la culture des grains.

La capitale consomme à elle seule quatre cent trente mille tumols pour la confection du pain ; deux cent cinquante mille en macaroni, soixante mille en biscuits, six cent trente mille en farine. On ne comprend point dans ce relevé la consommation annuelle des troupes. On y tue trente mille bœufs, quatre mille veaux de Sorrente, six mille veaux ordinaires et soixante mille cochons.

Le bled que l'on exporte se tire ordinairement du royaume de Naples. Ces bleds viennent de la Capitanate, des provinces de Bari, d'Otrante, de l'Abruze, de la Pouille, de la Molisse et de la Basilicate. Les provinces de Labour et de Salerne envoient leurs productions à la capitale, qui consume annuellement trente mille palmes d'huile fine et à-peu-près autant d'huile ordinaire.

Chaque palme d'huile qui vient de Gallipoli et de Tarente paie un droit au roi. Ce droit d'entrée est fixé à un ducat d'argent. Bari, la Calabre, l'Abruze, Otrante sont les provinces les plus abondantes en huile. La consommation annuelle de tout le royaume s'élève à trois cent cinquante mille palmes ; ce qui prouve que dans cet état, la capitale est infiniment plus peuplée que ne le sont en proportion les provinces dont la population ne répond pas à l'étendue du territoire. On évalue l'exportation du seul royaume de Naples à cinquante mille palmes d'huile par année.

Après le bled, l'objet de commerce le plus avantageux et le plus considérable est celui de la soie. Il seroit possible de quadrupler le bénéfice, si le roi, ou plutôt les sangsues ministérielles, ne le stranguloient par leurs réglemens éternels. La rapacité des préposés à la perception des impôts, les abus qui existent dans l'administration des finances, les avanies que se permettent les seigneurs qui jouissent des prérogatives féodales, sans en remplir les devoirs, sont autant d'entraves à la propagation du commerce, et à la culture des diverses productions territoriales.

Ce que je viens de dire du royaume de Naples peut également s'appliquer aux Deux-Siciles, dont le gouvernement est le même, malgré les efforts que le marquis Caraccioli a tentés pendant sa vice-royauté pour modifier ce qu'il ne pouvoit extirper. Ses successeurs moins attentifs ont laissé les abus se glisser de nouveau dans une administration que Caraccioli n'auroit jamais dû quitter pour le bonheur des peuples. Les productions de la Sicile sont à-peu-près les mêmes que celles du royaume de Naples; ainsi, en se procurant des renseignemens sur le montant de sa population, il sera fort aisé d'approximer sa consommation annuelle. Les Siciliens ne diffèrent des Napolitains que parce qu'ils ont plus d'esprit, de finesse et de vivacité qu'eux. Du reste, les mœurs et les coutumes sont à-peu-près semblables; l'orgueil et la dureté du gouvernement font également le malheur de ces peuples.

Si le roi de Naples auquel, malgré ses défauts naturels et acquis, on ne peut refuser du jugement, osoit prendre sur lui de visiter en détail toutes les provinces qui lui sont soumises, ce seroit alors qu'il se convaincroit qu'il n'en est point de plus mal gouvernées que celles qui composent la monarchie sicilienne. Il sentiroit aussi qu'il ne seroit pas difficile d'y remédier. Il ne seroit pas question de rendre de nouvelles ordonnances, mais au contraire de retirer celles qui ont été faites. Enfin, au lieu de vouloir sans cesse gouverner tout, il faudroit traiter la Sicile comme un malade robuste encore, plus affoibli par les remèdes que par le mal même, et laisser agir la nature au lieu de la contrarier.

On perçoit, au nom du roi, un droit sur les exportations et les consommations des denrées ; le cinquième de ce droit est affecté à la ville, qui est très-riche, mais dont les revenus ne sont pas administrés avec une exacte fidélité.

Un Napolitain, homme de beaucoup d'esprit, auquel je communiquois mes réflexions sur ces divers objets, me répondit, qu'en convenant avec moi de toutes ces vérités et des conséquences que l'on pouvoit en déduire, il n'en résultoit pas moins que ce changement étoit impossible. Il m'observa que le roi, doué, ainsi que je l'ai dit, d'un bon sens naturel, d'un jugement sain, lorsqu'il n'est pas obstrué par les préjugés, voulant sincérement le bien, mais ne sachant pas en saisir les moyens, se livrant par foiblesse et par défiance de lui-même aux conseils de la reine et du général Acton qui, au lieu de l'éclairer, ne s'occupent qu'à le distraire de ses devoirs en fortifiant son penchant pour la chasse qui lui ravit les sept huitièmes de son temps, est absolument incapable d'effectuer une révolution dans l'administration du gouvernement. Il termina ainsi : *comment espérer un changement en mieux dans une monarchie qui a trois chefs, dont l'un est un être nul, le second une comédienne lubrique, et le troisième un frippon, tous trois sans talens et sans connoissances ?*

―――

*Poids, Mesures, Argent.*

Les Napolitains divisent leurs terres par *moggio*. Le moggio renferme un espace de trente pas ordinaires, c'est-à-dire, neuf pas quarrés.

Le tumol contient quarante *rotoli*, et chaque *rotoli* trente-trois onces. C'est ainsi que les Napolitains mesurent leurs grains. Mais le son doit éprouver deux pressions fortes et successives, et la mesure être emplie au comble, de même qu'on l'observe en France pour les menus grains verds.

La mesure dont on se sert pour le vin s'appelle *botte*. Elle contient cinq cent trente-quatre pintes de Paris. On divise une *botte* en douze barils, et chaque baril en soixante carafes.

On mesure l'huile par palmes ou salmes. Une salme pèse deux cent quarante livres du poids de douze onces. La salme se partage en dix mesures qui portent le nom de *staye*, et chaque staye en trente-deux *pignotti*.

La livre de Naples, quoique partagée en douze onces, n'équivaut qu'à dix onces, poids de France. Une once se divise en trente *trapesi*, et chaque *trapesi* en vingt *acini*.

Le palme contient environ neuf pouces, huit lignes et demie de France. Il se partage en douze onces, et l'once en cinq *minutes*. Une canne contient huit palmes.

L'argent se compte en *décimales*. Dix grains font un *carlin*, et dix carlins un ducat d'argent, monnoie de Naples. Une once représente trois ducats ou trente carlins.

On compte environ douze millions de ducats, argent de Naples, mis en circulation pour la seule capitale. Indépendamment de ce numéraire, il existe pour six à sept millions de billets de banque. Ces billets jouissent d'un si grand crédit qu'ils y font le même effet que l'argent. On les change facilement et au pair. On les reçoit dans toutes les maisons de commerce, chez les marchands ; et les particuliers les regardent comme de l'argent comptant.

Les banques de Naples, sur lesquelles D. Michel Rocco a donné un ouvrage très-bien écrit, prêtent ouvertement sur gages ou avec hypothèque. L'intérêt est modique, puisqu'il ne s'élève pas à plus de trois pour cent.

Il existe pour les banques de la ville de Naples une loi qui ne laisse pas d'avoir son utilité. Tout billet de banque doit être registré dans l'espace de 24 heures, à chaque mutation de propriétaire, et porter le nom de chacun : ceci tient à la sûreté publique, parce que si la banque cessoit ses paiemens, et que cette formalité eût été négligée, le dernier possesseur n'en pourroit prétendre le remboursement de celui qui le lui auroit passé en paiement. Je tiens ce fait de l'auteur de l'ouvrage sur les banques.

S'il est vrai, ainsi que me l'ont assuré des

personnes instruites, qu'il n'y ait en circulation dans les Deux-Siciles que 30 à 35 millions de ducats d'argent, cela prouve que la capitale absorbe un tiers de la richesse nationale.

## *L'Importation.*

Ce n'est point assez d'avoir parlé des objets qui forment le commerce extérieur du royaume de Naples, il faut rendre compte des marchandises qu'il tire de l'étranger, et qui sont l'objet du commerce intérieur.

Les Hollandois lui fournissent les clous de girofle, la cannelle, la noix muscade, et une quantité de drogues pour la pharmacie; des draps fins, des toiles, des mousselines, du cacao, du tabac, quelques étoffes en soie, de la morue et des harengs.

Les Anglois lui apportent des draps de toute qualité, des étoffes de soie, des bas de laine, des cuirs ouvragés et préparés, du plomb, de l'étain, du poivre, des clincailleries, des mouchoirs, de la toile, des éventails, des cannes, un peu de gomme d'Arabie et de l'Inde, des bois de teinture, des montres, des pendules, des drogues, des instrumens de mathématique, de la merluche, de la morue ordinaire, des harengs, du café, du thé, du sagou, du cacao et quelques autres marchandises de ce genre.

Les François fournissent aux Deux-Siciles beaucoup de sucre, de l'indigo, du café, des bois de teinture, du verd-de-gris, des drogues du Levant, du cacao, des objets de modes, de la clincaillerie, des étoffes de soie et des draps. Mais il faut avouer que de tous les objets mercantilles que la France porte dans les Deux-Siciles, il n'en est point sur lequel elle fasse de plus gros profit que sur les modes, parce qu'il n'en est point qui soit aussi intéressant pour les femmes de ce pays que ce qui sert à leur parure.

Les Espagnols apportent en Sicile du sucre, de la cochenille, des bois de teinture, du cacao, du cuir préparé, des drogues de l'Amérique, du quinquina, de la salsepareille, du baume du Pérou et du tabac.

Les Portugais contribuent aussi à l'approvisionnement de ce royaume en lui apportant du sucre, du tabac, du cacao, des drogues et des cuirs.

Les Vénitiens y apportent des livres, des cordages, des glaces, des crystaux, de gros draps, de la cire, des chapeaux, des drogues du Levant, du vif-argent, de la térébenthine, du sang de dragon, et des draps d'Allemagne.

Quelques vaisseaux russes viennent tous les ans surgir dans ses ports. Ils apportent de la poix, de la cire, du fer, des fourrures et des toiles d'emballage.

Les Allemands y trafiquent d'une quantité de toiles blanches et imprimées Ils y échangent des crystaux, des chapeaux, des cuirs, de l'étain ouvragé et des draps.

Les Génois y font un commerce immense. Indépendamment des articles que je viens d'énoncer, et dont la vente leur est commune avec les autres nations, et qu'ils donnent à un prix modéré afin de soutenir la concurrence quoiqu'ils ne les tirent pas de la première main; ils y débitent leurs velours et des marchandises de Barbarie avec un très-grand avantage.

La Sardaigne y fait aussi commerce de fromages et y apporte quelques barils de thon.

Les droits de douanes ne sont pas les

mêmes pour toutes les marchandises : pris en masse, ils peuvent être évalués proportionnellement à vingt-huit pour cent, ce qui est très-fort. Il y a des marchandises qui sont imposées à cinquante pour cent; mais aussi il y en a d'autres pour lesquelles on ne paie que dix, quinze, et vingt pour cent.

## *La Population.*

CELLE de la capitale, comparée à la population des provinces qui composent la monarchie des Deux-Siciles, surpasse toutes les données que l'on pourroit supposer. La ville de Palerme peut seule en approcher, puisque l'on y compte cent dix mille habitans. Mais aussi cette ville, capitale de la Sicile, est-elle, à l'égard des autres cités de ce royaume, ce qu'est Naples, capitale de la monarchie entière.

Il est très-vrai que Naples contient plus de quatre cent mille habitans. Cela paroît d'autant plus étonnant, que l'étendue de ce royaume se borne à trois cent cinquante milles de longueur sur une largeur inégale de soixante, quatre-vingt-dix, et en quelques endroits seulement de cent milles. Son circuit est de 1415 milles, et ses côtes, le long de la Méditerranée et de la mer Adriatique, ont quatre cent milles d'étendue.

Mais il faut savoir qu'il n'existe dans le royaume de Naples aucune ville qui approche de la capitale, soit pour la population, soit pour les richesses.

Foggia qui, pour sa population et son commerce, tient le premier rang après la ville de Naples, ne contient que vingt-six mille habitans. Il y a quelques capitalistes, mais aucun d'eux ne passe pour avoir cent mille ducats de fond. Ce qui contribue à l'aisance de cette ville, c'est que l'on y passe tous les actes relatifs aux fermages des pâturages de la province particulière nommée Favollière dont Foggia est la capitale. Foggia est située dans la Capitanate, à cinq lieues sud-ouest de Manfredonia près la rivière de Cerbaro. Ce fut là où Charles d'Anjou, l'assassin du jeune Conradin et du duc d'Autriche, termina une vie que la cruauté, l'ambition et l'avarice avoient souillée.

Lecce,

Lecce, regardée comme la principale ville de la Pouille parce qu'elle est la résidence d'une noblesse nombreuse, n'a que quinze mille ames, tandis que la *torre del Greco*, près Naples, en contient dix-huit mille.

Tarente, Moffette, Barlette, Manfredonia, Salerne, Otrante, qui sont les villes les plus considérables du royaume, après celles dont je viens de faire mention, n'offrent qu'une population très-inférieure. Point de particuliers riches dans aucune de ces villes. La fortune de ceux qui passent pour l'être ne s'élève pas à plus de cinq à six mille ducats de revenu; tandis que l'on voit à Naples un nombre prodigieux de personnes qui jouissent annuellement de dix à douze mille ducats.

Non seulement la ville de Naples renferme beaucoup de noblesse qui joint à l'orgueil stupide que lui donnent ses parchemins, les moyens de soutenir son rang avec splendeur et faste; mais elle contient encore un nombre incroyable de personnes aisées qui ne sont pas nobles d'origine. Naples est la seule ville de l'Europe qui ait dans son sein plus de cinq mille familles qui, sans pouvoir prétendre aux prérogatives attachées à l'ancienneté du nom, à l'éclat de l'illustration, vivent dans l'opulence. Les plus hautes fortunes s'élèvent à cent mille ducats de revenu ; il y en a peu qui surpassent cette somme.

Il y a en Sicile des familles encore plus riches qu'à Naples. Elles restent dans leur île sans se soucier de jouir des honneurs dont la cour les combleroit. Elles font très-bien ; car si elles venoient respirer l'air contagieux de la cour de Marie-Caroline, si elles se laissoient gagner par ses entours, la Sicile seroit bientôt appauvrie, et la fortune des particuliers anéantie.

La quantité d'équipages que l'on rencontre à Naples est au dessus de tout récit, comme de toute croyance. L'on m'a assuré qu'elle excédoit le nombre de quinze mille, y compris les voitures de louage. J'ai d'autant moins de peine à ajouter foi à cette assertion, que, par-tout où l'on porte ses regards ou ses pas, on en voit des files qui se succèdent continuellement. Paris qui, pour son étendue et sa population est bien au-dessus de Naples, n'en offroit pas autant, même avant la révolution.

Aucune ville d'Europe ne renferme une aussi grande quantité de valets portant livrée. Ils fourmillent dans les antichambres. Ils sont amoncelés derrière les carrosses que précèdent quelquefois jusqu'à quatre coureurs appartenant au même maître. Cet abus des richesses est porté au comble.

Quoique j'aie dit que la température de Naples n'est pas aussi saine qu'on se l'est imaginé, et qu'il soit vrai que les étrangers éprouvent, pendant les premiers mois, des indispositions continuelles et sur-tout des diarrhées, je ne puis m'empêcher de remarquer qu'une fois aclimaté on y vit très-long temps. Une preuve sans replique, c'est que les hôpitaux n'y sont point surchargés d'un tas de malades pressés dans le même lit, quoique le peuple y soit aussi pauvre que par-tout ailleurs, et que la mal-propreté des rues et des personnes dût engendrer des maladies particulières à cette classe d'individus. Gatti, Cottugno et Civillo m'ont répété plus d'une fois qu'aucune ville d'Europe ne peut se glorifier d'un aussi grand nombre de vieillards robustes, sains, et ayant conservé la gaîté nationale. Cependant on vit plus long-temps à Salerne.

---

### Les Projets.

Un étranger qui n'auroit vu que Naples pourroit croire que le souverain de cette monarchie doit être mis au rang des premières puissances de l'Europe. S'il jugeoit du reste du royaume par l'éclat et le faste qui l'environnent dans cette capitale, il donneroit à Ferdinand quinze millions de sujets et un revenu de cent millions de livres. Les Napolitains, moins instruits que ne l'étoient les François au dixième siècle, le croient ainsi, parlent de leur roi comme d'un des premiers et des plus puissans monarques du monde; ils sont loin de comprendre que le faste ne fait pas la richesse, et que Ferdinand n'est qu'un potentat du troisième ordre.

Il est incontestable que si le reste du royaume étoit peuplé en proportion de la capitale, il en résulteroit une population qui excéderoit même les quinze millions d'ames dont on a parlé; mais il est très-vrai que les royaumes de Naples et de Sicile, pris collectivement, n'en contiennent pas plus de six millions.

Cette population doit encore être un sujet de surprise pour l'observateur, lorsqu'il réfléchit à l'énorme quantité de loix qui mettent des entraves à l'agriculture, au commerce et à l'industrie : lorsqu'il considère les efforts que fait constamment un gouvernement aussi frippon qu'imbécille pour atténuer de mille manières les ressources que le climat offre aux malheureux Napolitains.

Six millions d'habitans forment la population des Deux-Siciles. Le royaume de Naples en contient à lui seul quatre millions sept cent mille ; et la Sicile proprement dite, n'en fournit que treize cent mille. Ce nombre est bien peu de chose si l'on pense à la fertilité du sol, mais il paroît considérable dès que l'on se rappelle les obstacles qui s'opposent à la propagation de l'espèce.

Un monarque qui règne sur six millions de *sujets*, expression dont il faut se servir en parlant de ce peuple très-éloigné de mériter celle d'hommes libres ; un monarque, dis-je, qui règne sur six millions de sujets, pourroit former une puissance redoutable. La Prusse qui, sous Fréderic-le-Grand, s'est acquis tant de prépondérance dans l'Europe, n'en compte pas davantage, quoique son terrein soit beaucoup plus étendu, et n'ait pas, comme le royaume de Naples, l'avantage de former à peu de chose près une masse de puissance ; la Sicile n'étant séparée du royaume de Naples que par un canal très-étroit.

Si l'on mettoit sur le trône des Deux-Siciles un homme tel que le grand Fréderic, on verroit alors ce que peut devenir, entre des mains habiles, un état que la nature a favorisé d'une fertilité peu commune.

Le premier acte d'un souverain digne d'être comparé à Fréderic, seroit d'abattre la féodalité et les abus qu'elle commande, sans égard pour personne, sans attention pour les vaines clameurs, pour les plaintes impuissantes des barons qui bourdonneroient à ses oreilles, ou mugiroient aussi inutilement que les animaux destinés à la charrue, lorsqu'un laboureur robuste les y attèle, et les force, malgré leur résistance, à ouvrir le sein de la terre pour y confier la précieuse semence qu'il recueillera au centuple.

Ce coup d'autorité, et d'une autorité bien respectable parce qu'elle ne tendroit qu'au bonheur général, attireroit à ce souverain l'amour du peuple, qui s'empresseroit d'exécuter ses volontés, et le chériroit à l'égal de la divinité. Le Napolitain, porté naturellement à aimer ceux de ses souverains qui montrent du caractère et qui s'occupent du bien public, les soutiendroit dans ce travail vraiment paternel, et les encourageroit à extirper tous les privilèges attachés aux fiefs, etc.

Les nobles ne seroient privés que des prérogatives nuisibles, et nul d'entr'eux ne seroit dépouillé de sa propriété qu'il feroit valoir. Il sentiroit les conséquences qu'entraîneroit sa négligence, et ne s'exposeroit point à perdre une fortune qui ne seroit plus relevée par des vexations exercées sur des vassaux devenus libres comme eux par le même édit.

Si les souverains étoient tentés de s'instruire, ils apprendroient qu'une partie de ces droits dérive des concessions temporaires faites par leurs prédécesseurs pour récompenser des services particuliers, et que le reste est un démembrement de l'autorité royale arraché à la foiblesse des princes ou nécessité par des circonstances impérieuses; et enfin que l'extension donnée à ces prétendus droits par les possesseurs sont un outrage pour l'humanité, et une honte pour celui qui, pouvant les abolir, les laisse subsister.

Ce premier coup porté, l'abolition des annonces devroit suivre. Les défenses concernant l'exportation et l'importation seroient à jamais levées; et la liberté indéfinie du commerce, de la culture et de l'industrie, feroit place aux jurandes, aux corporations, aux privilèges exclusifs qui sont autant d'armes meurtrières dans la main d'un tyran, ou d'un souverain pusillanime, et n'ont été établies que pour river les fers des malheureux esclaves du despotisme.

La réforme du clergé n'est pas moins nécessaire, et devroit être aussi l'objet de la sollicitude du prince. Si, par égard pour l'opinion publique qui ne se détruit point par des édits, il pensoit que le culte dût subsister, il faudroit au moins le simplifier, le rendre digne d'être professé par des hommes libres, c'est-à-dire, le dépouiller des superstitions de tous genres qui le déshonorent. La suppression des couvens, des canonicats seroit de première nécessité, parce que c'est dans ces antres fangeux que se forgent continuellement les armes dont le fanatisme se sert pour combattre la raison, pour aiguiser ses poignards : mais en rendant à la nation les biens immenses dont la crédule piété des peuples avoit doté ces reclus, il faudroit se souvenir qu'ils sont des hommes; il faudroit leur assigner des pensions qui les missent en état de vivre dans le monde mieux qu'ils ne faisoient dans leurs repaires. Pourquoi ? c'est que des pensions qui s'éteignent partiellement chaque année ne chargent l'état que pour un temps très-court, et qu'au prix d'un peu d'argent il ne faut jamais être inhumain. Je voudrois aussi que le clergé séculier fût restreint, pour les dignités ecclésiastiques, aux cures, et tout au plus à huit ou dix évêchés, tant pour le royaume de Naples que pour la Sicile.

Mais comme il est très-rare que les hommes soient assez généreux pour servir la postérité aux dépens de leurs propres intérêts, je veux examiner si la réforme dont je conçois l'avantage et la possibilité pourroit préjudicier au souverain qui auroit le courage de l'entreprendre.

Le produit des douanes, des péages et autres droits de ce genre appartenoit autrefois à la couronne exclusivement ; mais actuellement il est partagé entre le roi et les barons. En abolissant la féodalité, il est clair que le souverain doubleroit ses revenus ; et quoiqu'il fût mieux de remettre à la nation le produit d'un droit illégal, parce qu'il doit son origine à la force; si les circonstances s'opposent à cette remise, on pourroit du moins reculer les bureaux jusqu'aux côtes et aux frontières ecclésiastiques, afin que la libre circulation de l'intérieur attirât l'étranger et ravivât l'agriculture, seul nerf de l'état.

Un moyen bien simple de dédommager un roi de Naples qui feroit ce sacrifice, et de le mettre en état de supporter les dépenses nécessaires au maintien de l'état, seroit de s'emparer sans restriction des biens ecclésiastiques, de les vendre au plus offrant, mais en donnant des facilités aux acquéreurs, afin que la vente eût lieu le plus promptement possible. Le souverain n'est que l'économe de l'état ; il ne doit point en envahir le territoire ; et les biens domaniaux sont un abus monstrueux qu'il faudroit aussi détruire. Chaque domaine doit avoir son propriétaire particulier ; et ce propriétaire ne doit relever d'aucun autre homme si l'on veut favoriser la culture. Ce seroit alors que le souverain pourroit établir, de concert avec ses peuples, un impôt territorial, très-facile à prélever par le moyen de l'établissement des municipalités (1).

Ce changement dans l'administration intérieure, en simplifiant les opérations du gouvernement, laisseroit au souverain le temps de s'occuper de sa position morale à l'égard des nations qui l'environnent. Tranquille au dedans, il se convaincroit de la facilité qu'il y auroit de faire cesser les farces sacerdotales d'où sont émanés tant de maux. Rien de si aisé que de s'emparer des états de l'église. Je ne voudrois pas qu'il oubliât un instant que le pape et les cardinaux sont des hommes, ni qu'il les rendît responsables des atrocités de leurs de-

---

(1) Voyez le troisième volume de cet ouvrage où il est question de l'établissement des municipalités.

vanciers. Le plus sûr moyen de pallier, et même de justifier les crimes d'autrui, c'est d'en commettre soi-même. Je voudrois donc que le pape et les individus qui composent le collège dit *sacré*, reçussent, ainsi que les autres marionnettes qu'ils font mouvoir, des pensions suffisantes pour les faire vivre avec agrément; mais avec injonction expresse de suivre un peu mieux la règle de l'évangile. Je voudrois aussi qu'il leur fût imposé la loi de ne point sortir des confins de l'état, où ils devroient consommer le pécule qui leur seroit alloué.

Si mes conseils étoient suivis, ce souverain établiroit dans ses états un gouvernement modéré; il se contenteroit du pouvoir exécutif, et deviendroit véritablement roi; ce qui, en remontant à l'origine des nations, veut seulement dire *régisseur*. Il pourroit rétablir dans l'Italie le véritable empire romain, parce qu'il n'y auroit dans cette contrée aucune puissance qui pût lui résister, sur-tout si, à l'exemple des anciens Romains, il soumettoit les peuples conquis au joug de la loi qu'il auroit établie chez lui, qui seule régneroit sur ses concitoyens, dont il ne seroit que le mandataire. Telle seroit la plus belle des révolutions, la moins sujette à varier, parce qu'un concert unanime l'auroit produite, et que celui qui l'auroit entreprise ne se seroit servi des armes du despotisme que pour le détruire à toujours.

Mais si l'on veut maintenant supposer à un roi de Naples l'énergie de mon réformateur, sans lui accorder assez de vertu pour prétendre au véritable héroïsme, en rendant ses peuples à leur liberté primitive ; si ce monarque ne croyoit pas devoir s'inquiéter du sort de l'Italie entière, il pourroit au moins, par les moyens premiers que j'ai indiqués, rendre son royaume florissant, en délivrant ses sujets des entraves du despotisme ministériel et monachal, le pire de tous.

L'énergie, l'amour de la vertu ont différens degrés. Une ame vraiment forte ne conçoit que de grands projets, et les exécute malgré les difficultés qui s'y rencontrent. Un prince, doué de cette ame héroïque, préféreroit sans doute la gloire d'avoir rendu l'Italie à la liberté, au stérile et dangereux avantage de rester le despote des Deux-Siciles plongées dans l'ignorance et dans l'inertie ; dont le réveil seroit celui *du tigre*, si un nouveau Mazaniello entreprenoit de diriger sa fureur.

Mais, et je l'ai dit, en se bornant au bonheur de ses sujets, en retenant pour lui la royauté, et ceux de ses attributs qui ne sont point incompatibles avec la liberté individuelle, un roi de Naples pourroit aisément accomplir le grand œuvre d'une révolution intérieure. Il ne faudroit qu'une volonté ferme, et une combinaison que le règne de la philosophie rend facile ; la docilité actuelle des Napolitains préviendroit toutes secousses dangereuses, et l'on peut dire que ce seroit acquérir de la gloire sans péril.

S'il étoit possible qu'un souverain des Deux-Siciles adoptât l'un des deux projets que je viens de soumettre au lecteur, il devroit, quelque fût son but, frapper d'un même coup sur tous les abus. Une réforme graduelle ne pourroit réussir chez un peuple superstitieux à l'excès, et qui voit dans ses prêtres, mais sur-tout dans ses moines, des anges terrestres qui lui ouvrent les portes du paradis. Quelque fût la stupeur dans laquelle le plongeroit la réforme de la hiérarchie, il ne seroit pas long-temps sans concevoir par celle des abus ministériels, que son souverain n'auroit d'autre but que de lui procurer un bonheur durable ; et il concourroit de toutes ses forces à l'achèvement du projet.

Il n'existe point dans le monde connu de nations où la réforme du clergé, tant séculier que régulier, soit devenue aussi nécessaire que dans la monarchie des Deux-Siciles. Vingt-deux archevêchés, cent seize évêchés, dont les possesseurs dévorent la substance du peuple, étalent un faste révoltant. J'ai parlé ailleurs du nombre de moines de toutes les couleurs qui fourmillent dans ce royaume ; mais des renseignemens plus précis me mettent en état d'offrir au lecteur une liste très-exacte des individus voués par état à l'emploi odieux d'obstruer le bon sens naturel de ce peuple simple et crédule.

Le seul royaume de Naples alimente :

| | |
|---|---|
| Archevêques, | 22 |
| Evêques, | 116 |
| Prêtres séculiers, | 50,313 |
| Moines de toutes couleurs, | 31,214 |
| Religieuses, | 23,319 |
| Le nombre des individus à charge à l'état est donc de | 104,984 |

Et la Sicile n'est point comprise dans ce calcul! J'indiquerai dans un autre endroit le nombre de ses sangsues.

J'ai fait trois voyages dans le royaume de Naples ; un à Soriento, un autre à Pestum, un troisième à Foggia et à Lecce ; et j'affirme que par-tout j'ai trouvé les routes, les villes, les villages infectés de moines et de prêtres ; que par-tout j'ai vu des couvens de filles où nombre de victimes de la superstition ou de l'avarice sont enterrées vives, sans que leurs plaintes puissent émouvoir des parens cruels par fanatisme, ou par la coupable envie de se débarrasser de leurs filles pour élever un fils au faîte de la fortune et des honneurs.

Parmi les couvens des deux sexes, il y en a qui regorgent de richesses. Ces biens ne seroient-ils pas mieux employés à fonder des collèges dans les villes, des écoles normales dans les campagnes, dont le royaume de Naples est privé presque par-tout. Il est très-rare de voir un homme du peuple distinguer les lettres de l'alphabet ; et l'on se rappelle ce que j'ai dit relativement à la mauvaise éducation que reçoivent, même au sein de la capitale, les personnes les plus

plus distinguées. Que de choses un prince instruit pourroit faire dans cet état ! Qu'il seroit facile de rendre les Napolitains heureux au-dedans, respectés au-dehors ! Et qu'un monarque qui s'en occuperoit deviendroit puissant en régnant par la loi !

## Les Revenus du Roi de Naples.

J'ai donné l'apperçu des sommes qui vont se perdre dans le trésor royal, ou plutôt dans le gouffre ministériel. Je parlerai maintenant du montant de ces revenus et de l'usage que l'on en fait.

L'impôt territorial s'élève à deux millions de ducats d'argent. Les moyens employés pour la perception le rendent dommageable à l'agriculture qu'il ruine au lieu de l'encourager. Pourquoi ? c'est que cet impôt ne frappe point, ou que très-peu sur les riches propriétaires, en ce qu'il n'atteint pas également toutes les propriétés ; mais qu'il porte presque toujours sur la propriété de la classe la plus indigente, sur les paysans, et point du tout sur le clergé. Pour remédier à ce mal, il suffiroit d'un cadastre bien fait, et d'une dîme générale qui tripleroit le revenu royal sans qu'aucun particulier pût se plaindre d'aucune oppression.

L'étranger dont le séjour à Naples est de courte durée, frappé de la splendeur qui y règne, du ton de grandeur de la cour, de la magnificence des appartemens, de la quantité des gardes, des officiers du palais destinés pour le service extérieur et intérieur de la famille royale, croira sans peine que Ferdinand jouit au moins de cent millions annuels. Il se trompera; car la totalité de ses revenus, tout compris, ne s'élève qu'à douze millions huit cent mille ducats, argent du royaume, ce qui équivaut à cinquante-sept millions monnoie de France.

Comme partie de cette somme est employée à la liquidation des intérêts dus aux créanciers de l'état, il faut en distraire environ la moitié destinée à cet usage. Sur le reste, il faut aussi déduire les aliénations faites en faveur de divers particuliers nobles et autres, ce qui est considérable, et ne laisse de net au roi que sept millions de ducats, qui forment à-peu-près trente-un millions de France.

Ce revenu modique pour un souverain, suffiroit cependant pour les dépenses courantes, s'il étoit administré avec économie et fidélité. Mais comme dans cet état, ainsi que dans bien d'autres, le gaspillage est à son comble, il arrive que les fonds sont dilapidés par ceux-là même qui sont chargés d'acquitter les dépenses. Les chefs des divers départemens s'entendent pour se mettre mutuellement à couvert des recherches que l'on devroit et que l'on pourroit faire, mais que l'on ne fait pas sous le règne d'un prince qui, avec assez de bon sens pour sentir que le mal existe, n'a ni assez de fermeté, ni assez de constance pour le faire cesser. Le désordre augmente, le mal se propage, la plaie s'agrandit; Ferdinand s'endort sur le bord de l'abîme.

*Emploi des sommes qui parviennent dans les caisses du roi, montant ainsi qu'on l'a dit à sept millions de ducats.*

Pour l'armée de terre consistant en
   cavalerie, infanterie et artillerie, 3,500,000 ducats.
Entretien de la marine, . . . . . . . 1,000,000
Paiement des honoraires des magistrats de tous grades, . . . . . . . 150,000

Emolumens des ministres et employés de leurs bureaux, . . . 150,000
Entretien des places fortes et autres édifices, . . . . . . . . . . . . . 200,000
Pensions, . . . . . . . . . . . . . . 200,000

TOTAL . . . . 5,200,000 ducats.

D'après ce calcul, il reste encore en caisse dix-huit cent mille ducats dont le roi peut disposer pour l'entretien de sa maison, ainsi que pour celles de la reine et de la famille royale; mais cette somme qui auroit été plus que suffisante pour le grand Frédéric, ne peut l'être pour des princes qui n'ont aucune idée d'économie et qui ne se donnent pas la peine de réfléchir sur ce qu'elle doit avoir coûté de sueurs et de larmes aux malheureux qui l'ont fournie.

Il n'y a point d'année où la reine ne dépense en fantaisies cinq à six cent mille ducats. Quelquefois elles ont été jusques et par-delà le million. Prodigue et non pas généreuse, elle ne donne qu'à ses amans, qu'à ses femmes, et sur-tout à celles qui remplacent par intervalles tantôt Hercule et tantôt Adonis. Ces femelles lubriques et prodigues paient aussi des favoris; et lorsqu'elles ont besoin de nouveaux secours pour subvenir à leur excessive dépense, elles redoublent d'adresse près de la reine. Une scène neuve, piquante et lascive ranime sa majesté, la plonge dans l'ivresse du plaisir, et l'on en profite pour obtenir des sommes énormes qui ne sont pas mieux employées que les précédentes. Elles savent aussi enlacer Acton. Pour se soutenir dans le ministère il prend sur la caisse de la marine, ou sur celle des annonces, les sommes dont la reine a besoin extraordinairement. Ces services, qui se renouvellent chaque année, cimentent leur intimité, et ajoutent un chaînon aux fers des malheureux Napolitains.

Quant au roi, ses dépenses personnelles seroient modérées si l'on en exceptoit celles qu'il fait pour la chasse. Moins prodigue que généreux et moins généreux que bienfaisant, il sait donner à propos et bien. Mais ses chasses si dispendieuses absorbent une partie de son revenu. Il est vrai qu'il l'ignore, parce que sa femme et son ministre ont soin de lui cacher l'état au vrai de cette dépense, et ne font porter en compte que trois cent cinquante mille ducats, tandis que les frais extraordinaires s'élèvent au moins aussi haut. Cette précaution fait plus d'honneur au cœur de ce monarque qu'à sa sagacité. Quoi qu'il en soit, loin de l'éclairer sur le danger de cette passion poussée jusqu'à la démence, on n'est occupé qu'à rattacher le bandeau que sa foible raison tente quelquefois de soulever ; on l'étourdit afin qu'il ferme les yeux sur des excès bien plus condamnables.

Or, d'après cet exposé, il est clair que les dix-huit cent mille ducats affectés à l'entretien du roi et de sa famille, se trouvent à-peu-près absorbés en dépenses secrettes ou inutiles, et qu'il faut un supplément de fonds pour celles qui sont réellement urgentes et nécessaires. Depuis quelques années on a eu recours à des emprunts qui, en grevant l'état, n'ont pas rempli le but que l'on s'étoit proposé, et ne le rempliront jamais, parce que la dépense excédant de beaucoup la recette annuelle, il faut que le déficit augmente en proportion. Sans pouvoir fixer d'une manière précise le montant de la dette, je crois ne pas me tromper beaucoup en disant que depuis quinze ans, elle a augmenté le fardeau national d'environ cinq millions de ducats, argent de Naples.

Ce déficit est dû absolument à Marie-Caroline. Il est hors de doute que si le sort eût donné une femme honnête à Ferdinand, il eût veillé davantage sur lui-même et ne se seroit rien permis qui portât atteinte au bien-être de ses peuples. On pense bien que si la reine et le ministre Acton prennent les plus grandes précautions pour dérober au roi le montant de ses propres dépenses, ils ne négligent pas celles qui peuvent lui voiler celles de la reine dont il a fixé le *maximum*. Il croit qu'elle n'excède la somme qui lui est allouée que de cent cinquante à deux cent mille ducats. Il n'a jamais su qu'elle ait dépensé au-delà de cette somme.

Quelque vérité qu'il y ait dans ce calcul, et quoique les finances du roi de Naples soient dilapidées, avant même qu'elles entrent dans les coffres, il seroit aisé de réparer ce dommage parce qu'il n'y a point de royaume en Europe, qui, eu égard à sa population, ainsi qu'à son étendue, puisse offrir une masse de ressources égale à celle que l'on pourroit en tirer.

Donnez aux Deux-Siciles un souverain qui sache vouloir à propos, qui unisse la fermeté au bon sens, qui connoisse l'économie; et bientôt il sera, du consentement volontaire de son peuple, le plus riche potentat de l'Europe. L'expérience est le guide le plus sûr qui soit donné à l'homme; c'est par elle qu'il parvient à connoître ses fautes, et c'est elle qui l'aide à les réparer. La cour de Naples qui, depuis long-temps, accumule faute sur faute, sottise sur sottise, peut se réveiller de l'assoupissement crapuleux qui paralyse toutes ses facultés; alors elle sentira que ses devoirs s'accordent avec ses intérêts, et peut-être que du sein de l'abîme où elle se verra plongée, il naîtra le flambeau qui la conduira sur les traces de la vérité.

Quoique, par un concours de circonstances morales et physiques, la monarchie des Deux Siciles puisse se soutenir plusieurs années encore dans l'état de langueur et de dépérissement où le règne de Marie-Caroline l'a jettée, et qu'il soit peut-être nécessaire que le mal soit plus invétéré pour se faire sentir, je conseillerois à cette reine de profiter du terrible exemple de sa sœur Antoinette.

Les Napolitains, quoiqu'ignorans et grossiers, s'apperçoivent qu'ils sont mal gouvernés ; ils savent que les provinces, entièrement négligées, n'ont ni tribunaux, ni maisons d'éducation ; ils le disent, le répètent sans cesse. J'ai plusieurs fois entendu ces malheureux habitans se plaindre amèrement de la féodalité, du mépris que le gouvernement leur témoigne en négligeant de leur procurer les ressources des collèges, des universités. En effet, les capitales des provinces n'ont à cet égard aucun avantage sur le plus misérable village. Le manque de tribunaux les oblige de venir du fond du golfe d'Otrante jusqu'à Naples discuter des intérêts souvent locaux. Ces plaintes que l'on ne se met point en peine de faire cesser fermentent sourdement, se multiplient, se propagent, et peuvent irriter le peuple qui, commençant à être instruit de la révolution opérée en France, pourroit aussi être tenté d'imiter cet exemple. Imiter! à coup sûr il les surpasseroit, parce que le défaut d'instruction l'empêcheroit d'appercevoir la ligne que pour son propre avantage il ne doit pas franchir. Alors quel seroit le frein imposé à des hommes qui commenceroient à connoître leurs droits, sans connoître leurs devoirs? Bourbon, Autriche, réfléchissez, tremblez, et prévenez votre ruine!

---

*Les Troupes de Terre.*

Quoique mon dernier séjour à Naples ait été très-court, je n'ai pu résister à l'envie de m'informer des changemens que le réformateur baron de Salis avoit faits pour améliorer la discipline des troupes napolitaines et leur donner une idée de la tactique allemande. J'ai observé que les soldats avoient en effet une contenance plus martiale, qu'ils marchoient mieux, et savoient à-peu-près faire l'exercice.

Avant de rendre compte des changemens essentiels faits dans ces troupes, je crois devoir parler des régimens suisses qui existoient à Naples lors du premier séjour que j'ai fait dans cette ville. Ces régimens n'appartenoient pas aux cantons. Ils étoient indistinctement composés de Suisses, de Grisons, et de sujets des différentes républiques alliées à la Suisse.

Cet assemblage helvétique formoit en 1781 un corps composé de quatre régimens.

Le premier avoit le titre de régiment des gardes-suisses ; il en a fait les fonctions jusqu'à la réforme générale. Ce régiment étoit porté à douze compagnies de fusiliers et deux de grenadiers, ce qui faisoit quatorze cents hommes. Les trois autres régimens n'étoient que de huit compagnies dont deux de grenadiers ; mais les compagnies étant plus fortes, chaque régiment étoit de mille hommes. Les propriétaires de ces régimens étoient MM. Tschudy, et MM. Wirtz et Sauck, brigadiers.

Actuellement l'armée napolitaine consiste en vingt régimens d'infanterie, dont seize de *vétérans*. On a imposé cette dénomination aux régimens nationaux, à ceux des Albanois et à celui des Irlandois. Quoique ces derniers soient étrangers ils sont traités comme les nationaux, l'uniformité étant la base de la réforme exécutée par le baron de Salis.

Les régimens suisses ont été remplacés par quatre régimens étrangers.

L'infanterie sicilienne a été modelée sur celle de l'Autriche, mais avec cette différence que les bataillons n'ont pas un si grand nombre de compagnies, et que les compagnies n'ont pas le même nombre de soldats.

Chaque régiment d'infanterie est composé, comme en Autriche, de deux bataillons de campagne et d'un bataillon de garnison ; mais chaque bataillon n'a que quatre compagnies au lieu de six, et le bataillon de garnison n'en a que deux. Ce dernier est obligé d'exercer cinquante miliciens pour servir en cas de besoin, toutes les fois qu'il en est requis.

Chaque régiment a aussi deux compagnies de grenadiers attachées aux deux bataillons de campagne.

La compagnie sicilienne ne contient pas la moitié du nombre de soldats qui forme une compagnie autrichienne. Chaque compagnie est de quatre-vingt-dix hommes en temps de paix, compris l'état-major, et doit être portée à cent quarante en temps de guerre. Les compagnies de grenadiers en ont quatre-vingt-neuf, et doivent au complet de guerre en avoir cent dix-neuf, tant officiers que soldats.

La cavalerie consiste en huit régimens, dont chacun est composé de quatre escadrons, et d'un demi-escadron destiné à former la réserve. Ainsi un régiment de cavalerie est composé de six cent quarante maîtres et d'un état-major qui n'est pas compris dans ce nombre.

L'infanterie et la cavalerie réunies forment un corps de troupes de vingt-six mille six cents hommes. L'artillerie est divisée en trois bataillons, ce qui donne au total vingt-neuf mille hommes.

Ce nombre est loin d'excéder les forces du roi de Naples; mais comme sa position physique le met à l'abri du fléau de la guerre, et que son peu d'influence le dispense d'entrer dans les tracasseries politiques des cabinets de l'Europe, il pourroit s'épargner les frais de la paie de dix mille hommes. Le besoin de garnir les côtes n'exige pas la levée de toutes ces troupes. Les deux tiers suffiroient pour se mettre à même de contenir les puissances barbaresques jusqu'à ce que d'autres moyens répressifs aient été sentis et saisis.

Cette folie appartient toute entière à Marie-Caroline. C'est elle qui a fait consentir son foible époux à cette dépense ridicule, digne du héros de Cervantes. N'est-il pas risible de voir une armée sur pied dans un royaume borné du côté de terre par un voisin tel que le pape? Ne sait-on pas que, dans l'ordre actuel des choses, aucune puissance n'a des vues hostiles sur les Deux-Siciles?

Marie-Caroline n'a fait aucune de ces réflexions. Elle n'a songé qu'à reproduire à ses yeux une foible image de la puissance de sa maison, un simulacre qui lui rappellât ce qu'étoit alors son frère chéri dans le monde politique; et n'a pas calculé que la différence de moyens, de position doit toujours influer sur les établissemens politiques que l'on se propose. Il est vraisemblable qu'il est entré dans son plan l'espoir de tirer parti de ces changemens en mettant ces troupes sous la direction première du ministre Acton. C'est lui qui est chargé de leur paie, et l'on peut assurer que le gaspillage remplace l'économie et que les deux intéressés partagent ce profit illicite.

La bonté du plan autrichien consiste dans l'économie. Les régimens autrichiens étant de quatre mille hommes, et chaque compagnie de deux cents, il en résulte que l'état-major, toujours si dispendieux, est simplifié presque de moitié. Mais comme ce n'a pas été par des vues vraiment économiques que la reine de Naples a desiré cette réforme, on a décuplé les régimens, les compagnies; et l'état-major est considérable. Ce système autrichien, dénaturé, puisque le but principal qui l'a fait admettre est manqué, est donc visiblement le résultat de l'amour d'un faste inutile et de la rapacité d'une reine indigne de ce nom et d'un ministre voué à l'exécration publique.

Ferdinand IV ne pénétrant point les vues de sa femme s'est laissé entraîner par elle; et dans son apathie, il est possible et même très-probable qu'il regarde cette réforme comme l'un des événemens les plus glorieux de son règne. Cette armée que l'on pourroit appeller LA BELLE INUTILE est commandée par un grand nombre de généraux, dont aucun n'a de connoissances suffisantes pour faire mouvoir à propos un corps de trois mille hommes; mais à défaut de science, ils ont des appointemens considérables; et voilà, je pense, tout ce dont ils se soucient.

Ces réflexions ont été faites dans le temps de la formation de cette armée. Mais les personnes qui unissent la sagesse et l'expérience ont-elles accès près de la reine et du ministre Acton, dont le soin constant est d'écarter tous ceux qui pourroient éclairer le roi sur ses vrais intérêts ? Une partie des Napolitains guidée par des motifs particuliers, ou seulement par l'amour de la nouveauté, applaudit à ce plan, et Ferdinand crut avoir contenté son peuple.

Je sais aussi que la reine avoit formé le projet de former un camp près de la capitale, où l'on devoit exécuter les manœuvres allemandes nouvellement enseignées aux troupes siciliennes. J'ignore si Ferdinand l'aura permis. Il est cependant à présumer qu'il n'aura pas eu la force de refuser son consentement. C'est encore un moyen d'augmenter les dépenses et de pêcher en eau trouble.

## La Marine.

Il arrive souvent que les Algériens font des prises sur les Napolitains. Je vais en citer un exemple. Pendant mon séjour à Naples, ces pirates poursuivirent deux navires génois et un napolitain jusques dans les

les parages siciliens, et s'en emparèrent presque à la vue de la capitale dont le port est rempli de vaisseaux de guerre, dont les arsenaux sont garnis d'artillerie, et dont la garnison semble annoncer une puissance redoutable tant sur terre que sur mer.

Que prouvent donc ces insultes réitérées que l'on souffre sans essayer de les réprimer et d'en tirer vengeance ? cela prouve qu'Acton, ministre général et je ne sais quoi encore, indigne de tous les titres qu'il a su accumuler, ignore jusqu'aux premiers élémens de la marine et de la politique.

Seul pour la direction d'une armée, n'entendant rien à la gestion des finances, ne connoissant de l'économie que le nom, substituant ses intérêts à ceux de l'état qu'il gouverne, il n'a de talens que pour amuser la Messaline moderne, et pour remplir ses coffres aux dépens du monarque qu'il aide à tromper journellement, et de huit millions d'imbécilles qui gémissent, se plaignent quelquefois, et n'osent se lever pour terminer le cours de tant d'injustices.

Acton, je l'ai déjà dit, se laisse impérieusement diriger par des subalternes qui connoissent très-bien sa nullité politique et savent en tirer parti. Ils vendent sa faveur au plus offrant et ne craignent pas qu'il s'en apperçoive. Certains de l'impunité, certains aussi que leur patron ne sera point déplacé par la reine dont il alimente la turpitude, ils se permettent d'exercer toutes les vexations qui peuvent les conduire à la fortune.

Si l'on est surpris qu'un homme tel qu'Acton puisse se soutenir dans une place que, fripponnerie à part, il n'est pas fait pour occuper, qu'on se souvienne qu'il est créature de la reine, qu'il est son amant, son confident, et qu'il partage avec elle les dépouilles des sujets infortunés de Ferdinand.

J'ai vu la marine royale, j'ai examiné les vaisseaux qui la composent. Je les ai trouvés en bon état et en nombre plus que suffisant pour faire respecter le pavillon napolitain. Huit vaisseaux de ligne de soixante-quatorze canons, deux de soixante, et huit frégates n'attendoient en apparence que l'ordre de lever l'ancre; mais dans la réalité ils manquoient d'artillerie et de matelots.

Ces forces, imposantes au premier coup-d'œil, n'en ont jamais imposé aux ennemis de l'état à qui l'expérience apprend qu'elles ne sont là que pour la montre. Deux brigantins étoient les seules forces que l'on eût pu opposer aux pirates. On voyoit dans le port de Naples, lors du premier séjour que j'ai fait dans cette ville, des chebecs, des galiotes, tous bâtimens très-propres à donner la chasse aux corsaires, les uns démontés, les autres désemparés, et destinés pour être dépiécés. Ils l'ont été en effet.

Le nombre des vaisseaux ne suffit pas pour former une force maritime redoutable. Ce n'est pas sur l'apparence que l'on doit juger de celle du roi de Naples qui n'existe que dans la tête du ministre qui croit l'avoir créée.

Six cents matelots, cinq cents canonniers, et deux mille soldats, voilà à quoi se réduit cette marine si vantée.

Les partisans du ministre s'efforcent de pallier ses torts, relativement à l'équipage des vaisseaux, en disant que les fonds ont manqué et que les finances du roi ne peuvent fournir aux dépenses nécessaires pour l'équipement de tous ces bâtimens; et qu'enfin le royaume ne donne pas assez de matelots.

En raisonnant ainsi, ils oublient que le premier devoir d'un ministre est de calculer la dépense avec les revenus, sur-tout lorsque des circonstances impérieuses et non prévues ne le forcent point à sortir du cercle qu'il s'est tracé. Ils oublient que faire construire des vaisseaux sans être sûr de pouvoir se procurer le nombre d'hommes nécessaire à la manœuvre, c'est dépenser inutilement des sommes qui sont perdues pour tout le monde, et qu'un autre emploi auroit fait fructifier. Enfin, ils semblent ignorer que la somme fixée par Ferdinand pour l'entretien de la marine que l'on a voulu qu'il eût, se monte à un million et demi de ducats, ce qui équivaut à six millions sept cent cinquante mille livres monnoie de France. Or, on sait que chez toutes les puissances forcées d'entretenir une marine, six millions suffisent pour l'entretien de dix mille hommes tant matelots que canonniers, soldats, etc. Le roi de Naples n'en a que trois mille cent. Comment donc alléguer le manque de fonds lorsqu'il excède des deux tiers celui des hommes? La solution n'est pas difficile. Les fantaisies de Marie-Caroline, celles d'Acton, celles de ses courtisans, etc. etc. absorbent, et au-delà, le reste des six millions; et Ferdinand croit aveuglément ce qu'ils lui disent.

Pour aider au prestige dont ils entourent ce monarque, Acton fait construire sans cesse des vaisseaux destinés à pourrir sur la grève. C'est un objet d'environ deux millions. Il en coûte autant au plus pour l'entretien de la poignée de marins si pompeusement décorée du titre d'armée navale; et le reste, qui s'élève encore à près de trois millions, devient tout naturellement la proie des sangsues royales et ministérielles.

Il est faux que les Deux-Siciles ne puissent fournir assez de marins pour l'équipement des vaisseaux de la marine royale. Les informations les plus exactes m'ont mis à portée d'affirmer qu'elles ont cinquante-un mille hommes employés au service de la marine marchande. Il y a très-peu de gros vaisseaux marchands, parce que la plupart des bâtimens occupés au transport des marchandises ne sont que des polaques du port de cent cinquante tonneaux. Ce ne sont donc point les hommes qui manquent. De plus, ils ne sont ni foibles, ni lâches comme l'ont avancé quelques auteurs; j'affirme que je n'ai pas vu en aucun pays d'hommes mieux constitués que les matelots siciliens. Il suffit pour se convaincre de cette vérité de se promener dans le quartier appellé Chiaja, affecté presqu'entiérement à la demeure des pêcheurs. On y voit des hommes vigoureusement constitués et que la nature semble avoir destinés à la profession de marins. Dans ce quartier, les enfans des deux sexes courent tout nuds dans les rues jusqu'à l'âge de seize à dix-sept ans. Ils réunissent toutes les proportions que l'art exige pour constituer ce que l'on est convenu d'appeler beauté. Cette coutume indécente sert du moins à prouver que l'espèce humaine n'est point dégénérée en Sicile, et que la constitution vigoureuse des deux sexes exclut toute idée de foiblesse dans des hommes accoutumés dès l'enfance aux travaux de la mer.

En effet, les matelots siciliens sont actifs, souples, laborieux et très-sobres. (ceci est une qualité commune à toute la nation) On les accoutume dès l'enfance à la fatigue, à mener une vie dure, à supporter la privation de tout ce qui ne tient pas à la nécessité première. Il est donc démontré que ce ne sont pas les hommes qui manquent au ministre Acton, mais la volonté de les employer parce qu'il faudroit les soudoyer.

Ce n'est pas assez d'avoir prouvé que la marine royale pourroit, confiée en d'autres mains, devenir réellement imposante, il faut examiner si le pied sur lequel le ministre Acton l'a montée convient à l'état pour qui elle a été créée.

Les Deux-Siciles sont, ainsi que je l'ai dit plus haut, situées de manière à ne point être forcée de prendre part aux démêlés des autres puissances. Du côté de la terre, bornée seulement par l'état ecclésiastique dont la nullité physique et politique ne peut causer aucune crainte ; à quoi peut servir sa marine ? Du côté de la mer, les puissances qui l'avoisinent ne sont point en forces pour risquer une descente ; à quoi peut servir sa marine ? Presqu'isolée, n'ayant point à craindre la France ni l'Espagne, ne redoutant rien de la Hollande ni des puissances du Septentrion ; à quoi sert et peut servir sa marine ?

D'après ces réflexions on seroit peut-être tenté de croire que je veuille soutenir que cette dépense est à pure perte pour le roi de Naples. Non, ce n'est point là mon idée. Je n'improuve que ce qui est évidemment inutile, et suis loin d'imaginer que l'état des Deux-Siciles doive renoncer aux avantages que sa position peut lui procurer. Cette nation doit avoir une marine, mais ce que j'appelle une marine active qui puisse protéger son commerce, et imposer à ses ennemis naturels. C'est précisément ce qu'elle n'a pas, puisque la création informe née de la rapacité d'Acton, n'est dans le fait qu'un vain simulacre, et que Ferdinand est peut-être l'unique qui croie à sa réalité.

Le roi de Naples n'a d'autres ennemis que les puissances barbaresques, et c'est contr'elles, et pour se garantir de leurs incursions, qu'il doit entretenir une marine. Il faut que les côtes de son royaume soient toujours en état de défense, que ses ports soient à l'abri des insultes, que le commerce soit protégé, ce qui ne peut avoir lieu sans cette précaution. Il est donc nécessaire de s'occuper de ce soin, afin de parvenir à purger les mers de ces écumeurs, ou du moins à les contraindre de respecter le pavillon de Sicile. Mais ce but ne peut être atteint qu'en construisant des bâtimens légers, bon voiliers et qui tirent peu d'eau, parce que plus on approche des côtes d'Afrique et plus l'eau devient basse.

Acton, avant de donner des ordres pour la construction des vaisseaux de haut bord, auroit dû se souvenir qu'il doit son élévation première au peu de fond des frégates de Toscane qu'il commandoit dans l'affaire d'Alger. En effet, il s'approcha des côtes de cette régence et recueillit des prisonniers espagnols, ce que n'avoient pu faire les gros vaisseaux de cette nation, qui, prenant beaucoup d'eau, n'osoient, dans la crainte d'échouer, s'approcher assez près de ces parages pour sauver leurs compatriotes. Cette action, due à la légéreté des bâtimens toscans, mérita au ministre Acton l'estime des nations étrangères et lui valut l'honneur d'être appellé à Naples. Comment est-il possible que cet homme, dont la vanité croît en proportion de son pouvoir, ait oublié qu'un roi de Naples ne doit avoir que des vaisseaux légers, les parages ennemis étant inaccessibles à ceux de haut bord ?

Loin de blâmer le roi de Naples d'avoir assigné un fonds suffisant pour la formation de sa marine, je voudrois que cette somme servît réellement à l'entretenir d'une manière convenable. Des frégates depuis 18 jusqu'à 30 canons, des chebecs, des galères et demi-galères, des pinques, des tartanes armées en guerre, des galiotes à bombes destinées à saluer les villes de la Barbarie toutes les fois qu'elles s'avisent d'insulter les côtes ou les bâtimens de Sicile ; voilà quelles devroient être les forces maritimes d'un royaume qui n'a que des écumeurs de mers à craindre. La construction de ces bâtimens n'est pas dispendieuse, et leur existence est nécessaire. Si l'on osoit donner ce conseil à Ferdinand, et qu'il osât en profiter, il en résulteroit bientôt les meilleurs effets. Mais il faudroit que cette marine fût toujours en activité. Tandis qu'une partie feroit le tour des côtes, l'autre seroit stationnée dans les endroits convenables. Des flotilles donneroient continuellement la chasse aux barbares jusqu'à ce que, lassés d'être poursuivis, ils vinssent solliciter un traité qui délivrât la Sicile de l'espèce de tribut qu'ils lui imposent.

## Tours de Passe-passe ; Présomption de Joseph II.

J'ai connu à Naples deux savans Allemands dont les noms seront à jamais célèbres dans les fastes de l'histoire naturelle. Ils m'ont confirmé un trait de Joseph II, digne de figurer dans l'histoire des dey d'Alger. Quoique ce fait n'ait aucun rapport à la Sicile, je crois devoir le placer ici pour donner à mes lecteurs une idée juste du caractère et de la bonne foi de cet empereur, frère chéri de Marie-Caroline et bien digne d'elle à quelques égards. L'influence qu'il eut sur son esprit, et par son moyen sur le gouvernement de Naples, semble m'en faire une loi.

Le célèbre *Born*, très-connu par les naturalistes, et qui tient le premier rang parmi les minéralogistes allemands, avoit présenté à Joseph II un projet d'amélioration pour l'exploitation des mines dont lui, *Born*, étoit alors chef-directeur. Ce monarque, frappé des avantages qui lui étoient offerts avec cette assurance qui tient à la persuasion intime d'une réussite infaillible, agréa le projet, et voulut qu'il y eût un acte passé entre lui et le minéralogue. *Born* s'engageoit à faire les frais nécessaires pour les expériences premières, et Joseph lui assuroit pour toute sa vie le tiers du produit net annuel, que l'on obtiendroit par ses procédés, en sus du bénéfice ordinaire que rapportoient les mines de Hongrie dont il avoit l'inspection. Ce produit étoit fondé sur une nouvelle méthode inventée par le minéralogue pour séparer les métaux d'une manière moins dispendieuse que celles dont on s'étoit servi jusqu'alors.

L'acte ayant été passé devant notaire, en présence des officiers au collège des mines, et revêtu des formalités imposantes, *Born* s'empressa de commencer ses opérations. Pour y parvenir il retira des fonds publics tout l'argent qu'il y avoit placé et l'employa, ainsi qu'il l'avoit promis, à l'exploitation des mines de *Kremnitz*. Il dépensa jusqu'à soixante-deux mille florins qui faisoient les trois quarts de sa fortune, se croyant très-assuré du remboursement qui avoit été stipulé dans l'acte, et qui devoit être effectué dès que le produit auroit été constaté valablement.

La méthode de *Born* eut le plus heureux succès. L'accroissement du bénéfice et la diminution des frais ne laissoient aucun doute sur la réussite. Lorsque la vérification eut été faite et que Joseph eut sous les yeux le rapport des commissaires, il lui plut de ne plus vouloir s'en tenir à l'acte qu'il avoit souscrit. Il n'allégua d'autre motif pour en demander la résiliation que le bénéfice énorme qui résulteroit pour Born du tiers qu'il lui avoit cédé. Il lui fit proposer de se contenter de cent mille florins une fois payés, avances comprises, et de renoncer à tout intérêt, etc.

Cette offre, injuste dans son principe, devenoit révoltante eu égard au souverain qui osoit la faire. Cependant Born, après avoir protesté de la légalité de l'acte, de la légitimité de ses prétentions ; après s'être appuyé sur les loix que le souverain qui peut tout ne doit point enfreindre, sur-tout à l'égard du sujet qui ne peut rien, termina par une acceptation. Il déclara que voulant donner à sa majesté impériale une preuve nouvelle de son respect et de son dévouement, il acceptoit purement et simplement les propositions faites en son nom, se flattant que l'empereur revenant à ses principes de justice, auroit égard aux clauses énoncées dans l'acte. Joseph lui fit donner un à-compte ; et ne paya ni les avances, ni le reste des cent mille florins proposés comme le prix de la résiliation. L'affaire resta là. La révolte du Brabant, et par suite la guerre contre les Turcs occupèrent ce prince, et l'empêchèrent sans doute de se livrer à toute autre affaire.

Ce fait m'avoit été raconté à Turin, à Gênes et à Milan. Mais témoin du mécontentement général des peuples, je pensois que la malignité s'étoit plu à dénaturer cette anecdote afin d'attirer sur Joseph la haine et le mépris général. Mais lorsqu'il m'a été confirmé par les deux minéralogues dont j'ai parlé, et qu'ils y ont ajouté les détails dont je viens de rendre compte, il m'a fallu partager avec toutes les personnes qui ont bien connu Joseph, cette haine et ce mépris qui l'ont accompagné dans le tombeau et qui poursuivront éternellement sa mémoire.

Joseph II n'a jamais su distinguer le vrai mérite. Ses choix étoient l'effet du caprice plutôt que de la connoissance des hommes. L'homme célèbre n'avoit aucun privilège sur l'homme ordinaire ; l'avancement de tous deux tenoit aux circonstances. Embscher, l'un des meilleurs minéralogistes d'Allemagne, avoit eu pendant quelques années l'intendance des mines de la Hongrie, qui, sous sa direction, avoient augmenté en produit. L'empereur fit un travail pour l'avancement de tous les officiers employés dans cette partie. Embscher avoit espéré d'y être compris. Ses longs services le méritoient. Il eut la douleur de se voir préférer un sujet médiocre qui avoit toujours travaillé sous ses ordres, et qui, dans ce moment même, étoit encore au nombre de ses subordonnés. Ce passe-droit fit perdre à Joseph un officier savant et affectionné. Embscher quitta. Fut-il réellement remplacé?

Cet empereur avoit beaucoup d'esprit, mais il manquoit de justesse, de discernement ; et quoiqu'il eût la manie de prétendre à la science universelle, on peut assurer qu'il avoit à peine une légère teinture des connoissances les plus ordinaires. Celles qu'il aimoit de préférence à toutes les autres, après la guerre, c'étoit la chirurgie et la médecine. Il auroit pu réellement s'instruire dans cette partie. Il lui étoit possible de s'entourer des élèves du célèbre Vaus-witen, pour lesquels l'impératrice Marie-Thérèse avoit fondé l'école qui porte ce nom célèbre. Joseph n'approcha de lui aucun des élèves de ce grand homme ; il leur préféra un pauvre *hère* qui n'en savoit pas plus qu'un chirurgien de village. Joseph lui fit délivrer des patentes qui non-seulement le déclaroient chef de tous les Esculapes de ses états et de ses armées, mais encore le proclamoient savant médecin et *homme célèbre*. Ces patentes, rédigées en dépit du bon sens, attestent que Brambilla est le plus savant naturaliste, le plus grand botaniste, et enfin le physicien le plus habile de son siècle.

Cette archi-démence contrastoit merveilleusement avec l'impéritie du nouveau favori de l'empereur. Brambilla, loin d'être un homme universel, n'auroit pas pu soutenir une demi-heure d'examen, même sur la chirurgie, art qu'il avoit toujours professé.

Brambilla, pour justifier le choix hétéroclite fait par l'empereur, voulut joindre le titre d'auteur à tous ceux qu'il possédoit. Il parut de lui un ouvrage très-volumineux sur la médecine, la chirurgie. Mais voulant se frayer une route nouvelle, il y entrelarda des lambeaux de physique expérimentale, de physique générale, d'histoire naturelle, et même de mathématiques. Cet ouvrage écrit en latin est vraiment digne de son auteur. Comme l'importance subite de Brambilla le mettoit en relation avec tous les savans de l'empire d'Allemagne, il se procura très-aisément une foule de mémoires sur toutes ces sciences. Il les inséra en grande partie dans son gros ouvrage ; mais comme le génie dédaigne ordinairement toute espèce d'asservissement, Brambilla ne s'inquiéta point de l'ordre qu'il eût fallu suivre. Il compila sans choix comme sans examen, et de tout cet ouvrage il n'y a que quelques réflexions communes qui lui appartiennent. Mais c'en étoit assez pour sa gloire.

Lorsque le manuscrit fut en état, il le confia à un de ses amis, médecin, ainsi que lui, aussi inepte que lui, et enfin le plus ignorant de tous ceux qui existent dans une ville qui jouit depuis plusieurs siècles de la réputation d'en avoir de très-mauvais. Cet Aristarque corrigea quelques phrases et le rendit accompagné, ainsi que cela se devoit, des éloges les plus outrés. Les libraires de Vienne sollicitèrent à l'envi l'honneur de l'imprimer, parce qu'ils s'imaginèrent que l'ouvrage d'un homme déclaré par un diplôme impérial, le premier entre les savans, devoit contenir la quintessence des connoissances les plus sublimes.

Enfin parut le chef-d'œuvre : tous ceux qui, par état, tenoient à Brambilla, s'empressèrent d'en acheter. Mais quels qu'aient été les soins du typographe, il n'a pu parvenir à s'en procurer le débit chez l'étranger. Ainsi l'effet de ce galimatias fut de ruiner le libraire, de faire connoître la profonde ineptie de l'auteur, et de jetter un ridicule de plus sur Joseph qui s'étoit hâté de le déclarer GRAND HOMME.

On me pardonnera cette excursion sur Joseph II, parce que ce monarque, objet du culte secret de Marie-Caroline, étoit constamment proposé par elle à Ferdinand IV, comme un modèle à suivre pour toutes les opérations du gouvernement. La suite de cet ouvrage fera encore mieux connoître quel fut ce prince et quelle place les historiens lui devront assigner.

## Des Provinces qui composent le Royaume de Naples.

ELLES sont au nombre de douze pour le royaume de Naples seulement. Aucune, ainsi que je l'ai déjà dit, ne jouit de l'avantage d'avoir dans son sein un tribunal de justice; toutes sont privées d'organisation intérieure, d'établissemens locaux, soit pour les études, soit pour l'avancement des arts; parce que, dans cet état, tout se rapporte à la capitale, qui, semblable à un gouffre, engloutit tout, et n'en retire pour elle-même qu'un avantage précaire.

Une quantité de villes, de bourgs, de villages, de districts qui forment de petites provinces quant à l'étendue et à la population, sont soumises aux barons qui y exercent des droits qu'on ne peut comparer qu'à ceux des boyards sur les Russes encore marqués des fers de l'esclavage.

Le peuple de ces provinces est despotiquement régi par des nobles dont la fierté égale l'ignorance. Ils nomment des gouverneurs dans certains lieux. Quelques-unes n'ont que des juges, et d'autres sont livrées aux intendans et aux domestiques de ces seigneurs indignes du nom d'hommes. Ce tableau présente des détails déchirans. Ici, des malheureux plongés dans d'affreux cachots y gémissent, accablés de fers, pour expier le crime énorme d'avoir alimenté leur famille en tuant quelques lièvres ou quelques perdrix; là, on voit des infortunés condamnés à des amendes exorbitantes qu'ils ne peuvent payer, dépouillés des meubles et des vêtemens les plus nécessaires, pour avoir dérobé au vautour qui les ronge, le produit de quelques livres de soie, fruit de leur labeur; plus loin, sont des familles entières réduites à l'horreur de mendier leur pain, sans avoir d'autre crime à se reprocher que d'avoir déplu à leur seigneur, ou à quelques-uns de ces valets qui ont su les engager à quelques omissions féodales qui emportent confiscation : c'est un crime irrémissible, et la peine est indéfinie.

Ce qui forme l'histoire de ces provinces est un tissu de crimes et d'horreurs commis impunément par une foule de petits tyrans appellés *barons*, auxquels se joignent les vexations en tout genre exercées par leurs subalternes. Ce qu'on appelle mœurs dans les pays policés y est inconnu : mais l'usage les remplace, et cet usage est atroce.

La beauté, l'innocence n'ont point d'ennemis plus cruels que ceux qui devroient les protéger. Un vassal, dont la fille plaît au seigneur, doit se trouver heureux de la voir dans ses bras; s'il tente de défendre son honneur, il expire aussi-tôt sous les coups des scélérats gagés pour l'assassiner. Le mari, dans des circonstances semblables, est aussi victime de sa résistance. Les domestiques témoins, confidens, et souvent complices de leurs maîtres, les imitent, et jouissent ainsi qu'eux de l'impunité.

Les passions de ces monstres titrés ne se bornent pas toujours à faire le malheur de quelques individus. Le Napolitain est extrême en tout; il se livre à la haine, à la vengeance, et ne néglige rien pour les assouvir. On en voit qui désolent les cantons qu'ils habitent par des meurtres fréquens. Ils soudoyent des assassins, connus sous le nom de *braves*, qui, au moindre signe, attentent à la vie de la victime qui leur est désignée. C'est un métier : ils l'exercent avec autant de sécurité que l'artisan sa profession, et comptent de sang-froid les meurtres dont ils ont souillé leurs mains.

Il seroit cependant injuste de ranger tous les nobles dans la même classe, et je sais qu'il y a des seigneurs qui ne s'écartent pas des principes de l'humanité et de la justice : mais qu'il est malheureux pour des êtres nés libres, que leur sort dépende du caractère d'un autre homme qui n'a sur eux que le droit du plus fort ! La plupart des seigneurs ont si peu d'idée des droits et des devoirs de l'homme, qu'ils se permettent le récit de leurs infames prouesses, et quelquefois s'applaudissent d'avoir commis des actions qui inspirent l'horreur et mériteroient le supplice.

J'ai été témoin de cette impudence. Ne pouvant voir tout par moi-même, et voulant me former une idée juste des mœurs de l'intérieur des provinces, je me suis procuré le triste plaisir d'entendre ces récits de la bouche des acteurs.

Des *paglietti*, avec lesquels je m'étois lié pour le même objet pendant le premier séjour que j'ai fait à Naples, m'ont assuré, qu'année commune, il se commet quatre mille huit cents meurtres et assassinats dans les Deux-Siciles. Ils ont ajouté que les trois quarts n'avoient point d'autres causes que la vengeance des nobles et le ressentiment des gens d'église.

Il est très-rare de rencontrer une école en parcourant les provinces du royaume de Naples. A peine en trouve-t-on dans les villes considérables, et elles y sont si mal tenues, que presque par-tout le peuple ne sait ni lire ni écrire.

L'ignorance générale dans laquelle croupissent les sujets de Ferdinand, le peu d'encouragement donné à l'industrie, les entraves qui gênent le commerce, le régime dévorateur de la cour et des seigneurs terriens, sont autant de vices internes qui étouffent l'amour du travail, et paralysent l'agriculture. L'oisiveté traîne à sa suite une foule de maux, et ne laisse plus à ceux qui en sont atteints le pouvoir de s'en délivrer. Ils y croupissent jusqu'à ce que le sommeil de la mort vienne les affranchir de la plus dégoûtante misère.

L'ingénuité des Napolitains et leur empressement à parler ne leur permet pas de cacher aux étrangers la gangrène politique qui les ronge. Ils semblent avoir perdu jusqu'au sentiment de la honte, ou bien ignorer qu'il existe des moyens de se régénérer. Italien, ainsi qu'eux, et me servant de leur idiôme, j'ai parcouru des endroits, bourgs et villages, où l'on n'a pu me comprendre lorsque j'ai demandé où logeoit le maître d'école. La Sicile est un peu moins négligée à cet égard.

Ses habitans qui sont assez éclairés pour sentir leur état, ont donc raison d'inculper Ferdinand. Ils lui reprochent avec amertume de n'avoir jamais visité leurs provinces, de ne s'être pas mis en état de connoître leurs maux, et de les laisser végéter sur un sol pour lequel la nature a fait tout, et à qui il ne faut pour produire au-delà du nécessaire, que des encouragemens et la liberté individuelle.

Quelle que soit la patience des Siciliens, et quoique l'asservissement physique et moral dans lequel ils sont tenus énerve leurs facultés, il est à présumer que six millions d'hommes ne seront pas encore long-temps sans essayer de secouer leurs chaînes. La vérité s'étend de proche en proche ; elle parviendra jusqu'à eux, et, je l'ai dit, leur réveil sera celui du tigre : les extrêmes se touchent.

Deux cantons de ce royaume méritent une description particulière. Situés dans le point du globe le plus favorisé de la nature, ils n'offrent à l'œil qui s'égare dans leur espace immense, que des friches qui ne servent que de pâturages. Je vais en tracer l'esquisse, parce que cela servira, mieux que toutes les déclamations, à faire connoître jusqu'où le gouvernement a porté sa coupable négligence.

## Regii Stucchi.

Le nom de ce canton ne peut se rendre en françois que par celui de *Pacages royaux*. Ces pacages sont situés dans la partie maritime de la province de *Teramo*, et s'étendent au loin dans celle de *Chieti*, entre le *Sangro* et le *Trondo*, rivières peu considérables (1).

---

(1) On observe que le royaume de Naples n'a pas une seule rivière navigable. Elles ne peuvent porter que de petites barques.

Ces pacages appartiennent à plusieurs propriétaires nobles ou particuliers. La couronne a depuis quelques années acquis le droit de *fida* ou de *pâturage*. Les possesseurs se dessaisirent de ce droit sans réfléchir aux entraves qu'ils se donnoient par cette cession, puisqu'ils renonçoient aux bonifications dont ce terrein est susceptible.

Ce pays a cinquante milles de longueur. Sa largeur est fort inégale, et varie depuis trois milles jusqu'à quinze. Telles sont les contrées d'Italie situées entre la mer et les Apennins, à l'exception de la Lombardie et du Piémont.

*Regii Stucchi* borde la mer Adriatique. Il est distant de quarante milles du grand pâturage de *Foggia*, qui porte le nom de Tavolière, dont la description fera le sujet du sommaire suivant. C'est dans la ville de Foggia même qu'est établie l'administration des droits acquis par la couronne, ou plutôt l'usurpation de la fraude sur l'ignorance.

Dans l'original du contrat passé entre le gouvernement et les propriétaires des terres comprises sous la dénomination de *Regii Stucchi*, il ne s'agit que de la cession du droit de pâture faite au roi : mais les administrateurs de ce droit l'ont étendu jusqu'à défendre positivement aux malheureux possesseurs de ce terrain d'y planter des arbres. Telle est la marche de la cupidité réunie à la force.

Cependant les possesseurs, réveillés par les exactions toujours nouvelles de ces administrateurs, s'assemblèrent et dressèrent une requête qu'ils firent présenter, en 1788, aux conseils réunis d'économie et de finances. Ils *supplioient* qu'on cessât de leur défendre la plantation, puisque cet objet n'étoit point inséré dans l'acte de cession.

Les administrateurs furent interpellés, et défendirent la cause du gouvernement d'une manière à exciter l'indignation de tout homme qui connoît les droits de l'humanité. Ils alléguèrent que la plantation des arbres exigeant des fossés, les agneaux pourroient s'y laisser tomber et se noyer ; que ces fossés étoient autant de terrain perdu pour le pâturage ; et enfin, que les épines dont on entoure les jeunes arbres, retiendroient une partie de la toison des moutons, ce qui préjudicieroit extrêmement aux droits de sa majesté.

Le conseil des finances ordonna par décret, que don Melchior Delfico, connu par ses lumières en économie politique, son patriotisme et sa morale, répondroit au mémoire des administrateurs et des gouverneurs des deux provinces.

Delfico prouva avec évidence que le droit de planter des arbres ne pouvoit être contesté aux propriétaires des terres de *Regii Stucchi*, sans enfreindre les loix de la raison et de la justice; que ce droit dérivoit de la nature des choses, et que ne fût-il pas évident, ces plantations ne pourroient nuire aux pacages, parce que les fossés n'ayant que quelques pouces de profondeur, il étoit impossible que les animaux s'y noyassent. Il ajouta qu'il résulteroit même une utilité réelle de ces plantations, en ce que l'eau, séjournant très-peu dans les fossés, favoriseroit la crue de l'herbage. Quant aux épines, en admettant la perte d'un peu de laine par le frottement des moutons, ce qui est rare; cette perte se réduisoit à très-peu de chose, puisque l'on ôte les épines lorsque l'arbre a pu acquérir une certaine grosseur. Delfico prouva de plus, qu'une plantation d'oliviers ne pouvoit que bonifier les pâturages, parce que les feuilles tombant sur la terre serviroient d'engrais, et que les bestiaux trouveroient une nourriture encore plus abondante et plus profitable.

Mais en terminant sa réponse à l'absurde mémoire des administrateurs, Delfico ne put se refuser au plaisir d'en mortifier les auteurs, en faisant éclater l'indignation dont il avoit été rempli en voyant des hommes aussi cupides qu'ignorans alléguer devant un tribunal respectable des motifs dont ils auroient dû rougir, et en forçant un homme raisonnable de combattre sérieusement contre des fantômes créés et présentés par la mauvaise foi.

Je suis fâché d'avouer que j'ignore quelle aura été la décision du conseil. Le silence des gazettes sur un article aussi intéressant me fait craindre que cette affaire n'ait été, à la honte de l'humanité, ajournée indéfiniment.

Qu'il est malheureux l'état où un conseil suprême ne veut ou n'ose décider une question si simple, et dont la solution est également avantageuse aux deux partis!

## La Tavolière.

Ce pâturage immense s'étend jusqu'à soixante milles. Il comprend une partie de la province connue sous le nom de *Capitanate*, et de celle de *Bari*.

Ce pays formoit un pâturage lors de l'existence de la république romaine. Alphonse d'Aragon le réunit à la couronne, après avoir successivement acheté les portions de ses co-propriétaires.

On dit que le sol de cette contrée est pierreux, et n'est couvert de terre végétale qu'à la hauteur de deux ou trois pouces, ce qui ne le rend susceptible d'aucune culture. Cette fable, démentie par le fait, est crue par le peuple, et ne peut l'être que par lui. Plusieurs étrangers ont parcouru cet espace, et se sont assurés du contraire. Je puis aussi certifier que le sol en est excellent, que la terre y est profonde, et que le bled que l'on y sèmeroit donneroit des récoltes prodigieuses. Don Melchior Delfico est de cet avis; et don Melchior peut sur cet objet faire autorité.

Mais que servent les discours contre les

faits? On a depuis quelques années mis en culture plusieurs parcelles de ce vaste terrein, et le produit a surpassé l'espoir. Cet essai n'a point dessillé les yeux : l'opinion a prévalu sur la preuve acquise. Ce pâturage qui, mis en valeur, pourroit en peu de temps former une riche province, est actuellement dans un état de dépérissement qui n'est pas concevable. On y comptoit autrefois douze cent mille moutons; à peine en contient-il les trois quarts. Hé bien ! on préfère de le laisser dépérir plutôt que d'en former des champs, d'y bâtir des villes, et de rendre habitable un pays qui, par la bonté de son terroir, deviendroit un des endroits les plus fertiles du royaume.

La ville de Foggia est le chef-lieu de cette contrée. J'ai déjà dit que l'on y passe les baux et fermages relatifs aux pâturages de *Regii Stucchi*. J'observerai seulement que l'administration n'est pas la même pour la Tavolière, parce que cette dernière est devenue en totalité la propriété de la couronne, tandis que l'autre a divers propriétaires dont les intérêts sont très-opposés à ceux du gouvernement.

Quant à la manière de contracter dans

la Tavolière, elle est assez singulière pour mériter que l'on en fasse mention. Lorsqu'un particulier veut contracter avec les administrateurs, il est forcé d'accuser trois mille moutons au lieu de mille qu'il possède, et de payer en raison de l'étendue du terrein qu'ils peuvent paître. Sans cette précaution il ne pourroit obtenir un espace assez considérable pour nourrir le nombre effectif.

Lorsque les pacages royaux sont dévastés, les bergers sont forcés de conduire leurs troupeaux sur les terres des seigneurs qui partagent ce droit avec le souverain : l'intérêt de ces premiers est donc de ruiner le plus promptement possible les pâturages royaux afin de tirer meilleur parti des leurs. Aussi dès les premiers jours de mars, dès que l'herbe commence à poindre, ils envoient leurs propres bestiaux sur les terres royales, et les y laissent jusqu'à ce que la surface du sol ne présente qu'une terre aride, incapable de nourrir les bêtes à cornes. Pendant ce temps leurs prairies se couvrent d'une herbe épaisse et succulente ; et en mai et juin les troupeaux que l'on y amène y trouvent une nourriture abondante.

C'est

C'est ainsi que les feudataires de la couronne de Naples contribuent à dégrader les terres royales. Vainement la cour et le conseil des finances instruits de ces attentats continuels à la propriété du roi, ont essayé de les réprimer, le mal va croissant parce que les moyens de répression sont insuffisans, et que la foiblesse du gouvernement ne permet pas d'en employer de sévères, sur-tout l'administration étant confiée aux sangsues que j'ai fait connoître.

Il résulte encore un autre mal de ces déprédations particlles. C'est que l'on paie au seigneur un droit trois fois plus fort qu'aux fermiers du souverain ; et que le long séjour des troupeaux dans ces gras pâturages contribue à perpétuer la végétation dont sont privés en grande partie les domaines royaux qui, passé le mois d'avril, offrent plutôt l'aspect d'une lande que celui d'une prairie.

Cet attentat ne porte pas seulement sur les domaines royaux, il s'étend aussi sur la nation entière, en amoindrissant le nombre des troupeaux dont la laine pourroit devenir un objet de commerce beaucoup plus considérable qu'il ne l'a été jusqu'à présent.

Un moyen bien simple et qui n'emporteroit aucune discussion, seroit de mettre en culture tout le pacage, d'y bâtir des fermes et d'y établir des métairies. La chose est très-facile, et le produit de la Tavolière seroit en raison de ce qu'elle rapporte comme 1 à 10, et 1 à 6 en raison de ce qu'elle rapporteroit si l'on en prenoit soin, sans pour cela changer le sol de nature.

Le meilleur de ceux que l'expérience et la connoissance du sol peuvent faire imaginer, parce qu'il est le plus avantageux à l'état dont le bonheur est préférable à l'intérêt particulier, c'est de vendre le sol après l'avoir divisé en portions médiocres, afin d'en faciliter l'achat aux personnes les moins riches. Mais pour attirer des habitans, il faudroit faire bâtir de distance en distance des villages, ou manoirs prêts à recevoir ceux qui voudroient s'y établir. Il faudroit que la tolérance y régnât et que les colons fussent exempts de toutes les vexations ministérielles et religieuses, qu'ils pussent suivre en paix le culte de leurs pères, et jouir du produit de leur labeur.

Cette mesure s'accorde avec l'intérêt véritable de Ferdinand, en ce qu'elle favoriseroit la population dont son état a besoin. En supposant qu'il donnât gratuitement une portion de ce terrein aux nouveaux colons qui n'apporteroient dans ses états que l'industrie nécessaire pour le faire valoir, que même il avançât aux plus pauvres les instrumens et les bestiaux qu'ils ne pourroient se procurer, il jouiroit de la gloire la plus flatteuse, celle d'avoir contribué à la population d'un pays qui enrichiroit le reste du royaume. Cette conquête philosophique ne lui laisseroit point de remords, et la douceur de ces nuits paisibles dont il se vante de jouir ne seroit point troublée par un réveil désastreux.

On dit que les eaux des rivières qui coulent à travers la Tavolière sont d'une qualité excellente ; on pourroit s'en servir pour arroser les immenses prairies : il ne s'agiroit que de diriger leur cours ; les frais seroient peu de chose, comparés aux prodigieux avantages que l'on retireroit de ce travail.

Mais où trouver des fonds pour cette entreprise ? Comment s'en procurer puisque les revenus ne suffisent point aux dépenses journalières ? rien de si aisé. En restreignant la reine à une somme suffisante pour son entretien et celui de ses enfans ; en diminuant des dépenses de la chasse, celles que le roi ignore ; en réformant dix mille hommes de troupes, dont la plupart deviendroient des cultivateurs, et à qui même il faudroit le proposer, on se procureroit certainement des moyens supérieurs aux besoins.

Cet établissement une fois agréé par le monarque, il faudroit pour qu'il réussît en éloigner les feudataires, ou au moins ne leur accorder aucune prérogative, et moins encore de jurisdiction dans cette terre *vierge*, si j'ose me servir de cette expression. Il faudroit aussi que les colons n'eussent d'autre charge à supporter que celle des impôts directs, qui seroient assis sur les récoltes et répartis annuellement selon la quantité de ces mêmes récoltes. Il faudroit que dans les discords qui peuvent s'élever entre les habitans ils pussent être arbitrés ou jugés dans la province même, parce que le déplacement nuit extrêmement aux cultivateurs, et qu'il est aussi immoral qu'impolitique de les forcer pour un litige, qui est un objet local, de se rendre à la capitale dont les tribunaux ne devroient connoître que par appel dans des cas très-graves, et avec des restrictions qui ôtassent au plaideur de mauvaise foi, ou à l'homme riche la tentation d'y avoir recours, à moins d'un droit évident. Il faudroit encore éclairer le peuple sur ses devoirs et sur ses droits ; établir pour lui des écoles; laisser la liberté à l'imprimerie de multiplier les ouvrages utiles, ingénieux et agréables; et réfréner par des loix sévères les faiseurs de pamphlets, et ces auteurs plus dangereux encore qui se font un jeu cruel de corrompre les mœurs en offrant à la curiosité du jeune âge des tableaux dignes de *l'Aretin*.

Comme cette terre n'est point habitée et que le roi seroit maître de prescrire aux colons les loix qu'ils devroient suivre pour jouir des avantages qui leur seroient offerts, il seroit très-aisé d'y établir le gouvernement municipal; le bien qui en résulteroit seroit connu, et bientôt apprécié par les autres provinces du royaume, qui ne tarderoient pas à demander d'y participer; moyen bien simple d'opérer une réforme sans encourir les dangers d'une révolution.

Quant aux *Regii Stucchi*, comme une partie appartient à des particuliers, le roi doit à ses peuples d'annuller un contrat honteux passé dans des temps de barbarie, produit de l'ignorance, et que l'ignorance a conservé. On ne peut se dire propriétaire d'un sol que l'on n'est pas libre d'exploiter à volonté, et dont on ne peut interdire l'entrée aux troupeaux étrangers. Ce contrat est digne, au plus, de figurer dans les archives du roi de Maroc.

L'intérêt du roi des Deux-Siciles consiste dans la plus grande augmentation possible de la population, ainsi que dans la culture du sol. Or, tout droit qui gêne l'accroissement de l'un et de l'autre est un abus qu'il faut anéantir. C'est un devoir de rompre un tel marché ; c'est une foiblesse impardonnable de le tolérer ; c'est un crime de lèse-humanité que de l'autoriser. Ces prérogatives de la couronne qui portoient directement sur les peuples et les assujettissoient à des corvées en tout genre ont été abolies en Angleterre dès qu'on y a entrevu l'aurore de la liberté ; pourquoi le roi de

Naples ne contraindroit-il pas ses barons à se désister de celui qu'ils se sont arrogé et que le malheur des temps a pu seul arracher à ses prédécesseurs? Tout droit naturel est imprescriptible, et les conventions humaines ne peuvent en suspendre l'exercice que pour un temps qui se borne au plus à la durée de la vie du contractant; et ne peut aller au-delà, parce que la foiblesse, l'enthousiasme, la folie ou les préjugés d'une génération ne l'autorisent point à river les fers de celles qui lui succèdent.

## La Sicile.

Plusieurs relations estimées ont fait connoître l'île de Sicile, et tout ce qu'elle renferme. Je me bornerai donc à présenter au lecteur quelques observations sur ce qu'elle a été, sur ce qu'elle est, et sur ce qu'elle pourroit redevenir sous un gouvernement mieux administré.

Lorsque l'on se rappelle que du temps d'Hiéron, Syracuse contenoit à elle seule presqu'autant d'habitans que l'île entière en contient aujourd'hui, on peut hardiment prononcer que le gouvernement actuel est le revers du bon sens, et qu'il va directement contre le but de la nature.

Syracuse, quelque fût la forme de son gouvernement, joua un très-grand rôle dans les beaux siècles de la Grèce. D'abord république, ensuite royaume, elle offroit aux Carthaginois qui avoient alors l'empire de la mer, le spectacle d'une force navale imposante. Sous Hiéron, Syracuse imposa des loix à Carthage; et ces loix prises dans la nature, rédigées par l'humanité, ne seront point oubliées par la postérité. Agathocle l'attaqua dans le temps de sa puissance, parvint à l'ébranler; mais vaincu dans la Sicile même, ainsi que dans l'Afrique, il fut contraint de céder à ses destins.

Mais tandis que Syracuse combattoit pour sa liberté et celle de ses compatriotes; tandis qu'une armée de deux cent mille citoyens défendoient ses murailles, la Sicile avoit encore dans son sein d'autres villes puissantes et indépendantes. Le seul état de Syracuse comptoit trois millions d'habitans. Les autres villes en avoient de cinquante à cent mille, et les campagnes étoient couvertes de villages et de riches moissons.

La Sicile, Naples et une partie de ce qui forme aujourd'hui le royaume de ce nom étoient appellés par les anciens la *grande Grèce*. Ce pays, partagé en plusieurs états indépendans les uns des autres, n'avoit pas alors de gouvernement uniforme. Une république étoit bornée par un royaume dont le souverain portoit le nom de tyran, qui alors n'offroit point à l'esprit une signification odieuse. Les guerres de l'intérieur étoient fréquentes ; et malgré cela les hommes, semblables à des abeilles dans une ruche, y jouissoient de toutes les douceurs d'une vie active et laborieuse, et s'y multiplioient.

Actuellement les royaumes de Naples et de Sicile réunis sous une même domination, ne contiennent pas la huitième partie de la population qui y existoit il y a deux mille ans. A quoi peut-on attribuer ce dépérissement ? au gouvernement despotique qui détruit plus sûrement l'espèce humaine que ne le fait la guerre la plus désastreuse. Celle-ci a un terme. La paix ravive le commerce, fait renaître l'industrie, donne aux arts le loisir de se perfectionner ; tandis que le despotisme stérilise le sol, frappe les esprits d'une stupeur secrette, étouffe le germe des vertus, et corrompt par son souffle empesté toutes les douceurs de la vie sociale.

Les entraves féodales pèsent encore plus sur la Sicile que sur le royaume de Naples. La raison en est simple. Presque tous les fiefs de ce dernier royaume sont reversibles à la couronne à défaut d'héritiers mâles. Il en est très-peu qui passent aux filles, et de ceux-là même, la couronne a toujours l'expectative d'une reversion qui arrive tôt ou tard.

En Sicile les fiefs passent de ligne en ligne sans distinction de sexe, et le dernier rejetton d'une famille prête à s'éteindre peut disposer de ses fiefs comme des biens de roture. Il peut les vendre, les engager, les donner; et il n'y manque jamais. Or, les droits féodaux transmis à volonté ne s'éteignant jamais, le peuple des campagnes est toujours assujetti à toutes les absurdités qu'ils entraînent, et ne peut espérer d'autre soulagement que celui qui lui est accordé par la volonté spontanée d'un seigneur; volonté qui peut varier, céder au premier moment de caprice, et qu'il est rare de voir passer avec la terre dans l'ame de l'héritier qui lui succède.

Voilà donc le produit d'un pacte odieux fait entre des imbécilles et des hommes atroces ! C'est au roi Martin qui régnoit sur la Sicile au quatorzième siècle qu'est dû le privilège qui asservit cette malheureuse contrée. L'ambition de Martin qui craignit de perdre sa couronne a mis la Sicile aux fers, et pas un des souverains qui lui ont succédé n'a pas été assez fort, ou assez sensé pour tenter de les briser. Ce roi, dont le nom devroit être exécré, permit l'hérédité et l'aliénation des fiefs, renonçant pour lui et ses successeurs à toute clause de reversion.

Le conseil de Naples a senti l'inconvénient de cette concession absurde ; et l'on a plusieurs fois proposé d'assimiler les fiefs de Sicile à ceux de Naples, lors de l'extinction de la famille des possesseurs actuels : mais la foiblesse du gouvernement, et ses vues étroites, ont fait avorter un projet dont l'exécution ne présente qu'un avantage éloigné.

Si le roi de Naples vouloit fortement abolir cette coutume dans la Sicile, il faudroit qu'il s'appuyât du suffrage du peuple, en l'exemptant des redevances onéreuses. Autrement, qu'importe aux vassaux que les fiefs se perpétuent dans des mains particulières, ou qu'ils soient réunis successivement à la couronne, si leur condition est la même? Ce n'est pas dans un état où l'administration royale est aussi tyrannique que celle des seigneurs terriens, que les sujets s'empresseront à seconder le souverain dans ses projets de réforme : il faut qu'il les y associe, et qu'ils puissent participer au bien qui en résulteroit pour lui-même. L'intérêt personnel peut seul entraîner la multitude.

Le moyen d'amener le peuple à desirer ce changement seroit d'adoucir le sort des vassaux de la couronne. Dès que le spectacle de leur bonheur auroit frappé les yeux des autres habitans, tous souhaiteroient de vivre sous la protection royale. Alors on pourroit profiter de ce desir, et frapper le grand coup sans aucune crainte. Sans cette précaution la réforme ne s'effectuera point, parce que nul n'aura intérêt de l'appuyer, et que des vassaux puissans peuvent, par une résistance égale à l'attaque, rendre nul, et même dangereux, le projet le mieux concerté.

L'abus qu'entraîne la féodalité n'est pas le seul fléau dont la Sicile soit affligée. Elle alimente soixante-trois mille fainéans, tant prêtres que moines et religieuses, sans y comprendre environ cent mille personnes vouées au célibat, et perdues aussi pour la société, dans un état dont la population ne s'élève pas tout-à-fait à treize cent mille ames.

Plus d'un tiers des biens de Sicile a passé dans les mains du clergé; et ces biens, ainsi que dans le royaume de Naples, ne sont assujettis à aucune redevance. Les couvens de la Sicile possèdent des richesses incalculables. Palerme renferme des couvens de filles, dont le revenu annuel monte à cent mille ducats d'argent.

Les coutumes de la gente sacerdotale et religieuse des deux royaumes sont les mêmes. Quoique les Siciliens aient plus d'esprit que les Napolitains, l'ignorance, la superstition et la corruption des mœurs y règnent avec autant d'empire.

La Sicile est divisée en trois grandes provinces, toutes trois soumises au gouvernement établi à Palerme, la seule ville de ce pays où il y ait des tribunaux, des collèges et des imprimeries.

La Sicile est un pays d'états : mais à quoi servent-ils pour son bonheur, et par qui sont-ils composés ? Il suffit de l'apperçu pour être sûr du résultat. Les barons et le clergé ont le droit d'y siéger. Chaque ville royale y envoie un député presque toujours choisi dans la classe de la noblesse. Plus de quarante villes jouissent de ce droit : mais le nombre de leurs députés ne formant pas le quart de celui des états, ils n'y ont que peu ou point d'influence. Les villes qui appartiennent aux barons sont privées de cette prérogative. Ainsi, quoiqu'elles soient en plus grand nombre que celles appellées royales, elles sont forcées de se soumettre aux décisions sans pouvoir ni les influencer, ni les rejetter, ni même réclamer contre celles qui leur paroissent onéreuses. Au roi seul appartient la convocation des états; et quoiqu'il ait divers moyens de se les acquérir, on peut croire aisément qu'ils ne sont pas convoqués souvent.

On a grand soin de publier tous les ans la bulle dite de la *croisade*. C'est une permission papale de manger gras les jours d'abstinence. Cette bulle, ou plutôt son contenu, est d'un très-bon rapport, et ce que l'on en tire se rendoit autrefois au pape : mais depuis quelque temps les rois s'en sont emparés ; et le prétexte qu'ils ont employé près de la cour de Rome, pour la sévrer de ce produit, n'est pas mal-adroit. Ils ont prétendu que cet argent serviroit à l'entretien des galères de Sicile destinées à donner la chasse aux mécréans. Le produit de cette bulle est de cent vingt-deux mille ducats d'argent, dont quarante-un mille sont payés par les Siciliens. N'est-il pas honteux pour un roi de Naples de perpétuer ainsi l'ignorance de ses sujets afin d'en profiter ? N'est-ce pas s'assimiler à la cour de Rome dont la puissance et les richesses viennent et sont entretenues par la fraude ? Un seul ministre du cabinet de Naples a osé désapprouver cette escroquerie, qui ne produit d'autre effet que de ravir à un peuple déjà trop appauvri, une partie de sa chétive subsistance.

La Sicile rapporte peu au roi de Naples. L'impôt direct ne s'élève qu'à trois cent vingt mille ducats d'argent ; et les autres surcharges, de quelque nature qu'elles soient., ne produisent que quatorze cent mille ducats. La raison de ceci se trouve dans les usurpations que les barons ont faites successivement sur les droits appartenans à la couronne; dans la foiblesse des souverains qui ont trouvé plus commode d'appesantir le joug sur les simples habitans, que de protéger ceux-ci contre les seigneurs terriens. Telles sont les causes de la dépopulation de cette île, dont le vice-roi Caraccioli, ainsi qu'on l'a dit ailleurs, a voulu améliorer le sort, et qui, sous la verge de ses successeurs, est retombée dans un état d'apathie dont Ferdinand, époux-disciple de Marie-Caroline d'Autriche, ne la tirera pas.

## Réflexions.

APRÈS avoir tracé la conduite que devroit tenir un roi de Naples qui voudroit réellement le bonheur de son peuple, sans avoir cependant assez d'héroïsme pour abdiquer la royauté et le rendre à sa liberté primitive, je vais indiquer ici ce que j'ai détaillé d'une manière plus étendue à l'article *Milan*.

*lan.* La nécessité d'une réforme entière existe pour toutes ces nations; mais elle doit être graduée selon le génie des peuples, et le plus ou le moins de vices et d'abus dont le gouvernement de chacune est encombré.

La royauté de Naples et Sicile ne peut subsister avec la liberté; les triples chaînes dont une noblesse hautaine et ignorante entoure ce peuple, ne peuvent être brisées sans retomber sur ceux qui les ont forgées; les abus dont cette caste privilégiée, aidée des circonstances et des temps, s'est fait des droits, ne peuvent être extirpés véritablement que par la suppression de tous les titres, de toutes les prérogatives qui tiennent au hasard de la naissance.

Mais que serviroit de couper les branches de cet arbre antique si on laissoit subsister le tronc qui sans cesse en reproduiroit de nouvelles? Un état où l'on établit un gouvernement mixte ne peut se soutenir longtemps; et sans parler de la Pologne, dont les longues agitations n'auront de terme qu'une liberté entière ou un démembrement total, j'ose prédire que l'Angleterre sentira bientôt qu'elle n'a pas assez fait pour la liberté. Le règne de Pitt (la nullité de George est connue) est peut-être le dernier qui aura pesé sur les Anglois.

L'incompatibilité a toujours existé entre le gouvernement monarchique et la liberté, même lorsque les rois ont été soumis à des loix répressives, et surveillés par des magistrats populaires. Je propose donc d'abolir le titre en même temps que la puissance. Je regarde un roi comme un être inutile s'il est foible, dangereux s'il a du caractère. Dans le premier cas il voudra le bien, et ses entours feront le mal en son nom, sans qu'il en soit instruit ou qu'il ose le paroître : dans le second il voudra régner, s'indignera des entraves que l'on aura mises dans la trémie, et brisera les ressorts de la machine.

Les préjugés de toute espèce qui obscurcissent l'esprit des peuples de Sicile sont un encouragement à frapper à la fois sur tous les abus qui existent dans le gouvernement de cet état. La bonté de leur caractère, leur simplicité mérite qu'on n'use point de ces ménagemens perfides qui ne pallient le mal que pour le rendre incurable. La Sicile ne doit point essayer de la liberté, il faut qu'elle la possède toute entière dès le premier moment; il faut que rien ne lui rappelle qu'elle a fléchi les genoux devant une longue suite de despotes.

Plus de roi pour les Siciliens. Naples, Sicile, levez-vous; soyez véritablement libres, véritablement souverains, et n'obéissez désormais qu'aux loix que vous aurez consenties. Que chacune des villes qui composent votre état soit dirigée par une municipalité sage; que des écoles éclairent vos enfans et préparent la génération qui vous suivra à recevoir les lumières dont le despotisme vous a privés. Alors, instruits de vos droits, qui ne doivent être bornés que par vos devoirs, vous saurez que vos ancêtres furent heureux tant que le gouvernement démocratique subsista, et vous l'établirez chez vous sur des bases solides contre lesquelles l'ambition et l'orgueil viendront se briser.

Choisissez ceux d'entre vous qui, ayant résisté à l'amorce dangereuse des cours, ont également su se dépouiller des préjugés auxquels vous devez le malheur qui vous opprima si long-temps. Que ces hommes rédigent un code de loix sages et qu'ils les substituent à ces édits désastreux, à ces formes détestables qui oppriment l'indigent et donnent au coupable opulent le temps de laisser oublier ses forfaits. Que vos loix dérivent de la nature du sol, qu'elles soient précises, claires, connues de tous, consenties par tous, et frappent également sur tous.

Le royaume de Naples devroit être partagé en 24 provinces égales. Suivez l'exemple de la France par rapport à la division physique de votre local; et de même que les législateurs de cet empire, prenez les mers, les montagnes, les rivières et les ruisseaux pour autant de démarcations tracées par la nature.

La Sicile pourroit être divisée en six provinces. Les trois qu'elle contient ont trop d'étendue pour espérer que le gouvernement nouveau puisse y prospérer.

Le trop grand nombre de municipalités n'est point favorable à un régime nouveau, parce qu'il ralentit le mouvement général par des multiplicités de formes qu'il faut éviter, et qu'il entraîne dans des dépenses qui retombent nécessairement sur tous les citoyens, puisque l'égalité de fait et de droit ne peut concerner celle des fortunes qu'il faut regarder comme un objet sacré.

Il est impossible de prescrire un nombre déterminé d'hommes pour former les municipalités, parce que le terrein, partagé également, ne peut donner un nombre égal de votans. Je pense qu'une municipalité devroit contenir depuis cinq mille ames jusqu'à dix mille, en y comprenant les femmes et les enfans. Alors la Sicile entière, ou si l'on veut les Deux-Siciles, pourroit contenir environ onze cents municipalités.

Je ne m'étendrai pas davantage sur la manière de rendre aux Deux Siciles la liberté et le bonheur qu'elles ne connoissent que de nom, et je renvoie le lecteur à l'article *Milan*. Je me borne à le prévenir qu'en songeant au bonheur des nations et à leur véritable gloire, j'ai dû m'intéresser particuliérement à celui d'un sexe qui jusqu'à présent n'a fait le soin d'aucun législateur. La constitution françoise garde sur cela un silence profond et qui me paroît injuste. Depuis quelque temps on n'a osé refuser à cette portion si intéressante de l'humanité le germe des talens : pourquoi donc négliger de tirer parti de ceux que les femmes peuvent acquérir ? Pourquoi, dans le siècle des lumières, les exclure des places, des emplois qu'elles pourroient occuper ; et, sur-tout, lorsqu'elles ont rempli envers la patrie le premier des devoirs que leur imposa la nature ?

Une nation n'est digne de la liberté qu'autant qu'elle sait la concilier avec la sagesse et les mœurs. Or, les mœurs, dans les pays où les femmes sont comptées pour quelque chose, dépendent d'elles plus qu'on ne le pense. Ce sont elles qui, en remplissant les devoirs premiers de la nature, disposent les enfans à recevoir ce qu'en France on nomme si mal à propos *éducation ;* ce sont elles qui, lorsque cette prétendue éducation est terminée, les instruisent par leurs préceptes et leurs exemples des devoirs sociaux. A elles, à elles seules, peut-être, appartient le droit de former ces hommes assez injustes envers leurs bienfaitrices pour les tenir dans un assujettissement moral, très-voisin de l'ignorance.

Rien de plus important dans un état régénéré que l'éducation de la jeunesse ; rien de plus juste et de plus utile que de faire participer les femmes à cet avantage, puisqu'il est démontré qu'elles influent sur les mœurs de la génération actuelle et préparent celles de la génération future.

Je voudrois donc que le premier soin des législateurs portât sur l'éducation nationale des deux sexes. Je voudrois que les femmes qui, favorisées par des circonstances, ont su s'élever au dessus du préjugé, présidassent seules à l'éducation des filles destinées à devenir épouses et mères d'hommes libres. Je voudrois qu'à compter de ce moment elles influassent véritablement sur celle des enfans mâles, parce que je crois que la culture du cœur doit marcher à côté de celle de l'esprit. Je ne puis concilier en moi-même l'idée de la liberté avec les chaînes qui lient perpétuellement les femmes dans toutes les circonstances où elles devroient pouvoir agir librement. Une femme fait partie de l'état. Comme les hommes elle est forcée de se procurer l'existence par un travail assidu; comme eux elle supporte les charges dont cet état est grevé; comme eux, et plus qu'eux peut-être, elle supporte des privations; comme eux enfin, elle est punie si elle forfait à la loi : mais elle n'a pas été comme eux appellée à consentir cette loi ; mais elle n'a pu manifester aucune proposition, aucune réflexion ; parce qu'elle n'a pu obtenir la liberté morale dont jouit le moins éclairé des hommes. Quels motifs peuvent donc l'attacher à l'amour de la patrie qui ne s'éclaire pas pour elle, qui la repousse lorsqu'elle ose tenter de se servir de ses facultés intellectuelles ?.....

Je m'arrête, et crois entendre murmurer ces hommes exclusifs qui voudroient réunir toutes les idées, tous les sentimens pour asservir à jamais un sexe dont ils méconnoissent les droits, et dont intérieurement ils craignent l'ascendant des lumières réuni à l'attrait dont la nature a doué la beauté. Qu'ils se rassurent ces hommes personnels ; si la liberté se propage, la prudence mettra des bornes aux prétentions vaines que pourroient former les individus de l'un et de l'autre sexe.

Lorsque je desire et propose de rendre, sous tous les rapports, les femmes véritablement utiles à la patrie, je n'entends pas les soustraire à l'obligation de remplir des devoirs de leur sexe celui qui ne peut être rempli que par elles. Je veux au contraire qu'elles ne puissent être admises dans les places qu'à l'âge où l'amortissement graduel des passions tourne au profit de l'esprit. A mérite reconnu, à mérite égal, je veux que l'on préfère la mère de famille qui aura donné des enfans à l'état, et qui, dans ses élèves, prouvera qu'elle est digne de consacrer les dernières et les plus paisibles années de sa vie à servir la patrie de ses lumières et des connoissances que l'étude et l'expérience lui auront fait acquérir. Après ces femmes, viennent celles qui, sans avoir eu le bonheur d'être mères, n'ont point usé leur vie dans un célibat qui trop souvent sert de voile à l'inconduite.

Je ne voudrois pas que, pour admettre les femmes dans les divers emplois qu'elles peuvent exercer, on se contentât de certificats particuliers, parce qu'une expérience apprend à en connoître la valeur, mais qu'il fût établi un concours où elles pussent se présenter, faire leurs preuves, et être admises, concurremment avec les hommes, à remplir les diverses places qui n'exigent point une force physique, plus rare dans ce sexe que l'énergie morale.

Je voudrois que ces mêmes femmes fussent éligibles dans toutes les assemblées. Si le choix s'en faisoit avec précaution, elles serviroient beaucoup à adoucir l'âpreté des discussions, à faire disparoître de la tribune ces personnalités odieuses indignes de la majesté des représentans d'un peuple libre, qui, trop souvent, dégénèrent en éclats scandaleux, et ravissent à la patrie un temps qui doit être exclusivement consacré pour son bonheur.

*Fin du premier Volume.*

# TABLE
## DES ARTICLES

Contenus dans ce Volume.

| | |
|---|---:|
| *Route de Rome à Naples,* page | 1 |
| *Les Marais-Pontins,* | 6 |
| *Suite de la Route de Rome à Naples,* | 11 |
| *Education du Roi de Naples,* | 17 |
| *La Veuve protégée,* | 22 |
| *Le Soufflet Royal,* | 24 |
| *Traits de Foiblesse de Ferdinand IV,* | 27 |
| *Faits qui caractérisent le Roi et la Reine,* | 30 |
| *Le Peuple Napolitain,* | 34 |
| *Le Marquis Caraccioli,* | 41 |
| *La vicairie,* | 46 |
| *La Pêche Royale,* | 49 |
| *Des Paglietti,* | 51 |
| *Les Loix,* | 54 |
| *La puissance des Moines,* | 58 |
| *Le Brigand extraordinaire,* | 60 |
| *Prévention sur le Marquis Tanucci,* | 65 |
| *Projet funeste manqué,* | 68 |

L'économie intérieure, page 71
Le Patriotisme, 74
Les Moines et les Prêtres, 77
Exceptions à la règle générale, 85
La ville de Naples, 88
L'envoyé du Pape, 91
Le Ministre Acton, 94
Prévention du Roi pour la Reine, 98
Loix économiques de Tanucci, 100
Ingénuité du Roi envers Tanucci, 102
Les Bains de vapeurs, 104
La Découverte importante, 107
Anecdote relative à la chasse, 110
Prérogatives seigneuriales, 112
Caraccioli du Prélat Caleppi, 116
Le Roi aime les Lettres, 118
Dialogue entre le Roi et la Reine, 120
Une Journée heureuse, 125
Les Fées, 129
La Calabre, 131
Le Marquis del Marco, 138
Place plaisamment demandée, 140
Petitesse diplomatique, 141
Les Médecins, 143
Les Catacombes, 146
Le Collège Chinois, 148
Un Médecin extraordinaire, 150

Du Peuple de Naples, page 152
Le Concordat manqué, 156
De la Cour de Rome à l'égard de celle de Naples, 159
Procès Etrange, 162
Ministère du Marquis Caraccioli, 165
Voyages du Roi de Naples, 167
Le Protégé d'Acton, 175
L'Abbé Galliani, 177
La Sainte Démasquée, 184
Traits caractéristiques du Roi de Naples, 189
L'Envoyé d'Angleterre, 196
Le Bal de Cour, 200
Eclaircissemens, 209
Anecdotes sur le Chevalier de Brissac, 215
Dialogue, 225
Reliques, 233
Parallèle entre Charles III, Roi d'Espagne, et Ferdinand IV son Fils, Roi de Naples, 238
Des Gens de Lettres, 245
Le Tableau, 252
Le Pédantisme de la Reine, 253
Projet atroce de la Reine, 258
Température de Naples, 267
Le Tabac, 269

| | |
|---|---|
| Le Comte Sckabrouski, | page 272 |
| Conseil d'État extraordinaire, | 277 |
| Science de quelques Personnages, | 281 |
| Visites intéressantes, | 284 |
| Les Toscans, | 291 |
| Manière de voyager dans les Deux-Siciles, | 297 |
| La Police, | 307 |
| Quelques Diplomates, | 311 |
| Aventures d'un Homme Célèbre, | 316 |
| La Crèche singulière, | 324 |
| La Source des Nouvelles, | 331 |
| Du célèbre Médecin Cottugno, | 339 |
| Le Docteur Gatti, | 343 |
| Réponses inattendues, | 347 |
| Les Formalités judiciaires, | 353 |
| Soriento, | 357 |
| Le Fanatisme Royal, | 361 |
| Course à Pestum, | 369 |
| Les Edits, | 380 |
| Exportation des Denrées, | 387 |
| Poids, Mesures, Argent, | 393 |
| Importation, | 396 |
| Population, | 399 |
| Projets, | 404 |
| Les Revenus du Roi de Naples, | 417 |
| Les Troupes de Terre, | 426 |

*La Marine*, page 432
*Tours de Passe-passe ; Présomption de
   Joseph II*, 443
*Des Provinces qui composent le Royaume
   de Naples*, 451
*Regii Stucchi*, 457
*La Tavolière*, 462
*La Sicile*, 471
*Réflexions*, 480

Fin de la Table du premier Volume.

www.ingramcontent.com/pod-product-compliance
Lightning Source LLC
Chambersburg PA
CBHW050557230426

**43670CB00009B/1163**